Beziehungskrise meistern!

CORNEL RIMLE

Beziehungskrise meistern!

Trennen oder bleiben?

Dank
Hinter diesem Buch steht Lebens- und Berufserfahrung. Ich danke in erster Linie allen Menschen, die sich auf einen offenen und ehrlichen Austausch mit mir eingelassen haben. Allen voran meiner Lebenspartnerin. Ich bin sehr dankbar, dass sie zusammen mit mir immer wieder von Neuem in den «Weg zur reifen Liebe» investiert.

Die vielen Beispiele im Buch verdanke ich Menschen, die in einer Krisenzeit meine Unterstützung gesucht haben. Ich danke all diesen Menschen, dass sie mir einen Blick in ihre gekränkten Herzen erlaubt haben.

Die professionellen Anregungen der Beobachterlektorin Christine Klingler Lüthi haben das Buch zu einem hilfreichen und verständlichen Ratgeber gemacht. Danke für die grossartige Unterstützung!

Bilder sagen manchmal mehr als Worte. Ich danke Bruno Bolliger für die schöne Umsetzung meiner Skizzen und für die leserfreundliche Gestaltung des Buches.

Fachlektorat
Ich danke Peter Angst, Brigitta Bommer und Prisca Walliser für ihr kritisches Gegenlesen.

Beobachter-Edition
© 2020 Ringier Axel Springer Schweiz AG, Zürich
Alle Rechte vorbehalten
www.beobachter.ch

Herausgeber: Der Schweizerische Beobachter, Zürich
Lektorat: Christine Klingler Lüthi, Wädenswil
Umschlaggestaltung: fraufederer.ch
Umschlagfotos: iStock.com/PixelsEffect; iStock.com/Massimo Merlini; Westend61/Getty Images; Image Source/Getty Images
Fotos: iStock.com
Reihenkonzept: buchundgrafik.ch
Layout und Satz: Bruno Bolliger, Gudo
Herstellung: Bruno Bächtold
Druck: Grafisches Centrum Cuno GmbH & Co. KG, Calbe

ISBN 978-3-03875-287-5

Zufrieden mit den Beobachter-Ratgebern?
Bewerten Sie unsere Ratgeber-Bücher im Shop:
www.beobachter.ch/shop

Mit dem Beobachter online in Kontakt:
 www.facebook.com/beobachtermagazin
 www.twitter.com/BeobachterRat
 www.instagram.com/beobachteredition

Inhalt

Vorwort 13

1 Paarkrise und Trennungsgedanken besser verstehen 15

**Gutes Streitgespräch oder Konflikt –
wo ist der Unterschied?** 16
Erlauben Sie sich, glücklich zu sein 17

*Beispiel aus der Beratungspraxis:
Trennung durch innerliches Verabschieden* 18

Die Konfliktspirale: Neun Stufen 19
Erkennen, dass man in einem Konflikt feststeckt 22
Konflikte zu ignorieren funktioniert nicht! 24

Besonderheiten des Paarkonflikts 25
Spezielle Stolpersteine in der Paarbeziehung 25
Sackgasse Schuldfrage 27

*Beispiel aus der Beratungspraxis:
Gekränktes Verhalten bei starken Konflikten* 30

Sie haben drei Möglichkeiten, wenn Sie in einen Konflikt
geraten sind 31
Überwinden Sie die Ohnmacht und suchen Sie
andere Kommunikationsformen 33
Ein kurzer Blick in Ihren persönlichen Alltag 34

Gönnen Sie sich ein Time-out 36
Abstand schaffen mit einem Time-out 37
Abmachungen während der Beziehungspause 40

Hilfsangebote, wenn Sie nicht allein klarkommen 41
So finden Sie heraus, ob Sie es alleine schaffen
oder Unterstützung brauchen 41
Und wenn meine Partnerin nicht in eine Paarberatung
kommen möchte? 43
Vor- und Nachteile verschiedener Angebote 44
Die Beratungsperson finden, die wirklich zu Ihnen passt 44

2 Einfluss von Umfeld und Paardynamik auf die Beziehung 51

**Weshalb Sie den Einfluss des Umfelds
nicht unterschätzen sollten** 52
Vier Beispiele für Stolpersteine aus dem Umfeld 53
Vorbelastungen der Männer und Frauen in unserer Gesellschaft 54
Stress belastet die Partnerschaft 57
Reichtum und Selbstverwirklichung 60
Eltern bzw. Schwiegereltern wohnen zu nahe 60

*Beispiel aus der Beratungspraxis:
Grosseltern im «Stöckli» in der Landwirtschaft* 61

Die Konfliktdynamik innerhalb der Paarbeziehung 62
Weshalb Sie Ihr Zusammenleben immer wieder
besprechen sollten 63
Zu wenig Gespräche über unterschiedliche Bedürfnisse 63
Nähe und Distanz 65

*Beispiel aus der Beratungspraxis:
Abstand regulieren mittels Konflikt* 66

«Sex und Orgasmus» – gleichbedeutend mit «Ich werde geliebt»? 67

Beispiel aus der Beratungspraxis: «Sexualität» und «Ich liebe dich» ... 68

Einer von beiden verliebt sich und beginnt eine Aussenbeziehung 69
Das erste Kind kommt auf die Welt 71
Ihr konkretes Beziehungsmuster 72

Beispiel aus der Beratungspraxis:
Auflösen der Symbiose in einer Beziehung zweier «Helfer» 72

Patchworkfamilien 74
Midlife-Crisis und Burn-out 75
Wenn sich das «Projekt Kinder» dem Ende nähert 77

3 Ihr persönlicher Einfluss auf die Beziehung 79

Vom Mut, sich zu hinterfragen und zu verändern 80
«Solange ich den Partner beschuldige, muss ich bei mir
selber nicht hinschauen» 81
Wie Sie sich möglicherweise in die eigene Tasche lügen 81

Beispiel aus der Beratungspraxis: Neue Energie dank Umzug 82

Der Einfluss verschiedener Lebensmuster auf die Beziehung ... 83
Der Blick in den eigenen Rucksack 84
Die Auseinandersetzung mit Ihrer Lebensgeschichte kann Ihnen
niemand abnehmen 87
Das Positive betonen 88
Ein gutes Selbstwertgefühl vermindert die Gefahr
von Paarkonflikten 89

Projektionen und ihr Einfluss auf die Paarbeziehung 91
Was versteht man unter Projektionen? 92
So entstehen Projektionen 94
Und was heisst das alles für Ihre Partnerschaft? 99
Noch mehr zu Kopf und Herz 100
Hey, Männer, überlasst das Fühlen nicht den Frauen! 103

Krisen sind Chancen – wirklich! 104
Mit Sorgfalt die eigenen Gefühle beobachten 104

Beispiel aus der Beratungspraxis: Zusammenspiel von
Kopf und Herz 106
Beispiel aus der Beratungspraxis: Einem starken Gefühl
auf den Grund gehen 108

Kopf und Herz als Team 109
Lernen Sie den Unterschied zwischen Herz- und
«Kopfgefühlen» erkennen 110

Beispiel aus der Beratungspraxis: Wissen heisst noch nicht fühlen ... 111

Die vier «echten Gefühle» 112
Trainieren Sie das Erkennen Ihrer echten Gefühle 115

4 Zurück zum Anfang der Konfliktspirale 119

Am Anfang stehen unterschiedliche Wahrnehmungen 120
Wie unsere Verhaltensmuster entstanden sind 121

Beispiel aus der Beratungspraxis: Prägende Erziehungsmuster 121

Zwei unterschiedliche Wahrnehmungen begegnen sich 122
Diskussionen auf Augenhöhe führen 126

Beispiel aus der Beratungspraxis: Einen Konsens finden 127

Und wenn der Austausch trotz Sorgfalt nicht gelingt? 128

Von der Wahrnehmung zu den Bedürfnissen 130

Beispiel aus der Beratungspraxis:
Konträre Bedürfnisse 131

Warum es so wichtig ist, sich über Bedürfnisse auszutauschen 131

Beispiel aus der Beratungspraxis:
Ehrlicher Austausch über Bedürfnisse 132
Beispiel aus der Beratungspraxis:
Ausstieg aus dem Helfer-Opfer-Täter-Dreieck 135
Beispiel aus der Beratungspraxis: Erziehung zum Vermittler 136
Beispiel aus der Beratungspraxis: Das Helfermuster erkennen 137

Bedürfnisse anzumelden ist kein einfacher Schritt 138

Beispiel aus der Beratungspraxis:
Harmonieliebe und verzerrte Kommunikation 139

Sich fair austauschen – auch wenn die Bedürfnisse
unterschiedlich sind 141
Die Partnerin soll erraten, was ich mir wünsche –
zum Beispiel beim Sex 143

Beispiel aus der Beratungspraxis: Unausgesprochene Bedürfnisse .. 143

Gefühle und Bedürfnisse ändern sich – das ist okay 145
Einer möchte sich verändern, der andere nicht 145
Vielleicht hilft ein klärendes Gespräch 147

5 Verzeihen und geduldiges Verlassen der Konfliktspirale 153

Neuanfang oder achtsame Weiterentwicklung? 154
Die Erkenntnisse der Konfliktanalysen umsetzen 155
Alte Verletzungen als Spielverderber 157

Was genau heisst «verzeihen»? 163
Formulierungen, die das Verzeihen einfacher machen 163

Beispiel aus der Beratungspraxis: Verzeihen 164
Beispiel aus der Beratungspraxis:
Alte Verletzungen stehen im Weg 165

Wenn grundlegende Unterschiede in der Lebenshaltung kränken ... 167
Rituale können helfen, Verletzungen hinter sich zu lassen 168
Geschenke, wenn das Verzeihen für eine Seite nicht möglich ist ... 169

6 Von der Verliebtheit zur reifen Liebe 171

**Verliebtsein ist ein wunderbares Geschenk –
mit Verfalldatum** 172

*Beispiel aus der Beratungspraxis:
Die kürzeste Verliebtheitsgeschichte* 172

Verliebtheit ist eine Projektion 173
Der Zustand des Verliebtseins hat immer ein Ende 174

Beispiel aus der Beratungspraxis: Lebensenergie durch Verliebtheit .. 175

Sich von Neuem in den langjährigen Partner zu verlieben ist
nicht möglich 177

Die reife Liebe ist eine prima Alternative 177
Es passiert nicht von selbst 178
Das gegenseitige Vertrauen wieder aufbauen 179
Es ist mehr möglich, als Sie denken 182

*Beispiel aus der Beratungspraxis:
Das Leben bietet viele Möglichkeiten* 182

So packen Sie es konkret an 183

*Beispiel aus der Beratungspraxis:
Mit unterschiedlichen Wohnbedürfnissen zurechtkommen* 184

Das Fitnessstudio in der Beziehung 185
Das Endziel in der reifen Liebe 186

*Beispiel aus der Beratungspraxis:
Ein klassisches Ergänzungspaar* 188

Instrumente auf dem Weg zur reifen Liebe 189
Verhindern, dass die Vergangenheit Sie einholt 190
Die hohe Schule der Paarkommunikation 191

Beispiel aus der Beratungspraxis: Heikle Streitgespräche 191

Beispiel aus der Beratungspraxis:
Die Gefühle des andern verstehen 192

Meinungsverschiedenheiten: Das Zwiegespräch
als verständnisförderndes Modell 194

Beispiel aus der Beratungspraxis: Gelingendes Zwiegespräch 195

Das regelmässige Paar-Upate 200

7 Trennung – trotz allem 205

Jeder Mensch hat das Recht, glücklich zu sein 206
Für diejenige Person, die die Beziehung beenden möchte 207
Für diejenige Person, die gegen ihren Willen verlassen wird 208
Wenn beide das Gefühl haben, verlassen worden
zu sein 208

Beispiel aus der Beratungspraxis: Verlassen werden 209

Trennung kann auch eine Form von Liebe sein 210

Neu anfangen nach einer schwierigen Trennung 211
Zurechtkommen in der Trauer 211
Gönnen Sie sich ein Coaching 212
Mediation für eine stimmige Elternschaft nach der Trennung 215

Schlusswort 217

Anhang 219

Adressen und Links 220
Liste der Übungen 220
Buchtipps 221
Quellen und Literatur 222

Vorwort

In Beziehungskrisen taucht irgendwann die Frage auf: Gehen oder bleiben? Genau zu diesem Zeitpunkt hilft Ihnen der vorliegende Ratgeber, denn es lohnt sich, diese Frage sorgfältig zu prüfen. Sie erfahren beispielsweise, wie Konflikte eskalieren und welchen Einfluss Ihr Umfeld und Ihre Paardynamik auf die Beziehung haben. Sehr oft sind Paarkrisen auch wertvolle Hinweise auf verschüttete Entwicklungswünsche, zu deren Umsetzung bisher der Mut fehlte. Manchmal sind solche Krisen aber auch ein klarer Hinweis, dass es an der Zeit ist, die Beziehung zu beenden.

Dieser Ratgeber hilft Ihnen, in Momenten der grossen Ohnmacht und Kränkung eine Pause einzulegen. Und wenn Sie sich auf diese Pause einlassen, dann gelingt es Ihnen mit Sicherheit besser, den richtigen Entscheid zu treffen.

70% der Bücher werden von Frauen gelesen. Ich möchte trotzdem nicht ausschliesslich für Frauen schreiben. Ich wünsche mir, dass möglichst viele Männer diesen Ratgeber lesen, dass sie auf die Suche nach ihren Gefühlen gehen. Männer fühlen sehr wohl, es wurde ihnen nur über Generationen hinweg zu verstehen gegeben, dass Frauen «besser» fühlen können – das ist nicht wahr! Männer haben eigene Gefühle, und es lohnt sich, dafür einzustehen. Wenn sie es nicht tun, fehlt den Frauen das Gegenüber für einen Austausch auf Augenhöhe. Und wenn sie es tun, ist es selbstverständlich hilfreich, dass die Frauen offen hinhören.

90% der Paare, die sich trennen, suchen keine Paarberatung auf. Der vorliegende Ratgeber ist so geschrieben, dass Sie Ihre Paarkrise möglicherweise gut selber bewältigen können. Scheuen Sie sich aber nicht, Hilfe in Anspruch zu nehmen, wenn dies trotz bester Absichten nicht der Fall ist.

In diesem Buch wird zwischen der weiblichen und männlichen Form – Partner, Partnerin usw. – zufällig abgewechselt. Das mag kleine Irritationen bewirken, erleichtert aber idealerweise auch gleichgeschlechtlichen Paaren den Zugang. Es wurde im Übrigen nicht genau abgezählt. Betrachten Sie es als Anregung, Ihr grosszügiges Denken zu trainieren, wenn Sie den Eindruck haben, die Verteilung sei nicht ganz gleichmässig gelungen.

Cornel Rimle
im August 2020

Paarkrise und Trennungsgedanken besser verstehen

1

Trennungsgedanken entstehen am häufigsten in fortgeschrittenen Konfliktsituationen. Konflikte führen zu gegenseitigen Kränkungen und oft zu tiefen Ohnmachtsgefühlen. Möglicherweise entsteht bei beiden Partnern eine Abwehrreaktion, in der sie sich gegenseitig die Kränkungen heimzahlen. Ein Time-out kann helfen, aus dem Konflikt auszusteigen.

Gutes Streitgespräch oder Konflikt – wo ist der Unterschied?

Das Wort «Streit» ist bei vielen Menschen negativ belegt. «Hört auf zu streiten», sagen die Eltern oder die Lehrpersonen. Doch Streit in Form einer sorgfältigen Auseinandersetzung über unterschiedliche Bedürfnisse, ohne Abwertungen und im beiderseitigen Bemühen, einander zu verstehen – davon sollte es viel mehr geben. Konflikte dagegen sind destruktiv. Um einen Ausweg zu finden, muss man allerdings erst mal erkennen, dass man in einem Konflikt feststeckt.

Lang andauernde und heftige Konflikte tun niemandem gut. Sie kränken, verschlechtern das Selbstwertgefühl und schaden der Paarbeziehung. Aber es sind gar nicht immer nur starke Konflikte, die Trennungsgedanken aufkommen zu lassen. Gleich unten werden einige Situationen im ganz normalen Alltag beschrieben, in denen Trennungsgedanken auftauchen können. Vielleicht trifft bei Ihnen ja einer dieser Sätze ins Schwarze. Dann können Sie auch zuerst zum angegebenen Kapitel blättern. Vielleicht haben Sie anschliessend Lust, die ergänzenden Kapitel ebenfalls zu lesen.

Beispiele von Situationen, die Trennungsgedanken hervorrufen können
- Sie verstehen die Frauen bzw. die Männer grundsätzlich nicht.
- Der Mann wäre okay, aber er ist ein Mamasöhnchen.
- Ich mag einfach nicht mehr, Reden macht alles nur noch schlimmer.
- Wir hatten es doch so schön, aber jetzt will sie alles verändern.
- Der Beruf ist ihm wichtiger als die Kinder.
- Sie hat nur noch die Kinder im Kopf.
- Sie schläft nicht mehr mit mir, also hat sie mich auch nicht gern.
- Er hat überhaupt keine Lust auf Freizeitgestaltung, ist immer müde.
  → Lesen Sie weiter in Kapitel 2, «Einfluss von Umfeld und Paardynamik auf die Beziehung» (Seite 51).

- Sie ist an allem schuld, mit einer andern Frau wäre es viel besser.
- Wenn er seine Kindheit aufarbeiten würde, wäre er ein toller Mann.
- Er hört mir einfach nie zu, Reden bringt nichts.
  → Lesen Sie weiter in Kapitel 3, «Ihr persönlicher Einfluss auf die Beziehung» (Seite 79).

- Sie versteht mich sowieso nicht, was soll ich da mit ihr reden.
  → Lesen Sie weiter in Kapitel 4, «Zurück zum Anfang der Konfliktspirale» (Seite 119).

- Ich möchte mich wieder einmal so richtig verlieben.
- Ich kann mir nicht vorstellen, mit diesem Menschen alt zu werden.
  → Lesen Sie weiter in Kapitel 5, «Verzeihen und geduldiges Verlassen der Konfliktspirale» (Seite 153).

- Es ist immer das Gleiche, er verändert sich nicht.
- Über diese Kränkung komme ich einfach nicht hinweg.
- Sie verzeiht mir erst, wenn ich es genau so mache, wie sie es will.
- Ein Neuanfang mit dem alten Partner ist sowieso nicht möglich.
  → Lesen Sie weiter in Kapitel 6, «Von der Verliebtheit zur reifen Liebe» (Seite 171).

In den Kapiteln 2 und 3 werden Sie sehen, dass viele Trennungsgedanken mit dem Umfeld oder Ihrer eigenen Entwicklung zusammenhängen. Ihre Partnerin scheint dann vielleicht vordergründig «schuld» zu sein, dabei ist sie nur diejenige, die ein Tabu ausspricht oder einen längst fälligen Entwicklungsschritt Ihrerseits anregt.

Erlauben Sie sich, glücklich zu sein

Eine langjährige Paarbeziehung ist es wert, nicht vorschnell beendet zu werden. Sie hat Ihnen viele schöne und kraftvolle Momente geschenkt. Sie verdient also eine achtsame Betrachtung.

Wir leben in einer Zeit, in der niemand gezwungen ist, in einer Beziehung zu bleiben. Scheidungen sind denn auch an der Tagesordnung. Und wenn einer nicht mehr will, würde möglicherweise in der Beziehung viel

Leid geschehen. Das Ziel einer sorgfältigen Prüfung der Trennungsfrage darf aber nicht sein, dass Sie auf jeden Fall ein Paar bleiben müssen. Es lautet vielmehr: «Beide sollen eigenständig die Möglichkeit haben, in ihrem Leben glücklich zu sein.» Wenn dies in Ihrer Paarbeziehung wieder möglich ist, dann sollten Sie es probieren; wenn dies in Ihrer Beziehung auf keinen Fall mehr möglich ist, dann ist eine Trennung die bessere Variante.

Aus der Beratungspraxis
TRENNUNG DURCH INNERLICHES VERABSCHIEDEN
Yvonne (29) kommt zuerst alleine in die Beratung. Sie lebt seit zehn Jahren mit Philipp (31) zusammen, und sie haben vor drei Jahren geheiratet. Beide sind gerne voll berufstätig und haben noch keine Kinder. Yvonne ist sehr verunsichert wegen ihrer Trennungsgedanken, sie kann sie nicht verstehen. Sie können sich alles leisten, sind wie Bruder und Schwester und streiten sich praktisch nie. Trotzdem nervt sie sich zunehmend über Philipp und kann sich nicht vorstellen, mit ihm glücklich zu werden.

Nach der ersten Einzelsitzung möchte sie der Beziehung trotzdem nochmals eine Chance geben. Philipp kommt bei der nächsten Paarsitzung eine Stunde früher und hat ebenfalls Gelegenheit, seine Sichtweise zu schildern. Er kann Yvonnes Trennungsgedanken nicht nachvollziehen. Für ihn ist die Beziehung stimmig, und über Veränderungswünsche könne man ja reden.

In der anschliessenden Paarsitzung testen wir gemeinsam einige Hypothesen:
– Er wäre kein guter Vater für ihre Wunschkinder.
– Einer oder beide wollen keine Kinder und getrauen sich nicht, es dem andern zu sagen.
– Er verhindert ihre Persönlichkeitsentwicklung.
– Es gelingt ihnen nicht mehr, ihre «Bruder-und-Schwester-Beziehung» erotisch zu beleben.
– Sie hat nicht den Mut, sich selber zu verändern, und versteckt sich hinter Schuldzuweisungen an ihn.

Der Umgang zwischen den beiden war in der Beratung sehr wohlwollend. Für die nächsten Wochen treffen sie ein paar konkrete

Vereinbarungen, woran sie beide messen wollen, wie ernst der andere Veränderungsbemühungen nimmt. Obwohl diese Abmachungen von beiden eingehalten werden, zeigt sich in den nächsten Sitzungen, dass sich Yvonne nicht wirklich darauf einlassen kann, der Beziehung nochmals eine Chance zu geben. Sie hat sie innerlich bereits mit einem Fuss verlassen, ohne es richtig aussprechen zu können. Sie zeigt keine Begeisterung für neue Abmachungen, möchte aber die Beziehung trotzdem nicht beenden. Nach der vierten Sitzung tut es Philipp: «Ich möchte nicht im Warteraum sitzen und hoffen, dass du mich doch noch willst. Lieber ziehe ich einen Schlussstrich und öffne mich für eine neue Beziehung.»

Es kann sein, dass Philipp und Yvonne ein gutes Paar hätten werden können. Vielleicht hätten sie beide persönlich wachsen können, wenn sie sich ihren Wünschen und Bedürfnissen gestellt hätten. Es kann aber auch sein, dass sie innerlich erkannt haben, dass sie so, wie sie sich entwickeln wollen, zusammen nicht glücklich werden würden. Und sie hatten sich zu gern, um dies einander offen zu sagen. Wir wissen es nicht. Wir können nur vermuten, dass sie nicht daran glaubten, in dieser Beziehung glücklich zu werden.

Yvonne und Philipp hatten keinen offenen Konflikt, sie verspürten eher ein zunehmendes, diffuses Unbehagen. Das ist bei vielen Paaren, die in die Paarberatung kommen, anders – sie sind völlig zerstritten. Darum geht es im nächsten Kapitel.

Die Konfliktspirale: Neun Stufen

Wenn Konflikte überhandnehmen, sind starke Ohnmachtsgefühle der häufigste Auslöser für Trennungsgedanken. Die Trennung ist dann in der Vorstellung die einzige verbleibende Option, um sich aus dieser unerträglichen Ohnmacht zu befreien.

Bei der ersten Sitzung in einer Paarberatung höre ich oft viele gegenseitige Vorwürfe. Du bist schuld – nein, du bist schuld. Du arbeitest zu viel, du lobst mich nie, du bist fremdgegangen, dein Samenerguss kommt zu früh, deine Art nervt mich, du kritisierst mich den ganzen Tag, du ziehst dich immer so unvorteilhaft an ... Die Vorwürfe gehen wie beim Pingpong hin und her: Weil du das gemacht hast, habe ich das Recht, mich so zu verhalten. Weil du dich so verhalten hast, ist es völlig in Ordnung, dass ich so reagiert habe...

Als neutrale Drittperson kann ich meistens beide Seiten gut verstehen. Beide finden den Ausweg aus den Konflikten nicht mehr und verstricken sich immer mehr darin. Um die Dynamik zu analysieren, die zu dieser Situation führt, lohnt sich ein Blick auf die Konfliktspirale. Sie besteht aus drei Phasen mit je drei Stufen (siehe Abbildung). Stufe 1 beginnt vermeint-

KONFLIKTSPIRALE *

Phase 1
Stufe 1: Abnehmende Bereitschaft, zuzuhören
Stufe 2: Nur noch Verteidigen der eigenen Ansicht, Verharren in der eigenen Position
Stufe 3: Rückzug aus dem Gespräch, Verweigerung des Gesprächs

Phase 2
Stufe 4: Alles schwarz-weiss malen – nur gut oder schlecht, keine Grautöne
Stufe 5: Schlecht übereinander reden, die Umgebung als Schiedsrichter einbeziehen
Stufe 6: Ohnmachtsgefühle, Drohungen, Machtgebahren

Phase 3
Stufe 7: Gewaltbereitschaft, Bereitschaft, dem Gegner Schaden zuzufügen
Stufe 8: Vernichtung des Gegners – selber aber überleben wollen
Stufe 9: Vernichtung des Gegners – Selbstschädigung wird in Kauf genommen

* Nach Friedrich Glasl (* 1941), österreichischer Organisationsberater und Konfliktforscher.

lich harmlos mit der abnehmenden Bereitschaft, zuzuhören. Je höher die Stufe, desto zerstörerischer wird der Konflikt. Alle neun Stufen beschreiben ein zunehmend destruktives Konfliktverhalten.

Aber Achtung: Verwechseln Sie ein konstruktives Streitgespräch nicht mit einem Konflikt. Leider halten viele Menschen Streit für etwas Negatives. Dabei ist eine sorgfältige Auseinandersetzung über unterschiedliche Bedürfnisse lebensnotwendig und für jede Beziehung hilfreich und nährend. Und es wäre durchaus von Vorteil, wenn schon die Kinder viele Gelegenheiten hätten, dies von Erwachsenen zu lernen. Denn das Trainieren einer guten Streitkultur hilft, grosszügiger zu werden. Es hilft, andere Ansichten und Meinungen als gleichwertig anzuerkennen. Und deshalb sollte es viel mehr geben von diesen Auseinandersetzungen, bei denen beide Seiten ihre Bedürfnisse ehrlich äussern dürfen, ohne eine Abwertung befürchten zu müssen, und bei denen sich beide Seiten bemühen, den andern zu verstehen. Da dürfen auch mal die Fetzen fliegen, da darf man vehement für die eigenen Ansichten einstehen. Das ist noch kein Konflikt!

Aus der Beratungspraxis
Gutes Paargespräch – Gesprächsabbruch

VARIANTE 1: ANFANG EINES GUTEN PAARGESPRÄCHS
Adrian (39) hat ein ungutes Gefühl, weil Helen (39) sich oft mit ihrer Freundin Anne zu persönlichen Gesprächen trifft. Er vermutet, dass sie über ihn reden, und das kränkt ihn. Er spricht Helen darauf an, ohne ein schlechtes Wort über Anne zu verlieren. Er redet von seinen Gefühlen, sagt, dass er neidisch sei auf ihre Gespräche und auf ihren persönlichen Austausch, dass er für Helen gerne die Nummer eins wäre und dass er annehme, dass sie schlecht über ihn reden würden. Vermutlich wird sich Helen hier auf ein konstruktives Streitgespräch einlassen. Sie wird vielleicht sagen, dass sie gerne mit Anne über ihre Gefühle rede und dass sie das auch gerne mit ihm tun würde.

VARIANTE 2: GESPRÄCHSABBRUCH
Helen kommt gut gelaunt von einem Treffen mit ihrer Freundin Anne zurück. Adrian sagt kaum Guten Tag und muffelt etwas herum. Helen wirft ihm vor, immer schlechte Laune zu verbreiten. Adrian reagiert gereizt. Er nennt Anne eine dumme Kuh und will wissen, warum Helen immer so viel Zeit mit ihr verbringt. Helen

schreit, das gehe ihn überhaupt nichts an, sie entscheide selber, mit wem sie wie viel Zeit verbringe. Adrian schimpft sie eine unfähige Hausfrau, sie plaudere lieber mit dieser Anne, als ihren Pflichten nachzukommen. Helen brüllt ihn an, dass sie neben ihm ja versauern würde, weil man mit ihm kein vernünftiges Gespräch führen könne. Adrian wirft die Zeitung auf den Boden und verlässt wütend den Raum.

Es ist nicht schwierig, den Unterschied zwischen diesen beiden fiktiven Geschichten zu erkennen. Sich ehrlich über die eigenen Gefühle auszutauschen ist immer erlaubt und immer sinnvoll (Variante 1). Sobald ein Paar sich hingegen anschuldigt oder sich gegenseitig abwertet, entsteht ein destruktiver Austausch, bei dem sich beide nur verletzen. Variante 1 ist der Start für ein konstruktives Streitgespräch; Variante 2 ist ein destruktives Konfliktgespräch.

TIPP *Sie sollten viele gute Streitgespräche über unterschiedliche Gefühle und Bedürfnisse führen. Und es ist hilfreich, wenn Sie erkennen, wann ein Konflikt beginnt.*

Erkennen, dass man in einem Konflikt feststeckt

Der Konflikt beginnt erst, wenn sich eine Handlung oder Aussage in eine Stufe der Konfliktspirale (siehe Seite 20) einordnen lässt. In der Tabelle gegenüber finden Sie für jede Stufe Beispiele aus dem Alltag.

Bei den ersten drei Stufen in der Konfliktspirale sind es harmlosere Vorfälle, bei den höheren Stufen schwerwiegendere. Zuunterst in der Konfliktspirale sind die Menschen so fixiert auf das Zerstören des Gegenübers, dass sie in Kauf nehmen, dabei zu sterben. In diesen Stufen sind die Betroffenen komplett verzweifelt und hilflos. Sie sind vor lauter Wut ausser sich und haben keine Kontrolle mehr über ihre Handlungen.

Vermutlich erkennen Sie in Ihrer Geschichte selber kleinere Konflikte, bei denen Sie oder Ihr Gegenüber sich gemäss den Beschreibungen der ersten paar Stufen verhalten hat. Dies ist nicht weiter schlimm. Es ist menschlich und kein Problem, in die ersten Konfliktstufen zu rutschen. Wichtig ist jedoch, dies zu erkennen und dann zu versuchen, aus dem ungünstigen Verhalten wieder auszusteigen.

ALLTAGSBEISPIELE VON ABWERTUNGEN UND VON KONFLIKTVERHALTEN

Phase	Stufe	Konkrete Aussagen oder Taten
1	1	■ Zeitung lesen, während die Partnerin mit Ihnen reden möchte ■ Einander nachäffen ■ Einander nicht mehr in die Augen schauen ■ Schlechte Stimmung verbreiten, ohne das Streitthema anzusprechen
	2	■ «Ich bin ganz sicher, dass ich recht habe.» ■ «Du liegst falsch.»
	3	■ «Ich rede erst wieder mit dir, wenn du mir recht gibst und dich entschuldigst.» ■ Einfach keine Antwort geben
2	4	■ «Da gibt es keine Diskussion, Frauen gehören an den Herd.»
	5	■ «Was meinst denn du dazu? Würdest du nicht auch so handeln?» (an eine Drittperson gerichtet) ■ «Du darfst meinem Partner aber nichts von unserem Gespräch sagen.» ■ Heimlich das Smartphone des Partners durchsuchen
	6	■ «Wenn du nicht machst, was ich von dir verlange, dann nehme ich mir das Leben und schreibe im Abschiedsbrief, dass du schuld bist.»
3	7	■ Die Partnerin gegen ihren Willen festhalten, weil man stärker ist
	8	■ Einander in der Wut physische Verletzungen zufügen
	9	■ Schlägerei bis zu Tötungsversuchen oder erweiterter Suizid (sich selber und den Partner, evtl. sogar die Kinder töten)

HINWEIS *Es gibt viele verschiedene Verhaltensweisen in Konflikten. Für die einen Menschen beginnt der Konflikt bereits bei einem lauten Wort. Für andere gehört eine blutige Nase dazu. Fragen Sie sich selber, wo für Sie Konflikte beginnen (siehe gleich anschliessend) und mit welchen Massstäben Sie deren Heftigkeit messen. Und dann reden Sie zusammen über Ihr Konfliktverhalten.*

ÜBUNG: ERKENNEN, WO DER KONFLIKT BEGINNT
Bei mir fängt ein Konflikt an, wenn…
… mein Partner mich nachäfft,
… meine Partnerin nicht antwortet,
… mein Partner mir nicht in die Augen schaut,
… meine Partnerin eine schlechte Stimmung verströmt,
… mein Partner die Nacht auswärts verbringt,
… meine Partnerin mein Smartphone durchsucht
… usw.
Tragen Sie so viele Beispiele wie möglich zusammen!

Konflikte zu ignorieren funktioniert nicht!

Viele Menschen haben Respekt oder gar Angst vor Konflikten und vermeiden es, über schwierige Themen zu reden. Doch Konflikte verschwinden nicht einfach. Sie gestehen sich daher besser ein, dass Ihr Verhalten Ihnen beiden schadet und dass Sie Differenzen haben, derer Sie sich annehmen sollten. Denn ein Konflikt, den man nicht gut bearbeitet, wird schlimmer.

 HINWEIS *Es ist menschlich und absolut verständlich, wenn man als Paar in einen Konflikt gerät! Dann gilt es jedoch, diesen ernst zu nehmen und sich auf gute Weise damit auseinanderzusetzen.*

In Konflikten reagiert man meist emotional und ungefiltert. Man ist «neben den Schuhen» und wird gemein, weil man gekränkt ist. Irgendwann kommt man in eine Haltung, in der man einander die Kränkungen heimzahlen will. Und was noch viel schlimmer ist: Bei beiden stellt sich ein Gefühl der Benachteiligung ein, gefolgt von Gedanken wie: «Jetzt bin ich zuerst an der Reihe», «Jetzt muss der andere zuerst mir zuhören», «Jetzt habe ich keine Lust, die andere Sichtweise zu verstehen…» Kennen Sie solche Gedanken? Das ist eine Sackgasse. In diesem Buch werden Schritt für Schritt Möglichkeiten aufgezeigt, wie Sie diese Sackgasse wieder verlassen können.

Besonderheiten des Paarkonflikts

In diesem Kapitel geht es um spezielle Aspekte des Paarkonflikts. Sie werden anschliessend besser verstehen, warum das Ohnmachtsgefühl die Trennungsfrage in den Vordergrund rückt. Und Sie bekommen erste wichtige Hinweise auf mögliche Lösungswege.

Die wenigsten Menschen mögen Konfliktsituationen – und doch sind diese kaum ganz vermeidbar. In Konflikten reagieren wir Menschen meistens nicht so, wie wir es gerne hätten. Wir kommen in eine Abwehrhaltung, sagen Dinge, die wir nicht wollen, und kränken unser Gegenüber, weil wir selber auch gekränkt sind. In Paarkonflikten gibt es im Vergleich mit anderen Konflikten zwei Besonderheiten.

Spezielle Stolpersteine in der Paarbeziehung

Bei den beiden wichtigsten Stolpersteinen in einem Konflikt in einer langjährigen Partnerschaft handelt es sich einerseits um das Gefühl, benachteiligt zu sein, und anderseits um die Häufigkeit der Kränkungen.

Erster Stolperstein: Das Gefühl, benachteiligt zu sein
Es gibt viele Studien, die belegen, dass in unserer Gesellschaft beide Partner in einer Beziehung ein Gefühl von Gleichgewicht anstreben. Die Messkriterien sind aber meistens nicht bei beiden Partnern die gleichen. Jeder Mensch hat seine eigenen Massstäbe, und diese hängen von den persönlichen Gefühlen und Bedürfnissen ab. Solche unterschiedlichen Kriterien können zum Beispiel sein:
- die Anzahl und die Länge von nährenden Paargesprächen
- die Zeit und die Beziehungsintensität mit den gemeinsamen Kindern
- die Aufteilung der Haushaltarbeiten
- die Häufigkeit von Sex und das Zählen, wer wie häufig die Initiative ergreift

- der Geldbetrag, den man zur Familienkasse beisteuert
- die Möglichkeiten und die Zeit, die man für Hobbys und andere Eigenzeit zur Verfügung hat
- die aktive Kontaktpflege mit gemeinsamen Freunden
- usw.

Beide Partner beurteilen also für sich, ob sie innerlich ein Gefühl des Gleichgewichts haben: «Empfinde ich unsere Beziehung als ausgeglichen oder nicht?»

Das Gefühl, benachteiligt zu sein, ist oft der Auslöser von Konflikten. Und gemäss den subjektiven Massstäben haben vielleicht beide den Eindruck, dass sie mehr geben, als sie bekommen. Beide leben also in einem Gefühl von Benachteiligung. Für Paare, die mit diesem Hintergrund in einen Konflikt geraten, sieht dann das Bild so aus:

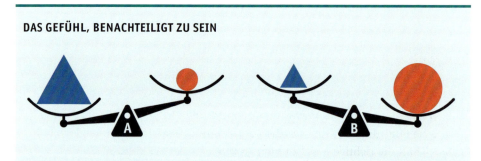

A: Er hat subjektiv das Gefühl, mehr gegeben zu haben, als er von ihr bekommen hat.
B: Sie hat subjektiv das Gefühl, mehr gegeben zu haben, als sie von ihm bekommen hat.

Beide empfinden ihre Partnerschaft also gemäss den eigenen Messkriterien nicht als fair und ausgeglichen. Das ist absolut menschlich und nachvollziehbar. Doch wenn Sie diese unterschiedlichen Kriterien nicht sorgfältig besprechen, führen sie in einen Konflikt.

TIPP *Reden Sie über Ihre Messkriterien. Hören Sie einander genau zu und akzeptieren Sie, dass Ihr Partner andere Massstäbe hat als Sie. Versuchen Sie zu akzeptieren, dass dadurch beide ein Gefühl des Benachteiligtseins haben können.*

Zweiter Stolperstein: Mehr Konflikte = mehr Kränkungen
Bei einem mühsamen Nachbarn sucht man sich eine neue Wohnung, bei einem unangenehmen Chef wechselt man die Stelle. Man hat in diesen Situationen in der Regel eher die Möglichkeit, einem längeren Konflikt frühzeitig aus dem Weg zu gehen, als in einer langjährigen Partnerschaft. Dort möchten Sie nicht so schnell aufgeben – und das ist auch gut so. Aber wenn Sie das konflikthafte Verhalten nicht durchschauen, dann werden die Konflikte heftiger und die Kränkungen stärker, und Sie fügen sich gegenseitig über die Jahre hinweg viele Verletzungen zu. Je tiefer Sie also in einer solchen Konfliktspirale hinunterrutschen, desto schwieriger ist das Verzeihen und damit das Beenden des Konflikts.

> **HINWEIS** *Je länger die Konfliktzeit andauert, desto mehr Kränkungen haben Sie einander zugefügt. Und entsprechend müssen Sie mehr Zeit und Energie investieren, um aus dem Konflikt wieder herauszukommen.*

Sackgasse Schuldfrage

Auch die Frage, wer an der ganzen Situation schuld ist, führt in eine Sackgasse. Eine Paarbeziehung darf nicht hierarchisch sein. Niemand ist der Chef. Niemand darf behaupten, dass seine Messkriterien für eine faire Partnerschaft die richtigen und die besseren sind. Die Schuldfrage macht beide meist sturer und unflexibler.

Abgleiten in die Konfliktspirale
Viele Paare lassen den Konflikt zu lange negativ laufen. Sie verlieren sich in einem Machtkampf, der sie in der Konfliktspirale weiter nach unten treibt. Sie fügen einander immer weiter Verletzungen zu, drehen sich im Kreis und werden härter im gegenseitigen Umgang. An dieser Stelle wäre es wichtig, dass beide etwas weicher werden und einsehen, dass in Konflikten nicht nur eine Seite verletzt wird, sondern dass Menschen sich mit ihren unterschiedlichen Verhaltensweisen immer gegenseitig verletzen. Es geht letztlich zuerst darum, den Gedanken zuzulassen, dass tatsächlich beide gekränkt sind und dass beide es verdienen, mit ihrer Kränkung verstanden zu werden.

HINWEIS *Bei Konflikten zählt nicht eine «objektive Wahrheit», sondern die subjektive Wahrnehmung. In der Konfliktspirale gibt es keine Schuldigen, sondern nur Opfer der Konfliktdynamik.*

In der folgenden Abbildung ist die Dynamik von Paarkonflikten symbolisch dargestellt.

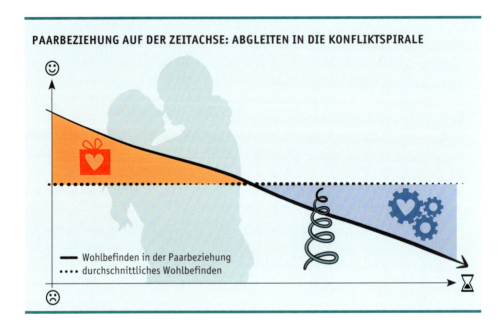

Die waagrechte Linie unten ist die Zeitachse. Die senkrechte Linie (links) steht für das persönliche Wohlbefinden: je höher, desto besser. Die waagrechte Linie in der Mitte zeigt das durchschnittliche Wohlbefinden an. Die Diagonale von oben links nach unten rechts bildet den Verlauf jeder Paarbeziehung ab, wenn sie nicht gepflegt wird. Im orangen Dreieck links geht es uns gut; wir sind verliebt. Diese Phase geht jedoch bei allen irgendwann zu Ende, und das Wohlbefinden in der Beziehung rutscht ins blaue Dreieck. **Dies ist der normale Verlauf jeder Paarbeziehung! Erschrecken Sie also nicht!** Menschen, die wollen, dass ihre Beziehung lange überdauert, sollten an diesem Kipppunkt anfangen, in irgendwelcher Form neu in die Partnerschaft zu investieren. Denn das Glück wird nicht mehr durch die Verliebtheit geschenkt, spätestens ab hier müssen Sie etwas tun dafür. Manche Paare geraten hier unverhofft in eine Konfliktspirale. Die rosarote Brille der Verliebtheit ist verblichen; beide realisieren, dass der Partner da und dort andere Ansichten hat. Weil die wenigsten Menschen von Grund auf ein Kommunikationsmuster haben, das sich gerne mit dieser Unterschiedlichkeit auseinandersetzt, entstehen hier sehr oft ungünstige Umgangsformen. Man redet nicht über heikle Themen, man wertet einander gegenseitig ab, man wird lauter, man meidet das Gespräch und so weiter. Das können etwa gegenseitige Kränkungen sein wie:

- Wenn du nie zu Hause bist und dir alles andere wichtiger ist, verliere ich die Lust am Sex.
- Wenn du mich immer kritisierst, habe ich keine Lust, nach Hause zu kommen und mich mit dir zu unterhalten.
- ...

In der Paarberatung stelle ich mich bei solchen Schilderungen nicht als Schiedsrichter zur Verfügung, sondern versuche zu erklären, dass wir als Menschen nicht perfekt sind. Wir machen Fehler! Wenn wir einander unerbittlich auf diese Fehltritte behaften, dann verhärten wir uns innerlich und rutschen tiefer in die Konflikte hinein. Konflikte machen uns Menschen hart und unflexibel. Kurz: Wir handeln manchmal unvernünftig – so, wie wir es in entspannten Momenten nicht tun würden.

Zum Wohle des Kindes?

Wenn Sie nochmals die Umschreibungen bei der Konfliktspirale (Seite 20) anschauen, dann sehen Sie, dass die untersten Konfliktstufen sehr kämpferisch sind. Wenn Paare zu lange warten und sich gegenseitig zu stark verletzt haben, kann es sein, dass die Trennung unausweichlich ist. Die Theorie sagt, dass dies tendenziell in der Phase 3, also bei den höchsten drei Stufen (7 bis 9) der Fall ist. Wenn beide Partner es ehrlich wollen und zu Veränderungen bereit sind, kann das Zusammenbleiben auch bei Stufe 7 oder 8 gelingen. Aber wie gesagt: Konflikte können andere Menschen aus uns machen. Deshalb ist es bei starkem Konfliktverhalten sehr wichtig, dass Sie eine Aussensicht einholen. Denn Sie können möglicherweise Ihr eigenes Verhalten nicht mehr selbstkritisch reflektieren.

Darunter leiden insbesondere auch die Kinder. Beide Eltern sind im Konflikt gefangen und spüren, dass die Situation auf eine Trennung hinausläuft. Vielleicht will aber einer (oder beide) die Trennung eigentlich nicht. Dann wird das Kind bisweilen zur letzten Verbindung zwischen den Partnern. Weil die Eltern aber wegen der vielen Verletzungen nur noch streiten können, schadet das dem Kind. Beide sind der festen Überzeugung, dass sie zum Wohl des Kindes zusammenbleiben. Konflikte trüben unser Bewusstsein!

HINWEIS *Wenn Sie nur noch streiten, dann sollten Sie eine Beratung aufsuchen und/oder der Beziehung eine Pause, ein Time-out, gönnen.*

Aus der Beratungspraxis
GEKRÄNKTES VERHALTEN BEI STARKEN KONFLIKTEN

Michael (40) kam fünf Jahre nach einer unschönen Kampfscheidung ins Coaching. «Ich schäme mich für mein Verhalten während dieses Kampfs... Ich war nicht ich selber, habe nur aus meinen Verletzungen heraus reagiert und zurückgeschlagen. Ich wollte die Trennung nicht. Ich fühlte mich ungerecht behandelt und wollte in erster Linie mit meinen Verletzungen verstanden werden, hatte aber das Gefühl, nie gehört worden zu sein. Und ich war so wütend, dass ich mit keiner Zelle im Körper bereit war, die Sichtweise meiner Frau zu verstehen.»

Michael hat aus der Distanz erkannt, dass er damals sehr gekränkt war und deshalb nicht so reagiert hat, wie er es eigentlich gemäss seinem Herzen gewollt hätte. Das Beispiel zeigt, wie sehr Menschen sich in einem Konflikt damit schwertun, andere Sichtweisen noch zuzulassen.

Nehmen Sie Aussagen in starken Konflikten nicht zu ernst
Sie kennen vielleicht die Aussage: «Im Konflikt zeigt er sein wahres Gesicht, zeigt sie, wie sie wirklich ist.» Darin steckt sicher ein Körnchen Wahrheit: Man sagt im Streit Dinge, die man zwar bisher vielleicht gedacht, aber nicht ausgesprochen hat. Dennoch trifft die Aussage nicht 100%ig zu. Der ganze Sachverhalt könnte etwa so umschrieben werden: «Im Konflikt zeigt sich ein unfertig verarbeitetes Gesicht der Verletzung oder der Wut. Grundsätzlich ist es gut, dass diese Verletzung oder diese Wut eine Stimme bekommt. Man sagt also etwas Wahres, aber in einer schlechten, gekränkten und abwehrenden Verfassung. Dadurch entspricht es nur einem Teil der Wahrheit.»

Im Zustand der Kränkung ist keine gute Kommunikation möglich. Geben Sie Aussagen in starken Konflikten also nicht zu viel Gewicht.

TIPP *Kennen Sie eine Person, die sich vor vielen Jahren in einer Kampfscheidung getrennt hat und jetzt wieder gut mit der Partnerin, dem Partner reden kann? Dann fragen Sie diese Person, was sie damals gebraucht hätte, um die Scheidung zu verhindern.*

Sie haben drei Möglichkeiten, wenn Sie in einen Konflikt geraten sind

Wenn Sie in eine heftige Konfliktspirale geraten sind, gibt es nur drei Möglichkeiten (siehe Abbildung):
1. Sie können sich sorgfältig bemühen, den Konflikt zu besprechen und wieder zum guten Umgang zurückzukehren.
2. Sie können sich trennen und versuchen, die Paarbeziehung wohlwollend zu beenden.
3. Sie können nichts tun – dann wird der Konflikt mit Sicherheit schlimmer.

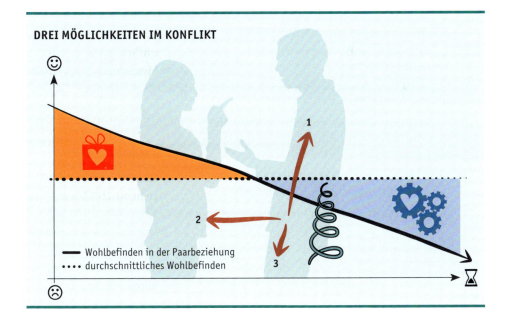

Viele Menschen verhalten sich gemäss Punkt 3: Sie gehen davon aus, dass es schon wieder besser wird – auch wenn sie nicht reden. Das ist ein Trugschluss! **Konflikte, die Sie nicht auflösen und über die Sie nicht reden, werden schlimmer – und zwar immer.** Auch wenn Sie nicht darüber reden, haben Sie viele Möglichkeiten, sich weiterhin gegenseitig zu kränken. Beide bekommen dadurch die Bestätigung, dass der andere sie nicht liebt. Beide machen einander für die Paarkrise verantwortlich, beide haben viele Erklärungen gesammelt, warum es nicht mehr möglich ist, mit diesem Menschen zusammenzuleben. Beide haben sich in dieser Konfliktspirale mehrfach gegenseitig verletzt. Solche Konfliktspiralen verbrauchen sehr viel von Ihrer Energie, Sie sollten sie auflösen!

Vielleicht wenden Sie ein: «Man kann doch nicht jede Verletzung vermeiden und aus jeder Mücke gleich einen Elefanten machen und ein Konfliktgespräch führen.» Da haben Sie teilweise recht. Es gibt eine gute Faustregel bei Verletzungen: Versuchen Sie, nicht sofort zu explodieren, sondern erst einmal darüber zu schlafen. Wenn Sie dann mit etwas Distanz finden, dass Sie sich selber falsch verhalten haben und das Verhalten der Partnerin nur eine verständliche Reaktion war, dann können Sie etwas aus dem Ereignis lernen und müssen es nicht mehr der Partnerin vorwerfen. Dann ist der Konflikt von Ihrer Seite her gelöst. Wenn Sie aber am nächsten Morgen zum Schluss kommen, dass das Verhalten Ihrer Partnerin ungerechtfertigt war, dann sollten Sie es in einem ruhigen Moment ansprechen. So könnte eine gute Bearbeitung des Konflikts beginnen.

Sie merken es selber: Wenn Sie das Ereignis echt vergessen, hat die Zeit geheilt. Wenn Ihnen aber in schwierigen Momenten kränkende Ereignisse wieder in den Sinn kommen und Sie sie einander immer wieder vorwerfen, dann hat die Zeit nicht geheilt. Dann verschlimmert sich der Konflikt – ganz leise, bis er bei der nächsten Gelegenheit wieder explodiert.

> **HINWEIS** *Wer Konflikte beendet, gewinnt; wer sie kämpferisch gewinnen möchte, verliert! Konflikte gut zu stoppen ist immer ein Gewinn – Konflikte gewinnen zu wollen macht unglücklich.*

Überwinden Sie die Ohnmacht und suchen Sie andere Kommunikationsformen

Wenn Menschen sich ohnmächtig fühlen, hören sie auf zu reden. Sie denken etwa: «Es bringt doch nichts, wir haben ja so vieles probiert. Es wird nur schlimmer, wenn wir darüber reden.» Richtig: Wenn es nur schlimmer wird bei jedem Gespräch, dann sollten Sie die bisherige Form Ihrer Gespräche beenden. Aber Achtung! Aufhören zu reden heisst noch lange nicht, dass die Kommunikation beendet ist. Das reine Wort macht nämlich nur etwa 7 % der gesamten Kommunikation aus. Die restlichen 93 % sind Komponenten wie Stimmhöhe, emotionales Verhalten, Mimik, Gestik, Präsenz etc. Sie werden also in anderer Form negativ kommunizieren, und die Konfliktspirale dreht sich munter weiter. Sie beide interpretieren automatisch das Verhalten Ihres Partners und legen sich Begründungen für dieses Verhalten zurecht. Wenn Sie lange nicht reden, werden diese Interpretationen immer mehr zu Ihren eigenen Wahrheiten, und Sie hinterfragen sie irgendwann nicht mehr. Vielleicht stimmen sie, vielleicht auch nicht. Auf jeden Fall helfen diese Interpretationen meistens nicht, den Konflikt zu beenden.

In der Ohnmacht mit Reden aufzuhören ist also in der Regel keine gute Lösung. Aber in der gleichen kränkenden Art weiterzureden eben auch nicht. Denn Hand aufs Herz: Haben Sie schon einmal erlebt, dass bei einem heftigen Konflikt das Gegenüber plötzlich «Aha!» gesagt hat, nachdem Sie die gleichen Argumente immer und immer wieder gebracht haben?

> **HINWEIS** *Wenn Sie mit Ihrer bisherigen Form der Gespräche die Konflikte nicht lösen konnten, sollten Sie aufhören damit. Sie sollten aber unbedingt nach neuen Kommunikationsformen suchen. Wenn Sie nämlich nicht reden, wird der Konflikt schlimmer!*

Wenn beide erkannt haben, dass es destruktive Konflikte zu beenden gilt, muss nur noch geklärt werden, wie die Gesprächskultur verändert werden soll. Dies tönt einfach, kann aber in der Realität sehr viel Arbeit bedeuten und Energie brauchen. In den Kapiteln 5 (Seite 153) und 6 (Seite 171) wird genauer erklärt, wie Sie vorgehen können.

> **HINWEIS** Es ist so einfach zu sagen: «Wir haben bei uns zu Hause eben nie viel geredet» – und dann bei einem Thema zu schweigen, wo Sie eigentlich dringend reden müssten. Oder: «In unserer Familie war der Ausdruck ‹fauler Sack› eine liebevolle Umschreibung.» Das mag sein, aber wenn die Bezeichnung den Partner verletzt, dann ist dies Teil der Konfliktspirale.

Ein kurzer Blick in Ihren persönlichen Alltag

Sie sagen nach der Lektüre der obigen Passagen jetzt vielleicht: «Ja klar, das leuchtet ein» oder «Das mach ich doch nicht …» Machen Sie es wirklich nicht? Oder haben Sie vielleicht Umgangsformen entwickelt, die Ihnen eigentlich nicht guttun, die aber im Laufe der Jahre in Ihrer Paarbeziehung normal geworden sind? Vielleicht haben Sie sich einfach daran gewöhnt. Finden Sie es heraus, indem Sie sich die folgenden zwei Aufzählungen anschauen.

Selbstcheck Alltagsverhalten
Erkennen Sie sich irgendwo wieder in den unten stehenden Aufzählungen? Wie reagieren Sie, wenn Ihre Partnerin ein Thema ganz anders beurteilt als Sie? Wie läuft es bei Ihnen ab, wenn eine Entscheidung getroffen werden muss, Sie aber unterschiedlicher Meinung sind?

- Verdrehen Sie die Augen, wenn Ihr Partner in Gesellschaft mit andern eine andere Meinung äussert?
- Machen Sie abwertende Bemerkungen, wenn Ihre Partnerin ihre Ansichten erklärt?
- Hören Sie einfach nicht richtig zu, wenn Sie anderer Meinung sind?
- Werden Sie laut, wenn Sie wollen, dass Ihre Argumente gewinnen?
- Fallen Sie dem Partner ins Wort, wenn Sie seine Meinung nicht teilen?
- Verfallen Sie in einen belehrenden Ton, wenn Sie Ihren Partner zu überzeugen versuchen?
- Versuchen Sie stillschweigend das Gespräch zu verhindern, wenn Sie nichts ändern wollen?
- Lesen Sie Zeitung, während Ihre Partnerin mit Ihnen redet?
- Trommeln Sie auf den Tisch, wenn Sie wollen, dass Ihr Partner seine Erklärungen beendet?

- Machen Sie Ihren Teil der Familienaufgaben unsorgfältig, sodass Ihre Partnerin sie lieber gleich selber erledigt?
- Reden Sie mit Ihren Freundinnen abschätzig über Ihren Partner?
- Klagen Sie bei Ihren Freunden über zu wenig Sex mit der Partnerin?
- Versuchen Sie der Partnerin einzureden, was gut für sie wäre?

Zugegeben, das sind wohl noch keine Gründe, sich scheiden zu lassen. Aber genau so beginnt die Konfliktspirale. Ganz leise, mit kleinen Abwertungen. Und wenn sich die Spirale weiter dreht, dann werden die Machtinstrumente härter. Erkennen Sie sich in den folgenden Beispielen?

- Sie schmettern nur noch schnell einen Befehl hinaus und laufen dann aus dem Gespräch davon.
- Sie reden vor gemeinsamen Freunden schlecht über den Partner und versuchen die Freunde auf Ihre Seite zu ziehen.
- Sie drohen mit Suizid oder Scheidung oder Verweigerung der partnerschaftlichen Zusammenarbeit.
- Sie halten Ihre Partnerin an den Armen fest, wenn sie nicht zuhört.
- Sie verweigern die Sexualität oder das Gespräch darüber.
- Sie reden mit den Kindern schlecht über den Partner.

Die letzten Beispiele sind heftiger, also in der Konfliktspirale tiefer unten angesiedelt. Es ist nicht so, dass «gute» Menschen nur die oberen Machtinstrumente einsetzen und «böse» Menschen nur die unteren. Sondern so, dass bei den meisten Menschen der Konflikt mit harmloseren Beispielen beginnt und in die heftigeren Verhaltensweisen übergeht, wenn er nicht gestoppt wird.

 HINWEIS *Ein Konflikt, der nicht gestoppt wird, macht andere Menschen aus uns. Er verändert unsere Grenzen und unser Verhalten.*

Selbstverständlich gilt das oben Gesagte nicht in Reinform für alle Menschen. Viele steigen aus dem Konflikt aus, bevor es zu schlimmeren Umgangsformen und schliesslich zur Trennung kommt.

Auch im Fall einer Trennung könnte es sein, dass sich die Herzen dieser Menschen nicht hätten trennen wollen. Vielleicht wäre eine schöne Partnerschaft möglich gewesen, wenn beide ihr Konfliktverhalten genauer angeschaut hätten. Es liegt in Ihren Händen, dies mit Sorgfalt frühzeitig zu erkennen und zu verhindern.

> **HINWEIS** *Entwickeln Sie feine Antennen für die kleinen Abwertungen und Machtinstrumente. Und wenn Sie solche erkennen, sprechen Sie sie möglichst frühzeitig und sorgfältig an – ohne Gegenkränkung. Je früher, desto besser!*

Gönnen Sie sich ein Time-out

Es kann sein, dass Sie sich in einer Zeit anhaltender Konflikte sehr ohnmächtig fühlen. Vielleicht haben Sie schon längere Zeit versucht, ein schwieriges Thema miteinander zu besprechen. Vielleicht ist es Ihnen einfach nicht mehr gelungen, einander zuzuhören. Regelmässig eskaliert die Situation, und die Kränkungen werden nur noch heftiger. Sie halten einander immer wieder uralte Geschichten vor. Dann ist es Zeit für ein Time-out.

Paare, die schon längere Zeit am Streiten sind, fragen sich zunehmend: «Warum habe ich diesen Menschen je geliebt? War ich denn blind? Warum habe ich das nicht vorher erkannt …?» Erinnern Sie sich an den Satz, dass uns lang andauernde Konflikte stur und unflexibel machen? Bei Ohnmachtsgefühlen inmitten einer Konfliktspirale sollten Sie einen Moment innehalten, bevor Sie eine langjährige Paarbeziehung in Wut oder Hilflosigkeit aufgeben.

Ja, Sie haben diesen Menschen einmal geliebt. Da lohnt es sich auf jeden Fall, genauer hinzuschauen.

> **HINWEIS** *Fragen Sie sich in einem starken Konflikt nie, ob Sie diesen Menschen noch genug lieben, um mit ihm zusammenzubleiben. Im Gefühl der vielen Kränkungen ist lautet Antwort vermutlich «Nein». Machen Sie stattdessen ein Time-out, um diese*

Frage mit Abstand anschauen zu können. Bei einem Time-out geht es um eine kurze oder längere Unterbrechung der gewohnten Abläufe und um mehr Distanz zwischen den Partnern.

Wenn Klärungsgespräche immer wieder eskalieren, dann können Sie folgende Übung ausprobieren.

ÜBUNG: EIN ESKALIERENDES GESPRÄCH UNTERBRECHEN

Machen Sie ein klares Zeichen für einen sofortigen Unterbruch des Gesprächs ab, wenn eine Eskalierung droht. Wenn einer von beiden dieses Zeichen einsetzt, ziehen sich beide für fünf Minuten zurück (ein längerer Unterbruch ist möglich, wenn beide einverstanden sind). In dieser Zeit rennen Sie ums Haus, schütteln Sie alle Ihre Muskeln durch, schreien Sie in den Wald, klatschen Sie ein paar Minuten lang in die Hände, aktivieren Sie kurz alle Ihre Sinne, stehen Sie in einen Raum und beschreiben Sie diesen sachlich... So tun Sie etwas mit Ihrer Wut, unterbrechen Ihr Muster in einer Form, die Ihnen guttut.

Anschliessend kommen Sie zurück und versuchen, einander die Kränkung ruhig zu erklären. Setzen Sie sich auf Stühle und wenden Sie diese voneinander ab, sodass Sie einander nur hören, jedoch nicht ansehen. Diejenige Person, die vorher das Gespräch abgebrochen hat, beginnt mit einer klaren Ich-Botschaft (kein Vorwurf, sondern eine Beschreibung der eigenen Gefühle) als Erklärung, weshalb sie unterbrochen hat.

Im Kapitel 6 (Seite 171) finden Sie gute Hinweise, wie Sie solche Gespräche anders angehen können. Ich wünsche Ihnen, dass diese Übung ein Erfolg wird! Denn dann haben Sie ein wunderbares Instrument, um sich gegenseitig vor weiteren Kränkungen zu schützen.

Abstand schaffen mit einem Time-out

Möglicherweise gelingt Ihnen eine solche Übung nicht auf Anhieb. In der Paarberatung schlage ich Menschen in heftigen Konflikten ein grösseres Time-out vor. Ein Time-out ist dann angebracht, wenn Sie aus einer oder mehreren Kränkungen heraus emotional überreagieren. So wie Sie es eigentlich nicht wollen und wie es Ihnen beiden auch nicht guttut.

Wenn es in einer Paarsitzung ausschliesslich darum geht, wer den andern mehr gekränkt hat oder wer schuldiger ist als der andere, frage ich gerne: «Wollen Sie hier das Gleiche tun wie zu Hause und mich noch zusätzlich dafür bezahlen?» Meistens kommt dann ein «Nein». Beide haben schon viele Stunden Erfahrung, wie weh diese Auseinandersetzungen tun. Sie haben dieses gegenseitige Vorwerfen von Ungleichgewicht, von Kränkungen und Unverständnis eigentlich satt. Und innerlich wissen sie bereits, dass dieses Verhalten sie ja nur tiefer in die Verletztheit und in die Ohnmacht getrieben hat.

TIPP *Wenn Ihre Gesprächsversuche immer wieder eskalieren, dann unterbrechen Sie diese Art von Gesprächen für ein paar Wochen oder Monate. Lesen Sie beide dieses Buch und überlegen Sie sich, ob Ihre Partnerin oder Ihr Partner wirklich für alle Konflikte verantwortlich ist.*

Formen von Time-out
Ein Time-out kann auf verschiedene Weise stattfinden:
- Wenn in Ihrer Wohnung ein leeres Zimmer zur Verfügung steht, sind getrennte Schlafzimmer schon ein guter erster Schritt.
- Wenn es die Finanzen und das Alter der Kinder zulassen, ermöglichen getrennte Wohnungen und getrennte Verantwortlichkeiten für die Kinder eine gute Distanz.
- Etwas günstiger und für die Kinder erträglicher ist das Nestmodell. Hier bleiben die Kinder in der bisherigen Wohnung und werden von beiden Eltern abwechslungsweise betreut. Beide Partner beziehen für eine gewisse Zeit ein Zimmer bei Bekannten oder mieten irgendwo eines. (Eher nicht bei gemeinsamen Freunden, weil dies der Beziehung mit diesen Freunden schaden könnte. Und besser nicht am gleichen Ort, weil die Belastung für die Gastgeber so zu gross sein könnte.)
- Wenn es nicht zu zusätzlichen Konflikten führt, kann auch eine Einzimmerwohnung gemietet werden, die abwechslungsweise belegt wird. Es ist jedoch besser, wenn jeder seinen eigenen Aussenwohnraum hat.

- Manchmal hilft es schon, wenn Sie klar definierte Eigenzeiten für beide in die Agenda eintragen. Das sollten dann aber Zeiten sein, in denen Sie den «Familienraum» verlassen und etwas für Ihr Wohlergehen tun.
- Oder kreieren Sie Ihr eigenes Modell, das für Sie beide passt!

In der Beratungspraxis kann auch schon mein detaillierter Auftrag an die Partner genügen, ein Time-out einzuleiten. Er lautet: «Denken Sie darüber nach, wie Ihr Leben aussehen würde, wenn Sie sich jetzt trennen würden.»

Dem Paar wird dabei meistens klar, dass es bei einer Scheidung viel mehr verändern müsste. Oft erkennen beide an dieser Stelle, dass die Lage ernster ist, als sie bisher wahrhaben wollten. Die Paarberatung nimmt hier einen guten Verlauf, wenn das Paar sich dessen bewusst wird, dass destruktive Konflikte die Beziehung zerstören. Und dass sich jede Massnahme lohnt, die ihnen hilft, dieses zerstörerische Verhalten zu unterbrechen.

Was bringt der Abstand?

In jedem heftigen Paarkonflikt rutschen Paare in destruktive Interpretationen, in denen sie den Partner für ihr Unglück verantwortlich machen. Oder umgekehrt formuliert: Sie machen ihre Partnerin zu oft für ihr fehlendes Glück verantwortlich. Das muss nicht sein.

> «Menschen, die miteinander zu schaffen haben, machen einander zu schaffen.»
> *Friedemann Schulz von Thun (* 1944), deutscher Kommunikationswissenschaftler*

Mit einem Time-out kann es gelingen, dass jeder besser zu seinen eigenen Bedürfnissen findet. Den weiteren Verlauf der Paarbeziehung können Sie anschliessend in aller Ruhe angehen.

Wichtig ist, dass an diesem Punkt die destruktiven Konfliktgespräche beendet werden! Falls Paarbegegnungen zu emotionsgeladen sind, lassen Sie sie eine Zeit lang ganz wegfallen. Organisatorische Absprachen können Sie zum Beispiel auch per Mails treffen. Und lassen Sie auf jeden Fall den persönlichen Austausch für einige Zeit ruhen.

TIPP *Denken Sie gemeinsam darüber nach, welche Form von Time-out Sie beide wohlwollend akzeptieren können. Sie sollten beide das Gefühl haben, dass Ihnen dieses Time-out helfen wird, Ihr eigenes Glück zu finden, und dass die entsprechenden Abmachungen für Sie fair sind.*

> **HINWEIS** *Eine Aufmunterung für langjährige Paare: Stellen Sie sich vor, Sie wären immer gleicher Meinung und hätten keine schwierigen Themen zu diskutieren. Das wäre doch unglaublich langweilig. Unterschiedliche Ansichten können das Leben auch spannend machen.*

Abmachungen während der Beziehungspause

Wenn Ihnen das Time-out helfen soll, dann ist es wichtig, dass Sie vor dem Start einige klare Abmachungen treffen – am besten schriftlich. Hier ein paar Ideen:
- Schwierige Themen möglichst nur in der begleitenden Paarberatung besprechen
- Administrativer Austausch regelmässig per Mail, Telefon, SMS oder an einer abgemachten Sitzung
- Wohlwollende Abmachungen für die Betreuungszeit der Kinder
- Abmachungen, die neue Verletzungen vorbeugend verhindern
- Abmachungen, ob das Time-out eine Zeit der Treue ist oder nicht
- Falls es die Finanzen zulassen, können Sie beiden Partnern einen gleich grossen Betrag zur Verfügung stellen, damit kein unnötiger Konflikt entsteht, wenn z. B. unterschiedliche Aktivitäten mit den Kindern unternommen werden.
- Beide lesen in dieser Zeit z. B. dieses Buch und machen sich selbstkritisch Gedanken über ihren Anteil an der Krise.
- Überlegen Sie weitere Abmachungen, die während des Time-outs Ruhe in Ihr Leben bringen.

> **HINWEIS** *Überlegen Sie sorgfältig, was Sie brauchen, damit Sie ein Time-out als hilfreich empfinden. Nehmen Sie sich Zeit, darüber nachzudenken, was Sie in Ihrem Leben glücklich machen könnte.*

Hilfsangebote, wenn Sie nicht allein klarkommen

In einer Paarbeziehung stehen sich zwei gleichwertige Partner gegenüber – da gibt es keinen Chef, der bei unterschiedlichen Ansichten den Stichentscheid fällt. Deshalb ist es durchaus möglich, dass Sie in einen Konflikt mit Ohnmachtsgefühlen geraten, aus dem Sie als Paar nicht selber hinausfinden. Dann sollten Sie frühzeitig Unterstützung suchen.

Vielen von uns ehrgeizigen und selbstbestimmten Menschen fällt es schwer, Hilfe in Anspruch zu nehmen. Und manchen Männern fällt es aufgrund ihrer Erziehungsmuster noch schwerer. Dennoch: Wenn Sie sich beide bemühen, über schwierige Themen gute Gespräche zu führen, und wenn Sie trotzdem immer wieder explodieren oder ganz einfach keinen stimmigen Konsens finden, dann ist es ratsam, über den eigenen Schatten zu springen und jemanden beizuziehen.

So finden Sie heraus, ob Sie es alleine schaffen oder Unterstützung brauchen

Bei Fachfragen fällt es den meisten Menschen leicht, um Hilfe nachzusuchen. Schliesslich kann man ja nicht überall Fachfrau sein. Anders bei persönlichen Themen; da versteckt man sich gerne hinter Ausreden wie: «Das ist meine persönliche Angelegenheit, das geht niemanden etwas an; die Beratungsperson ist vielleicht selber auch geschieden; oder sie ist alleinstehend; oder sie hat das Leben auch nicht immer im Griff...» Das mag sein, tut jedoch wenig zur Sache. Es geht in dieser Situation darum, dass eine Beratungsperson dazukommt, die nicht emotional betroffen ist. Sie hört als neutrale Zuhörerin beide Geschichten und kann für beide Seiten Verständnis haben. Wenn Sie dieser Person Vertrauen entgegenbringen, kann die Beratung Ihnen helfen, den Konflikt zu beenden und selber wieder mehr Distanz zu Ihren Emotionen herzustellen.

> **TIPP** *Wenn einer oder beide Partner Themen haben, die sie gerne besprechen möchten, sie zusammen aber keine guten Gespräche führen können und es nicht schaffen, tragfähige Lösungen zu erarbeiten, dann ist es ratsam, Hilfe beizuziehen. Die Berater sind keine Übermenschen, aber sie können eine neutrale Aussensicht einnehmen. Sie sind emotional nicht betroffen. Sie haben einen Erfahrungshintergrund und können den Prozess gut begleiten. Und manchmal helfen sie auch einfach, die starken Gefühle auszuhalten, damit Sie nicht zu schnell aufgeben.*

Bei hochstrittigen Paaren mache ich manchmal die folgende begleitete Übung.

ÜBUNG: PAARAUSTAUSCH MIT ÜBERSETZUNG

Das Paar wählt ein Streitthema aus. Beide setzen sich im Abstand von etwa drei Metern hin und wenden einander den Rücken zu, sodass sie keinen Blickkontakt haben. Dann entscheiden wir sorgfältig, wer beginnen darf. Ich setze mich zwischen die beiden und übersetze für die Empfängerperson jeden Satz, so wie ich ihn als neutraler Zuhörer verstehe.

Diese Methode verlangsamt und schützt vor Kränkungen und Abwertungen. Ein Beispiel:

Er: Du liebst mich nicht, sonst würdest du noch mit mir schlafen.
Ich (Übersetzung): Dadurch, dass wir nicht mehr miteinander schlafen, fühle ich mich nicht mehr geliebt von dir. Das macht mich ohnmächtig, und ich gehe dir aus dem Weg.

Sie: Du redest lieber mit deinen Kollegen als mit mir. Ich fühle mich ausgenützt und zur Hausangestellten degradiert.
Ich (Übersetzung): Ich bin nicht glücklich mit unserer Rollenteilung, und ich vermisse gute Paargespräche. Mir fehlt der Austausch über die Gefühle, und da habe ich keine Lust, mit dir zu schlafen.

Nochmals: Es ist kein Scheitern, Hilfe beizuziehen. Weil Sie gleichwertige Partner sind, kann es schnell geschehen, dass Sie in eine Konfliktdynamik geraten und wegen gegenseitiger Kränkungen nicht mehr weiterkommen. Dann ist der Prozess blockiert. Eine professionelle, neutrale Aussenperson hilft Ihnen, aus dieser destruktiven Dynamik auszusteigen. Je früher Sie das erkennen, desto weniger Verletzungen fügen Sie sich gegenseitig zu und desto weniger Aufwand braucht es, um den Konflikt wieder zu verlassen.

Und wenn meine Partnerin nicht in eine Paarberatung kommen möchte?

Der einseitige Wunsch nach einer Paarberatung ist der Normalfall. Es wäre ein absoluter Zufall, wenn beide Partner genau gleichzeitig zur Erkenntnis kommen würden, dass Hilfe erforderlich ist. Erschwerend kommt hinzu, dass das Thema Paarberatung nicht selten als Druckmittel verwendet wird: «Wenn du da jetzt nicht einlenken kannst, brauchen wir definitiv eine Paarberatung.» Oder: «Entweder wir gehen jetzt in eine Paarberatung, oder ich ziehe aus.»

Selbstverständlich ist es nicht besonders hilfreich, wenn man unter Druck nachgeben muss. Das sind eigentlich schlechte Voraussetzungen für einen fairen Prozess auf Augenhöhe. Aber es ist eben auch durchaus menschlich, dass man in einer Konfliktspirale solche Aussagen macht. Deshalb sollte man das nicht überbewerten.

> **TIPP** *Versuchen Sie einfach als normal anzusehen, dass der Anstoss für eine Paarberatung nur von der einen Person aus kommt. Wenn Sie die andere Person sind, dann sollten Sie also «Ja» sagen.*

Wenn ich gefragt werde, wie man den Partner überzeugen kann, dann empfehle ich etwa diese Formulierung: «Ich vermute, dass du nicht begeistert bist von meinem Vorschlag einer Paarberatung. Für mich ist es aber wichtig, weil ich sehr darunter leide, dass wir keine guten Gespräche mehr haben und keinen fairen Konsens finden. Ich wünsche mir eine unverbindliche Erstsitzung, wo wir neutral begleitet eine Auslegeordnung unserer Sichtweisen machen können. Ich finde, das hat unsere Beziehung verdient. Ich würde es sehr schätzen, wenn du mir diese Zeit schenken könntest.» (Wenn Sie in Ihrer Beziehung ein Konto mit eigenem Geld haben, können Sie diese erste Sitzung ja finanzieren.)

In der ersten Sitzung ist es dann die Aufgabe der Beraterin, die Arbeit so gut zu machen, dass beide einen Sinn in der Paarberatung erkennen. Und wenn die Beraterin auch noch die richtige Person für beide ist, kann die gemeinsame Arbeit aufgenommen werden.

> **TIPP** *Falls Sie die Person sind, die lieber nicht in eine Paarberatung gehen würde, dann können Sie den Vorschlag machen, dass Sie die Beratungsperson auswählen dürfen.*

Vor- und Nachteile verschiedener Angebote

Sie haben sich geeinigt, es mit einer Paarberatung zu versuchen. Gratuliere! Jetzt kommt aber die grosse Frage, wo und bei wem. Vielleicht kennen Sie ein Paar, das hilfreiche Erfahrungen gemacht hat, dann ist dies meist ein guter Hinweis. Über die Suchbegriffe «Paarberatung» plus Ihren Wohnort oder die nächste Stadt wird das Internet mehrere Adressen liefern. Eine Anfrage bei der Hausärztin, der Kirche oder der Gemeinde kann ebenfalls weiterhelfen.

Beim Entscheid können auch die Stichworte in der Tabelle gegenüber helfen.

Die Beratungsperson finden, die wirklich zu Ihnen passt

Wenn Sie sich für eine Beratungsperson entscheiden, dann sollte diese Wahl dazu führen, dass Sie weicher werden und Veränderung zulassen können. Dies braucht Vertrauen. Die wichtigsten Fragen sind deshalb:
- Ist Ihnen die Person sympathisch, stimmt die Chemie?
- Fühlen Sie sich verstanden?
- Haben Sie so viel Vertrauen, dass Sie Ihr Herz öffnen können?

Nach der ersten Kennenlernsitzung müssen beide Partner diese Fragen mit «Ja» beantworten können. Wenn nicht, sollten Sie Unklarheiten und Unsicherheiten ansprechen oder allenfalls eine andere Beratungsperson suchen (Letzteres vor allem, wenn die Chemie nicht stimmt).

BERATUNGSANGEBOTE: VOR- UND NACHTEILE

Angebot	Vorteile	Nachteile
Facharzt für Psychiatrie und Psychotherapie FMH	■ Kostengünstig, weil die Grundversicherung der Krankenkasse die meisten Kosten übernimmt, sofern der Konflikt einen Krankheitswert hat	■ Löst manchmal zu wenig Veränderungsdruck aus ■ Wenn eine Person als «krank» bezeichnet wird, kann es sein, dass die andere Person davon ausgeht, dass sie nichts mit dem Paarkonflikt zu tun hat und deshalb auch nicht über Veränderung nachdenken muss.
Delegierte Psychotherapie: Arzt delegiert an einen anerkannten psychologischen Psychotherapeuten, der in den gleichen Räumen arbeitet; die Rechnung wird vom Arzt gestellt	■ Siehe Facharzt für Psychiatrie und Psychotherapie FMH	■ Siehe Facharzt für Psychiatrie und Psychotherapie FMH
Frei schaffende Psychotherapeuten und Psychotherapeutinnen	■ Kostengünstig, sofern eine entsprechende Zusatzversicherung bei der Krankenkasse vorhanden ist (klären Sie die Modalitäten vorgängig genau ab)	■ Je nach Zusatzversicherung limitierte Kostenübernahme ■ Siehe Facharzt für Psychiatrie und Psychotherapie FMH
Angebote der Gemeinde, der Kirche oder weiterer Organisationen	■ Meist günstige Tarife	■ Manchmal ist die Beratungsperson mit dem Paar bekannt – die Beratung ist also weniger anonym.
Selbständige Fachpersonen ohne Krankenkassenanerkennung	■ Höhere Kosten animieren zu grösserer Veränderungsbereitschaft. ■ Möglicherweise anonymer als Personen von Organisationen mit Vergünstigung	■ Höhere Kosten ■ Titel wie Coach, Supervisor usw. sind keine staatlich geschützten Titel; die Auswahl sollte deshalb sorgfältig gemacht werden.

Die Kosten sollten nicht im Vordergrund stehen. Eine gute Faustregel ist das Feriengeld für eine gemeinsame Ferienwoche. Wenn Ihnen die Paarberatung wirklich hilft, ist sie dieses Geld längstens wert!

HINWEIS *In der Paarberatung sollten Sie nicht in erster Linie Ratschläge abholen wollen. Die Konsultationen werden Ihnen nur dann nachhaltig helfen, wenn Sie Ihre eigenen Lösungen finden. Achten Sie also darauf, dass die Beratungsperson mit Fragen Ihre eigene Kreativität und die Handlungsenergie anregt.*

Vorbereitungen, um den Auftrag an den Paarberater zu klären

Am Schluss der ersten Sitzung sollten Sie mit der Beratungsperson über die Ziele der Beratung reden. Diese Arbeit ist nicht mit Zahlen messbar, und jeder Mensch hat eigene Kriterien, wie er den Erfolg beurteilt. Solche Kriterien können beispielsweise sein:

- Wir können besser Streitgespräche führen und finden selber wieder Lösungen.
- Wir haben wieder Lust darauf, miteinander zu schlafen.
- Wir fühlen uns gleichwertig und können uns wieder auf Augenhöhe begegnen.
- Wir können endlich über Tabus wie Rollenteilung, Geld usw. reden.

Zu Beginn gilt es auch zu klären, ob Sie am Zusammenbleiben oder an der Trennung arbeiten wollen. Um an dieser Stelle sichtbar zu machen, wo beide Partner stehen, mache ich in der ersten Sitzung gerne folgende Aufstellung: Ich definiere im Raum eine Linie zwischen zwei gegenüberliegenden Wänden. Die eine Wand steht für die Trennung, die andere für das Zusammenbleiben. Ich betone, dass dies nur eine Momentaufnahme ist und dass sie beiden Partnern und mir bei der Klärung des Auftrags hilft. Ich bitte beide, sich den Punkt, wo sie sich auf dieser Linie positionieren wollen, vorgängig zu überlegen, damit sie sich nicht gegenseitig beeinflussen. Es soll eine möglichst ehrliche Aussage ihres Herzens im Moment sein. (Wenn in diesem Buch von Herz und Kopf die Rede ist, so ist mit «Kopf» der Ort der Gedanken und mit «Herz» der Ort der echten Gefühle gemeint – lesen Sie mehr dazu in Kapitel 3, Seite 79.)

Wenn beide ihre Position auf der Linie eingenommen haben, bitte ich sie, die Augen zu schliessen und innerlich genau zu überprüfen, ob sie für den Moment am richtigen Ort stehen. Wenn nicht, ermuntere ich sie, ihre Position nochmals zu verändern. Wenn sie am richtigen Ort stehen, stelle ich die zweite Frage: «Wenn Sie Ihr Herz fragen, in welche Richtung möchten Sie gerne schauen – Richtung Trennung oder Richtung Zusammenbleiben?»

Ich bitte am Schluss beide, sich einzuprägen, wo sie stehen und welcher Wand sie sich zuwenden, und auch zu schauen, wo ihr Partner steht und wohin er schaut. Anschliessend dürfen sie sich wieder setzen, und wir leiten daraus den gemeinsamen Auftrag an mich ab. Denn wenn eine Person sich trennen will und die andere Person nicht und der Auftrag nicht gut geklärt ist, wird ein Partner bzw. werden beide Partner von meiner Arbeit enttäuscht sein. Wir werden uns nämlich vermutlich ohne zufriedenstellende Ergebnisse im Kreise drehen.

Manchmal nehmen die Menschen wegen einer Scheidungsmediation mit mir Kontakt auf und geben der Beziehung an diesem Punkt nochmals eine Chance. Und manchmal zeigt sich hier, dass sich eine Person innerlich bereits aus der Beziehung verabschiedet hat.

Die wahren Bedürfnisse hinter dem Konflikt erkennen

Als Paarberater verstehe ich mich als Unterstützer der beiden Herzen. Je klarer die Menschen ihr Herz spüren und je ehrlicher sie sich äussern, desto eher kann ich sie im Sinne ihrer Herzen unterstützen.

Wenn es trotz Konflikt, Verletzungen und Ohnmachtsgefühlen gelingt, die Herzen zu befragen, dann stehen diese Menschen vielleicht an einem anderen Ort auf der Linie zwischen Trennung und Zusammenbleiben.

 HINWEIS *Sie müssen der Beratungsperson vertrauen können, um Ihr Herz zu öffnen. Erst dann lässt sich der Auftrag mit Ihnen beiden klären, und erst dann kann man über realisierbare Ziele reden.*

Die Auftragsklärung

Es braucht etwas Zeit, um den Auftrag für eine Paarberatung genau zu klären – aber es lohnt sich. Beide Menschen dürfen sich auf den Weg machen, in ihrem Leben wieder glücklicher zu werden. In einer Paarkrise müssen beide für sich selber herausfinden, ob dies eher als Paar oder eher als Einzelperson möglich ist. Es ist wichtig, dass beide Partner verstehen, wo der andere im Moment auf der Linie zwischen Trennung und Zusammenbleiben steht. Entsprechend können sie entscheiden, ob sie der Beziehung nochmals eine Chance geben oder nicht. Dieser Entscheid sollte möglichst ehrlich vom Herzen kommen. Der Beziehungsabbruch darf auch keine Drohung in der Konfliktspirale sein! Und zu unterscheiden, ob es eine Drohung oder eine Herzensaussage ist, ist in diesem Moment der Krise möglicherweise nicht ganz einfach.

Wichtig ist, dass Sie an dieser Stelle ehrlich einen gemeinsamen Konsens für die nächsten Schritte fällen. Beispiele für einen solchen Konsens nach der ersten Sitzung:

- Bevor wir uns auf einen Prozess einlassen können, möchten wir in der nächsten Sitzung noch tiefe Verletzungen aus der Vergangenheit besprechen, damit wir sie weglegen können.
- Wir möchten gerne Abmachungen treffen, wie Eskalationen verhindert werden können, ohne dass der Partner es als Gesprächsabbruch empfindet.
- Wir wollen zusammenbleiben und den destruktiven Konflikt so rasch wie möglich beenden. Organisatorische Themen teilen wir derzeit per Mail mit, und persönliche Gespräche führen wir im Moment nur in der Paarberatung.
- Wir versuchen zusammenzubleiben, arbeiten fünf Sitzungen an dieser Idee und entscheiden dann weiter.
- Wir trennen uns und machen eine sorgfältige Trennungsmediation, um einander wohlwollend loszulassen und für die Kinder eine stimmige Elternschaft zu regeln.

HINWEIS *Messen Sie die Qualität des Hilfeangebots daran, ob Sie wieder handlungsfähiger werden, also sich weniger ohnmächtig fühlen. Denn eine Beratung soll Hilfe zur Selbsthilfe sein.*

1 ■ ■ ■ PAARKRISE UND TRENNUNGSGEDANKEN BESSER VERSTEHEN

Einfluss von Umfeld und Paardynamik auf die Beziehung

2

Das vorliegende Kapitel befasst sich im Rahmen einer Konfliktanalyse mit Stolpersteinen aus Ihrem Umfeld und solchen, die in Ihrer Paardynamik entstanden sind. Bei Stolpersteinen aus Ihrem Umfeld haben Sie eine grosse Chance, gemeinsam Veränderungen zu bewirken. Bei Ihrer Dynamik als Paar ist es bereits ein wenig anspruchsvoller. Doch eine sorgfältige Analyse kann auch hier durchaus Aha-Erlebnisse hervorrufen.

Weshalb Sie den Einfluss des Umfelds nicht unterschätzen sollten

Sie leben als Paar nicht auf einer paradiesischen Insel. Sie leben in einer realen Umwelt mit Vor- und Nachteilen. Zum engeren Umfeld gehören zum Beispiel die Verwandtschaft, die Freunde, die Nachbarn und die Arbeitswelt. Im weiteren Sinn gehört sogar die ganze Gesellschaft mit ihren Normen und Entwicklungsprozessen dazu. Dieses Kapitel leuchtet aus, wie die Umwelt in die Paarbeziehung hineinspielt.

Stolpersteine aus dem Umfeld werden manchmal nicht erkannt und meistens unterschätzt. Sie denken vielleicht: Das kann man ja sowieso nicht ändern, was soll ich da lange darüber nachdenken. Das trifft jedoch höchstens teilweise zu: Erstens können Sie bei den meisten Dingen durchaus etwas tun, und zweitens ist es leider so, dass beispielsweise Stress, den Sie etwa von der Arbeit nach Hause tragen, Ihre Partnerschaft belastet.

HINWEIS *Der Einfluss des Umfelds auf Ihre Paarkrise sollte nicht unterschätzt werden. Es lohnt sich, sich solcher Einflüsse bewusst zu werden und sie zu analysieren.*

Meist lässt sich nur schwer unterscheiden, was denn genau verantwortlich ist für das mangelnde Wohlbefinden. Wenn Sie nicht wirklich entspannt sind, dann regt das Verhalten der Partnerin Sie vermutlich mehr und schneller auf. Die Partnerin hat sich zwar genau gleich verhalten wie sonst. Doch im Stress denken Sie vielleicht: «Weil sie mich kennt und liebt, sollte sie mehr Verständnis haben für meine schlechte Laune.» Aber vielleicht hatte sie ebenfalls einen schlechten Tag und ist deshalb gerade mit sich selber beschäftigt. Und weil Sie aggressiver als sonst reagieren, hat die Partnerin möglicherweise grad keine Lust, Sie zu umarmen – obwohl Sie es doch dringend brauchen könnten.

Das alles ist nicht weiter schlimm – so ist das Leben. Problematisch für die Partnerschaft ist es nur, wenn Sie diese Zusammenhänge nicht erkennen. Dann nämlich entsteht möglicherweise eine destruktive Konfliktspirale, in der Sie einander am Ende nur noch gegenseitig die Schuld für die Paarkrise in die Schuhe schieben. Und das können Sie vermeiden. Finden Sie deshalb in einer sorgfältigen Analyse heraus, ob das Umfeld Anteil an Ihrer Krise hat.

ÜBUNG: ZUERST DIE EIGENEN GEDANKEN SAMMELN

Möglicherweise ist es hilfreich, wenn beide Partner, jeder für sich, die Kapitel 2 bis 4 dieses Ratgebers (oder sogar das ganze Buch) lesen und sich ihre eigenen Gedanken dazu notieren. Es kann durchaus sein, dass Ihre Wahrnehmung mit der Wahrnehmung Ihres Partners nicht übereinstimmt. Das darf sein! Streiten Sie jetzt nicht darüber, sondern überlegen Sie alles in Ruhe zuerst alleine. Wenn Sie in einer Paarberatung sind, dann bringen Sie Ihre Interpretationen in die Sitzung und setzen Sie sich dafür ein, dass Ihre Gedanken gehört und wertneutral besprochen werden.

Vier Beispiele für Stolpersteine aus dem Umfeld

Stolpersteine im Umfeld sind Themen, auf die Sie bisweilen mehr Einfluss haben, als Sie vielleicht zunächst denken. Daher lohnt es sich, wenn Sie sich darüber mit Ihrer Partnerin austauschen. Sie können so eher verhindern, dass Sie sie unnötig mit schlechten Gefühlen belasten oder dass Sie ungeduldiger reagieren als sonst.

Wenn Sie beide erkennen, dass äussere Umstände zu einer Paarkrise führen, dann können Sie als Paar vielleicht sogar aufatmen: «Aha, diesen Stolperstein finden wir ja beide nicht gut. Das könnten wir gemeinsam anpacken.» Die Erkenntnis, dass Sie am gleichen Strick ziehen und gegen einen Störfaktor von aussen vorgehen wollen, kann als gemeinsames neues Projekt definiert werden. Das verbindet und stärkt die Beziehung.

Vorbelastungen der Männer und Frauen in unserer Gesellschaft

Die Genderthematik ist einer der grössten Stolpersteine für Paare, der aber sehr oft nicht als solcher erkannt wird. Über Jahrhunderte waren Männer vom Patriarchat geprägt, haben in dessen Strukturen gedacht und gehandelt. Ebenso lange mussten sich Frauen aus der Benachteiligung herausarbeiten. Über die Generationen betrachtet haben Frauen aus dem Patriarchat viele Verletzungen davongetragen. Umgekehrt erlitten viele Männer Verletzungen aus den Reaktionen dieser Mütter und Frauen. So wurden beispielsweise viele Söhne als Partnerersatz erzogen, weil die Ehemänner – tatsächlich oder gefühlt – abwesend waren. Aus diesen Söhnen wurden Männer, die ihre Gefühle selber nicht oder nur schlecht erkennen können und es später ihrer Partnerin übermässig recht machen wollen. Sie sind dann glücklich, wenn sie ihre Frau glücklich machen. Auf der Seite der Frauen hingegen besteht nach wie vor eine Lohnungleichheit, obwohl das Prinzip «gleicher Lohn für gleiche Arbeit» schon lange gesetzlich festgeschrieben ist. Wie sollen sich die Frauen unter diesen Umständen gleichwertig und gleichberechtigt fühlen?

Sie meinen, das Gleichberechtigungsthema sei doch längst erledigt? Das ist es leider nicht. Aus meiner Beratungspraxis weiss ich, dass beide Geschlechter zum Teil immer noch alte Rollenmuster pflegen und sie zum eigenen Vorteil nutzen – meist unbewusst. Denn es geht um gesellschaftliche Denkweisen, die über Generationen weitergegeben wurden und tief in uns verankert sind. Ich erlebe viele Paare, die unter solchen Denkmustern leiden, ohne sich darüber im Klaren zu sein:

- Da sind Frauen, die ihre Männer für das Verhalten ihrer Väter und Grossväter bestrafen. «Jetzt sind wir dran!» ist die Devise.
- Da sind Männer, die sich hinter den alten Vorteilen der Väter verstecken. Sie leben blind die Ernährerrolle, machen Karriere und sind erstaunt, wenn die Frau sie mitsamt den Kindern verlässt. Sie leiden, wenn sie die Beziehung mit ihren Kindern nicht mehr leben können, und realisieren zu spät, dass sie im gewählten Rollenmodell schon vorher Zahlväter waren.
- Da leiden Frauen darunter, dass Männer nicht über Gefühle reden – und wenn diese damit beginnen, haben sie Mühe damit, dass die Männer nicht so fühlen wie sie.

- Da sind Männer, die ihren Müttern als Partnerersatz dienen mussten. Sie merken nicht, dass sie ihre eigenen Bedürfnisse ungenügend kennen; ihr höchstes Ziel ist, die Wünsche ihrer Partnerin zufriedenzustellen.

Chancengleichheit für beide Geschlechter wäre ein gutes Ziel für Menschen in unserer Zeit! Und wir leben in einer Gesellschaft, in der das problemlos möglich wäre. Aber Männer wie Frauen müssten das Thema von ihrem Herzen aus betrachten. Selbstverständlich sollen Frauen für gleiche Arbeit den gleichen Lohn bekommen, und sie sollen auch die Möglichkeit haben, als Mütter ihren erlernten Beruf weiter auszuüben. Wirklich ändern wird sich dies jedoch erst, wenn Väter erkennen, dass sie das gleiche Recht auf eine Herzensbeziehung mit ihren Kindern haben wie die Mütter. Und wenn ihnen dies wirklich wichtig ist, werden sie zu ihren Arbeitgebern gehen und Teilzeitarbeit oder mindestens einen gleichwertigen Vaterschaftsurlaub einfordern. Oder das Paar wird sich gemeinsam für mehr Krippenplätze oder einen flexiblen Elternurlaub einsetzen.

Die Rollenteilung kann durchaus über die ganze Kinderzeit hinweg betrachtet werden. Da sind viele Modelle möglich. Selbstverständlich ist es sinnvoll, wenn am Anfang grösstenteils die Mutter bei den Kindern ist. Doch könnte man die Situation etwa im Fünfjahresrhythmus immer wieder neu besprechen. Dies würde auch zur Belebung der Paarbeziehung beitragen. Je mehr es Ihnen gelingt, offen für andere Formen der Rollenteilung zu sein, desto chancengleicher leben Sie Ihre Paarbeziehung.

ÜBUNG: ROLLENTEILUNG IN DER PARTNERSCHAFT

Entwerfen Sie für Ihre Partnerschaft ein ideales Rollenmodell. Am besten zuerst in aller Ruhe jeder für sich alleine. Wenn Sie fertig sind, überlegen Sie sich gemeinsam einen fairen Konsens: Was können wir sofort umsetzen? Was in fünf Jahren? Was in zehn Jahren? Und dann tun Sie es!

HINWEIS *Vorbelastungen und Denkmuster, die manchmal über Generationen weitergegeben werden, schaden Ihrer Partnerschaft. Für Frauen: Bestrafen Sie Ihren Mann nicht dafür, dass Ihr Vater ein Patriarch war. Für Männer: Bestrafen Sie Ihre Frau nicht dafür, dass Ihre Mutter emotional übergriffig war.*

> **TIPP** *Reden Sie immer wieder über eine chancengleiche Rollenverteilung in Ihrer Partnerschaft. Und haben Sie den Mut, Veränderungen anzupacken, wenn Sie die gegenwärtige Aufteilung nicht als fair empfinden oder dabei unglücklich werden.*

Klischees über Männer und Frauen

Jeder kennt die verschiedenen Klischees über Männer und Frauen:
- Frauen können die Kinder besser verstehen.
- Männer sind stark.
- Frauen können besser über Gefühle reden.
- Männer weinen nicht.
- ...

Häufig dienen solche Klischees als Spasseinlage. Aber es ist wie mit Witzen: Sie haben meistens einen wahren Kern. Und deshalb schaden Klischees der Paarbeziehung mehr, als sie nützen.

Das Paarleben wäre einfacher, wenn wir diese Vorurteile begraben würden. Selbstverständlich gibt es naturgegebene Unterschiede zwischen Mann und Frau. Männer haben wegen ihres Körperbaus in der Regel tatsächlich mehr Kraft. Frauen gebären die gemeinsamen Kinder und stillen sie. Frauen haben einen natürlichen Zyklus der fruchtbaren Tage. Männer sind jederzeit fruchtbar, um die Fortpflanzung zu gewährleisten.

Aber das sind dann wohl schon mehrheitlich die klaren Unterschiede. Wir alle haben männliche und weibliche Anteile in uns. Sie sind unterschiedlich ausgeprägt. Frauen können viele männliche Anteile in sich tragen und Männer viele weibliche. Lassen Sie sich nicht durch Klischees vorschreiben, wie Sie als Mann oder als Frau Ihr Leben führen sollen. Entscheiden Sie selber, bei welcher Verhaltensweise Sie glücklich werden und bei welcher unglücklich. Durchbrechen Sie mutig Klischees und unterstützen Sie sich als Paar gegenseitig dabei:

Männer:
- Weinen Sie, wenn es Ihnen guttut.
- Teilen Sie es Ihrer Frau mit, wenn Sie zu müde sind, um mit ihr zu schlafen.
- Stehen Sie zu Ihren Gefühlen, und verteidigen Sie sie gegenüber Ihrer Frau.

- Setzen Sie sich für einen Teilzeitjob ein, wenn Sie gerne mehr Zeit bei den Kindern zu Hause verbringen möchten.

Frauen:
- Teilen Sie es Ihrem Partner mit, wenn Sie möglichst bald nach der Geburt wieder arbeiten wollen.
- Stehen Sie dazu, wenn Sie handwerklich geschickter sind als Ihr Mann.
- Sagen Sie es, wenn Ihnen trotz Kinderwunsch alles zu viel ist.
- Stehen Sie dazu, wenn Sie lieber Karriere statt Haushalt machen würden.

Und zum Schluss noch drei Hinweise:
- Für Männer: Denken Sie, dass Frauen naturgemäss geeigneter dafür sind, Kinder zu erziehen? Dann könnte es sein, dass Sie verschüttete Fähigkeiten noch nicht aktiviert haben.
- Für Frauen: Denken Sie, dass Männer sowieso nicht über Gefühle reden können? Dann könnte es sein, dass Sie nicht richtig zuhören, wenn Ihr Partner über seine Gefühle spricht.
- Für beide Geschlechter: Lachen Sie nicht gedankenlos über irgendwelche Klischees, einfach weil alle es tun. Wenn Sie die Klischees nicht gut finden, dann besprechen Sie sich mit Ihrer Partnerin, und suchen Sie nach Veränderungsmöglichkeiten.

Stress belastet die Partnerschaft

Es gibt viele Arten von Stress:
- Stress bei der Arbeit
- Stress, wenn wir die Arbeit nicht gern machen
- Stress, wenn die Kinder alle gleichzeitig krank sind
- Stress, wenn wir mit zu vielen verschiedenen Themen überlastet sind
- Stress, wenn wir nicht glücklich sind
- Stress, wenn wir uns keine Eigenzeit nehmen können
- Stress mit den Nachbarn
- Stress, wenn uns unser Körper schmerzt
- …

> **BUCHTIPPS**
>
> Guy Bodenmann, Caroline Fux: **Was Paare stark macht.** Das Geheimnis glücklicher Beziehungen. Beobachter-Edition, Zürich 2017.
>
> Guy Bodenmann, Christine Klingler Lüthi: **Stark gegen Stress.** Mehr Lebensqualität im Alltag. Beobachter-Edition, Zürich 2013.
>
> www.beobachter.ch/buchshop

Stress ist ein grosser Beziehungskiller. Unter Stress gehen wir in den «Überlebensmodus», und in diesem Zustand ist die Beziehungsfähigkeit massiv eingeschränkt. Je stärker wir uns gestresst fühlen, desto kleiner ist unsere Bereitschaft, auf die Bedürfnisse unserer Partnerin einzugehen. In Stresssituationen sorgt ein natürlicher Schutzmechanismus dafür, dass wir Prioritäten setzen und das machen, was uns hilft, zu überleben. Wir sorgen in erster Linie dafür, dass wir selber nicht untergehen – «Kopf runter und durch». Im Modus der Überlebensstrategie sind wir unflexibel und egoistisch und wirken auf die Partnerin abweisend.

Die Überlebensstrategie hat im ersten Moment ihre Berechtigung. Aber vielleicht setzen Sie in dieser Situation die Prioritäten trotzdem anders, als dies Ihr Partner tun würde. Oder Sie haben beide keine Zeit mehr für nährende Paarzeiten und sorgfältige Gespräche.

> **HINWEIS** *Unter www.paarlife.ch finden Sie ein Kursprogramm des psychologischen Instituts der Universität Zürich, das sich mit den Auswirkungen von Stress auf die Beziehung befasst. Prof. Dr. Guy Bodenmann und sein Team bieten diverse Kurse und Workshops für Paare an.*

Wie viel Zeit wofür?

Bei Paaren mit Kindern stehen vier Bedürfnisse in Konkurrenz zueinander: die Eigenzeit, die Berufszeit, die Familienzeit und die Paarzeit. Vor allem wenn die Kinder klein sind, reicht die verfügbare Gesamtzeit oft nicht für die Befriedigung aller vier Bedürfnisse aus. Viele Menschen reduzieren im Stress dann die Paar- und/oder die Eigenzeit, was die Beziehung meistens negativ beeinflusst. Es beginnt eine Dynamik, in der sich die Partner auseinanderleben oder einander für die fehlende Eigenzeit und Paarzeit verantwortlich machen.

> **ÜBUNG: MEIN ZEITKUCHEN**
> *Betrachten Sie die Grafik gegenüber. Im ersten Kreis sehen Sie als Beispiel eine Darstellung für die Arbeitswoche einer Person, die*

100 % auswärts arbeitet (inkl. Arbeitsweg). Je 8 Stunden Schlafzeit pro Tag sind abgezogen. Das Wochenende ist eingerechnet.

Gehen Sie nun zum ersten leeren Kreis, und fügen Sie Ihre eigenen «Kuchenstücke» ein. Wenn Sie mit dem Resultat nicht zufrieden sind, gehen Sie zum zweiten leeren Kreis und zeichnen die Teile so ein, wie Sie sie gern hätten.

Wie sieht der «Kuchen» Ihrer Partnerin, Ihres Partners aus? Und wie gelangen Sie gemeinsam an Ihr Wunschziel? Das könnten an dieser Stelle anregende Fragen für eine Paardiskussion sein.

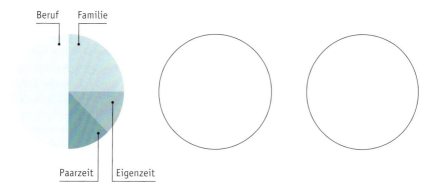

Zwei Tipps zum Schluss:
- Reden Sie offen über die fehlende Eigenzeit. Suchen Sie auch in Stresszeiten immer nach Lösungen, damit ein Minimum an Eigenzeit für beide Partner möglich ist.
- Gerade in Stresszeiten ist es wichtig, nährende Paarzeiten einzubauen. Planen Sie diese mit hoher Priorität in der Agenda ein – und definieren Sie Ersatzzeiten, wenn etwas Unvorhergesehenes dazwischenkommt. Wenn Sie diese Paarzeiten abwechslungsweise organisieren, dann schenken Sie sich gegenseitig automatisch Wertschätzung.

Reichtum und Selbstverwirklichung

Wir leben in einer reichen Gesellschaft. Nahrungsmangel und die Befriedigung anderer Grundbedürfnisse sind in unseren Breitengraden für die meisten Menschen glücklicherweise kein Thema. Dafür nimmt die Selbstverwirklichung einen immer höheren Stellenwert ein. Ein vernünftiges Bedürfnis nach Entfaltung regt die Partnerschaft an. Eine vollumfängliche Selbstverwirklichung ist aber in der Regel nicht mehr paartauglich. Der Partner wird dies vermutlich als Egoismus wahrnehmen.

Nichts gegen das Erkennen der eigenen Gefühle und das Mitteilen der Bedürfnisse, die sich daraus ergeben; das sind sogar sehr wichtige Themen (siehe Kapitel 4). Der Stolperstein in unserer Gesellschaft ist eher, dass manche Menschen ihre Gefühle und Bedürfnisse zu lange unterdrückt haben. Wenn ihnen dann bewusst wird, dass sie mehr nach ihren Gefühlen leben wollen, möchten sie diese Errungenschaft nicht wieder aufgeben, und es besteht die Gefahr, dass sie in diesem Prozess über das Ziel hinausschiessen. Sie gehen davon aus, dass nach so langer Durststrecke jetzt alle Bedürfnisse uneingeschränkt befriedigt werden müssen. Wenn einer der beiden Partner dies voll und ganz tun will und der andere nicht im gleichen Prozess steht, kann dies zur Trennung führen. Da braucht es gegenseitig Toleranz und Gespräche. Und es gilt zu beachten, dass auch bei sehr guten Gesprächen die absolute Selbstverwirklichung in einer Partnerschaft nicht möglich ist; sie macht beziehungsunfähig.

> **HINWEIS** *Tauschen Sie sich regelmässig und ehrlich über Ihre Gefühle und Bedürfnisse aus. Handeln Sie dann auf Augenhöhe einen für beide stimmigen Konsens aus.*

Eltern bzw. Schwiegereltern wohnen zu nahe

Vor allem wenn Sie kleine Kinder haben, hat die Nähe der Eltern bzw. Schwiegereltern gewichtige Vorteile. Sind sie bereit, Hütedienste zu übernehmen, kann das junge Paar berufstätig bleiben oder unbekümmert in den Ausgang gehen. Doch ist diese Nähe häufig auch eine Überforderung und kann zum Nachteil werden, z. B. wegen gefürchteter Kontrollblicke oder mangelnder Möglichkeiten, ein eigenständiges Leben zu führen.

Wenn es den Eltern nicht gelingt, ihren Sohn oder ihre Tochter loszulassen, oder wenn umgekehrt der Sohn oder die Tochter sich ungenügend vom Elternhaus «verabschiedet», dann stört diese Nähe die Beziehung des jungen Paares. Die Eltern bekommen dadurch die Möglichkeit, zu viel Einfluss auf das Leben des jungen Paares auszuüben. Und weil es ja die Eltern des einen Partners sind, wirkt sich dieses Ungleichgewicht störend auf die Paarbeziehung aus.

Aus der Beratungspraxis
GROSSELTERN IM «STÖCKLI» IN DER LANDWIRTSCHAFT

Die Situation, dass Generationen zu nahe beieinander sind, trifft man häufig in der Landwirtschaft an. Die älteren Generationen haben immer auf dem Hof gearbeitet und viel Geld und Leidenschaft in den Betrieb investiert; Pensionskasse und Hobbys wurde zu wenig Beachtung geschenkt. Die Folgen davon sind oft ungenügende finanzielle Reserven und fehlende Alternativen zur Arbeit. Eltern und Grosseltern wohnen deshalb weiterhin auf dem Hof und arbeiten mit. Das Loslassen fällt ihnen schwer.

Die junge Generation ihrerseits möchte verändern, hat viel Energie, möchte vom Einkommen auf dem Hof leben können. Meist ist es der Sohn, der auf dem Hof aufgewachsen ist. Er steht zwischen den Erwartungen seiner Frau und denen der Eltern. Auch wenn er seine Frau liebt, ist es nicht immer einfach, zu ihr zu stehen, weil er es auch seinen Eltern recht machen will. Die junge Frau dagegen ist in einem anderen Umfeld aufgewachsen und hat vielleicht eigene Ideen, die sie gerne einbringen möchte. Jüngere und ältere Generation stehen also an einem ganz anderen Ort im Leben und haben deshalb auch unterschiedliche Lebensbedürfnisse.

Diese Unterschiede wären nicht weiter tragisch, wenn man sich nur alle paar Wochen begegnen würde. Wenn aber beide Generationen in unmittelbarer Nachbarschaft leben und sogar noch intensiv zusammenarbeiten sollen, ist die Herausforderung gross. Sie sehen einander zu oft und zu genau in den «Garten». Diese Nähe der Generationen bringt Spannungen und kann letztlich zur Trennung des jungen Paares führen. Leider, denn das junge Paar hätte vielleicht ohne diese Reibungsflächen zwischen den Generationen sehr gut harmonieren können.

> **HINWEIS** *Wenn Eltern oder Schwiegereltern sehr nahe wohnen, gilt es, die notwendige Abgrenzung sorgfältig zu besprechen. Es ist wichtig, dass sich beide Partner gleichwertig fühlen und unbeeinflusst ihr gemeinsames Paarleben führen können.*

Die Konfliktdynamik innerhalb der Paarbeziehung

Das Zusammentreffen von zwei Menschen mit unterschiedlichen Lebensmustern führt immer zu einer eigenen Dynamik. Dieses Kapitel befasst sich mit Stolpersteinen in dieser Zweierdynamik und behandelt zahlreiche Faktoren, die ins Spiel kommen können. Gleichen Sie die Beispiele mit Ihrer eigenen Beziehung ab und versuchen Sie zu ergründen, was ganz oder teilweise auch auf Sie zutreffen könnte.

Als Paar teilen Sie meistens den Wohnraum und einen grossen Teil Ihres Alltags. Sie bauen einen gemeinsamen Bekanntenkreis auf. Vielleicht haben Sie zusammen Kinder, oder es leben Kinder aus früheren Beziehungen in Ihrem Haushalt. Das gemeinsame Leben bringt viele Herausforderungen mit sich. Mit Ihren unterschiedlichen Lebensmustern gehen Sie diese auch unterschiedlich an. Dies kann eine Bereicherung sein, es kann aber auch ein Stolperstein sein. Das ist dann der Fall, wenn Sie wenig darüber reden und sich zunehmend darüber aufregen. Der Ärger wird immer mehr Platz einnehmen – und zwar im negativen Sinn.

> **HINWEIS** *Schauen Sie Ihre unterschiedlichen Lebensmuster als gegenseitige Bereicherung an. Achten Sie darauf, wie diese Lebensmuster beim Zusammentreffen aufeinander wirken. Reden Sie darüber, und versuchen Sie voneinander zu lernen.*

Weshalb Sie Ihr Zusammenleben immer wieder besprechen sollten

Auch in Sachen Paardynamik ist eine sorgfältige Analyse hilfreich und kann beide Partner entlasten. Denn nicht einer der Partner ist einseitig schuld, sondern die entstandene Dynamik zwischen beiden braucht Energie und ist der Beziehung manchmal abträglich.

Gleich vorneweg: Stolpersteine sind keineswegs immer nur negativ! Manchmal helfen sie Ihnen, genauer hinzuschauen, wenn Sie sonst einfach vorbeigerannt wären. Und dieses genauere Hinschauen bewirkt vielleicht, dass Sie etwas Wichtiges für Ihr Lebensglück erkennen. Es lohnt sich deshalb immer, Stolpersteine zu analysieren und dann zu entscheiden, ob sie für Ihre Lebensziele hilfreich sind oder ob sie besser weggeräumt werden.

Im Folgenden werden neun Themen im Bezug auf Paarbeziehungen exemplarisch beschrieben. Sie werden sicherlich Erkenntnisse aus den Beispielen gewinnen, auch wenn sie nicht 100%ig auf Ihre Situation zutreffen. Und selbstverständlich ist auch diese Beispielreihe nicht vollständig. Falls ein Beispiel Sie besonders betrifft, scheuen Sie sich nicht, weitere Informationen zu suchen, etwa in entsprechender Fachliteratur (siehe Anhang).

«*Etwas bloss als Hindernis zu betrachten, ist selbst schon ein Hindernis.*»
Matthias Varga von Kibéd (* 1950), deutscher Logiker und Wissenschaftstheoretiker

Zu wenig Gespräche über unterschiedliche Bedürfnisse

Nach der Phase der Verliebtheit stellt man gelegentlich fest, dass man da und dort nicht gleicher Meinung ist. Statt sich konstruktiv darüber auszutauschen, beginnen kleine Machtmuster. Schliesslich ist jeder von seiner Ansicht überzeugt, und der andere sollte die Sache möglichst gleich beurteilen. Es kommt zu feinen Abwertungen; man handelt, ohne zu reden, und wartet ab, ob die andere Person reagiert. Man schaut, dass kein Gespräch zustande kommt, man redet lauter und mit Nachdruck, damit der andere nicht widersprechen kann … Das sind alles kleine Machtinstrumente, die verhindern sollen, dass man die andere Meinung anhören und als gleichwertig anerkennen muss. Leider realisiert man zu Beginn kaum, dass diese subtilen Druckmittel ein Ungleichgewicht schaffen oder den Partner kränken. Doch wenn Sie die Partnerin kränken, reagiert diese abwehrend, was dann wiederum Sie kränkt. So entsteht ganz leise eine Konfliktspirale (siehe Seite 20). Sie wird immer schlimmer. Wenn sie nicht gestoppt wird, führt sie vielleicht irgendwann zur Trennung. Aber anfangen tut sie immer ganz leise.

Häufiger Austausch belebt die Partnerschaft

Manche Menschen denken: «Auch wenn ich nicht rede, merkt der andere schon irgendwann, was ich meine.» Das ist ein riesiger Fehler. Klar: Der andere merkt irgendwann, dass etwas nicht stimmt. Schliesslich gibt es noch viele andere Kommunikationskomponenten neben der Sprache (siehe Seite 33). Aber wenn Sie nicht reden, legt sich die andere Person irgendwelche eigene Interpretationen über die Unstimmigkeit zurecht. Und wenn Sie weiterhin nicht reden, wird diese Interpretation beim Gegenüber irgendwann als Tatsache abgespeichert. Es ist dann später schwierig, diese klaren «Tatsachen» zu widerlegen.

> **HINWEIS** *«Reden ist Silber, Schweigen ist Gold» – so lautet das bekannte Sprichwort. In der Partnerschaft müsste es umgekehrt heissen: «Schweigen ist Silber, Reden ist Gold.»*

> **TIPP** *Lernen Sie, über unterschiedliche Meinungen konstruktiv zu streiten. Es ist das beste Fundament für eine langjährige Beziehung in Liebe. Im Kapitel 6 (Seite 153) finden Sie alles zum Thema konstruktive Kommunikation.*

In der Paarberatung heisst es in solchen Situationen oft: «Wir haben in unserer Familie halt nie geredet, ich kann das nicht, sie kann das viel besser als ich – da habe ich keine Chance ...» Das mag alles stimmen, aber es ist eine Ausrede! Mag sein, dass Ihre Partnerin besser reden kann, aber auch Sie können es lernen. Vielleicht wäre ja gerade die Partnerschaft ideal, um es im geschützten Rahmen zu üben. Eine glückliche Liebe setzt voraus, dass beide im Gefühl leben, auf Augenhöhe diskutieren zu können und mit den eigenen Ansichten akzeptiert zu werden.

Oft stellt sich später in einer Paarberatung heraus, dass einer der beiden sich immer unterlegen fühlte. Dies vielleicht, weil er sich weniger differenziert ausdrücken konnte, weil sie handwerklich weniger geschickt war, weil er weniger Schulen besucht hatte… Allein schon die Überzeugung, nicht reden zu können, kann ein Gefühl von Ungleichgewicht auslösen. Dies ist ein riesiger Stolperstein, denn bei dieser Ausgangslage besteht die Gefahr, dass die Gespräche nie richtig und auf Augenhöhe geführt worden sind und die Beziehung deshalb schon sehr früh in Schieflage geraten ist.

> **HINWEIS** *Reden Sie mit Ihrem Partner, Ihrer Partnerin darüber, wenn Sie sich unterlegen fühlen oder ein Gefühl von Ungerechtigkeit haben. Wenn Ihnen ein solches Gespräch zu zweit nicht gelingt, dann gönnen Sie sich eine Paarberatung.*

Nähe und Distanz

«Nähe und Distanz» ist ebenfalls ein Thema, das in Paarbeziehungen häufig zu wenig offen und ehrlich diskutiert wird. Es gibt Menschen, die nie genug Nähe bekommen können, und andere, die mehr Distanz brauchen. Mit «Nähe» ist hier körperliche, seelische und verbale Nähe gemeint.

Nicht alle Menschen können Nähe gleich gut zulassen, nicht alle können ihr Herz im gleichen Tempo für eine Partnerschaft öffnen. Dies kann in der Persönlichkeit begründet sein, oder aber Verletzungen können in unserem Leben für einen dicken Schutzmantel um das Herz gesorgt haben, sodass wir mehr Distanz brauchen. Aufgrund unterschiedlicher Vergangenheiten entstehen unterschiedlich dicke Schutzmäntel und entsprechend auch unterschiedliche Bedürfnisse nach Nähe oder Distanz zu anderen Menschen. Sich dessen bewusst zu werden, es auszusprechen und gegenseitig zu respektieren ist die Basis, um diesen Stolperstein angehen zu können. Wenn Paare zu wenig darüber reden, dann führt dies möglicherweise zu Enttäuschungen und zum Gefühl, «abgewiesen» bzw. «bedrängt» zu werden. Dies schadet der Partnerschaft.

> **HINWEIS** *Es geht hier nicht darum, ob Nähe oder Distanz besser ist, sondern darum, dass Sie sich selber einschätzen und sich darüber austauschen können.*

ÜBUNG: NÄHE UND DISTANZ

Nehmen Sie eine Schnur von etwa fünf Metern Länge, und stehen Sie in die Mitte eines grossen Raums. Stellen Sie sich vor, dass viele Menschen in diesem Raum sind. Jeder bekommt jetzt den Auftrag, einen Schnurkreis um sich herum zu legen. Dieser Schnurkreis soll zeigen, wie nahe die anderen Personen im Raum an Sie herankommen dürfen und ab wo es für Sie zu nahe ist bzw. es Ihnen nicht mehr wohl ist. Haben Sie den Mut, den Kreis gross genug zu machen, wenn Sie Distanz brauchen! Getrauen Sie sich aber auch, ihn klein zu machen, wenn Sie Nähe gut zulassen können.

Sie können diese Übung auch zusammen mit Ihrer Partnerin, Ihrem Partner machen. Nur Sie zwei. Und dann werten Sie nicht die unterschiedliche Grösse, sondern nehmen Sie die Kreise einfach als neutrale Ausgangslage für Ihre Beziehung.

Das eigene Bedürfnis nach Nähe und Distanz kennen viele Menschen zum Zeitpunkt des Sichverliebens noch ungenügend. Es zeigt sich erst nach einer gewissen Zeit in der Partnerschaft. Deshalb ist es auch ein wenig Glück, ob man bezüglich Nähe und Distanz zusammenpasst oder nicht. Zwei Menschen, die Nähe gut zulassen können, haben einfachere Voraussetzungen für eine langjährige Partnerschaft. Sie können sich gegenseitig nähren. Wenn sie nahe beieinanderliegen oder ehrliche Gespräche führen, dann können sie einander gegenseitig «auftanken». Wenn jedoch die eine Person die Nähe sucht und die andere sich immer bedrängt fühlt, dann ist dies für die Beziehung ein mächtiger Stolperstein. Auch bei zwei «Distanzmenschen» fällt dieser Stolperstein mehrheitlich weg, weil sie einander vermutlich wenig bedrängen.

Aus der Beratungspraxis
ABSTAND REGULIEREN MITTELS KONFLIKT

Felix (40) und Ursula (37) wurde das Thema Nähe/Distanz zum Verhängnis. Nach der Verliebtheitsphase begannen die Konflikte. Die beiden konnten zwar immer gut darüber reden und fanden meist auch einigermassen vernünftige Lösungen. Aber immer, wenn ein Konflikt gelöst schien, kam der nächste. Nach vielen Jahren hatten beide die nötige Energie nicht mehr, und sie trennten sich. Felix wollte unbedingt verstehen, weshalb es zur Trennung kam, und er meldete sich zu einem

Coaching an. Dort erkannte er, dass Nähe in einer Beziehung für ihn sehr wichtig ist. So wie er Ursula kennengelernt hatte, war sie eher ein Mensch, dem es mit etwas Distanz wohler war. Durch diese Unterschiedlichkeit verletzten sich beide gegenseitig. Er fühlte sich stets abgelehnt, und sie fühlte sich immer bedrängt. So hatten denn die dauernden Konflikte eigentlich die Funktion, dass Felix den notwendigen Abstand hielt. Leider schafften es die beiden nicht, dies rechtzeitig zu erkennen und darüber zu reden.

TIPP *Überlegen Sie sich genau, welche Art und welche Intensität von Nähe Ihnen guttut. Überlegen Sie sich auch, ob Sie an der aktuellen Situation gerne etwas verändern würden. Tauschen Sie sich als Paar über Ihre Gedanken aus.*

«Sex und Orgasmus» – gleichbedeutend mit «Ich werde geliebt»?

Sexualität ganz allgemein ist ein Thema, über das viel zu wenig geredet wird. Und hier geht es überdies um eine Besonderheit: Für viele Menschen ist «Sexualität und Orgasmus» gleichbedeutend mit «Ich werde geliebt». Möglicherweise betrifft dieser Stolperstein die Männer etwas mehr als die Frauen.

Es wäre ein absoluter Zufall, wenn beide Partner genau gleich viel Lust auf Sex hätten. Und selbst wenn es so wäre, ist es unwahrscheinlich, dass beide immer an den gleichen Wochentagen und zum gleichen Zeitpunkt miteinander «Liebe machen» möchten. Und dann sind da noch die beruflichen Verpflichtungen und die Kinder und, und, und. Kurz: Diesen Zufall gibt es nicht. Sie müssen sich also in Ihrer Partnerschaft damit auseinandersetzen, dass die eine Person mehr Sex oder diesen zu einem anderen Zeitpunkt möchte als die andere Person.

Wenn Sie «Sexualität» und «Ich werde geliebt» gleichsetzen, dann werden Sie einander unweigerlich immer wieder neu enttäuschen. Diejenige Person, die weniger Lust auf Sex hat, wird sich unter Druck gesetzt fühlen. Diejenige Person, die

> **BUCHTIPP**
> Caroline Fux, Ines Schweizer: **Guter Sex.** Ein Ratgeber, der Lust macht. Beobachter-Edition, Zürich 2017.
> www.beobachter.ch/buchshop

mehr Sex möchte, wird sich abgelehnt oder nicht geliebt fühlen. Beides sind schlechte Gefühle, sie schaden der Partnerschaft. Deshalb ist es sehr wichtig, dass Sie die beiden Themen in der Paarbeziehung entkoppeln. Wenn Sie keine Lust haben, sollte dies beim Partner nicht das Gefühl auslösen, abgelehnt und nicht geliebt zu werden. Und Sie Ihrerseits sollten sich nicht unter Druck fühlen. Es ist auch nicht sinnvoll, dem Partner zuliebe «hinzuhalten» oder «mitzumachen»; das ist meist keine schöne Form von Sexualität.

Wenn es hingegen gelingt, in solchen Momenten körperliche Nähe auf andere Weise zuzulassen, dann können Sex und das Gefühl, geliebt zu werden, auseinandergehalten werden. Dies kann sich etwa so anhören: «Ich glaube, du hast Lust – ich gerade gar nicht. Ich möchte dich aber nicht zurückweisen und dir trotzdem zeigen, dass ich dich gernhabe. Sollen wir nackt ganz nahe zusammenliegen und einander umarmen? Möchtest du dich selber befriedigen, und ich umarme dich dabei? Oder möchtest du, dass ich dich mit der Hand befriedige? Wie kann ich dir meine Liebe zeigen, ohne dass ich jetzt mit dir schlafe?»

Übrigens: Es ist ja nicht ausgeschlossen, dass bei alternativen Formen von Nähe beim Gegenüber auch Lust entsteht – aber bitte erwarten Sie es nicht, sondern lassen Sie einfach offen, was daraus wird! Und hören Sie vor allem die Botschaft dahinter: «Ich habe dich gern, auch wenn ich jetzt gerade keine Lust auf Sex habe.»

Das sind nur einige Beispiele. Der gemeinsamen Kreativität sind da wenig Grenzen gesetzt. Noch einmal: Wichtig ist, dass Sie «Sexualität» und «Ich werde geliebt» entkoppeln. Es lohnt sich, Formen zu entdecken, bei denen Sie einander nicht enttäuschen und Ihre unterschiedlichen Bedürfnisse nicht als Massstab für die Liebe empfunden werden.

Aus der Beratungspraxis
«SEXUALITÄT» UND «ICH LIEBE DICH»

Henry (42) möchte gerne etwa zweimal in der Woche mit Irene (45) schlafen. Irene am liebsten einmal im Monat. Etwa siebenmal im Monat lehnt Irene Henry also theoretisch ab; ein massives Ungleichgewicht.
Sie fühlt sich immer leicht unter Druck gesetzt, und er fühlt sich nicht geliebt und abgelehnt. Durch dieses schlechte Gefühl wird Henry nachlässiger in der Beziehungspflege. Er erledigt seinen Anteil an der Hausarbeit nur noch auf Aufforderung, er kommt später nach Hause...

So gibt es viele kleine Ereignisse, bei denen sich beide gegenseitig verletzen. Mit diesen Beispielen kommen sie schliesslich in die Paarberatung. Zuerst reagiert Henry ohne Begeisterung auf die Vorschläge für alternative Formen von Sexualität. «Wenn ich erregt bin, möchte ich meinen Orgasmus. Schliesslich bin ich ja nie auf meine Rechnung gekommen. Da möchte ich keine Gelegenheit verpassen.» Schön, dass er sich schliesslich doch auf einen Versuch einlässt. Er und Irene reden im Verlauf der Beratung viel über ihre sexuellen Bedürfnisse. Beide lernen die Unterschiedlichkeit zu respektieren. Sie lernen zu spüren, wie der blosse Kontakt der nackten Haut nähren kann. Das gegenseitige «Ineinanderatmen», wenn ihre nackten Bäuche aufeinanderliegen, ist für beide zu einem «Auftanken mit Liebe» geworden. Und wenn er dann doch Lust auf einen Orgasmus hat, umarmt sie ihn, während er sich selber befriedigt. Er kann dies als Zeichen der Liebe akzeptieren. Und es stellt sich noch ein weiterer Nebeneffekt ein: Dadurch, dass sie über ihre Sexualität und ihre Unterschiedlichkeit reden, fühlt sich Irene in diesem Thema besser verstanden, wodurch sie auch häufiger Lust verspürt.

> **HINWEIS** *Die unterschiedlichen sexuellen Bedürfnisse beider Partner können zu Enttäuschungen führen. Wenn jede Ablehnung interpretiert wird als «Ich werde nicht geliebt», ist dies verheerend für die Paarbeziehung. Lassen Sie das nicht zu, reden Sie darüber! Vielleicht zeigt sich im Gespräch ja auch, dass andere ungelöste Themen die Lust ebenfalls beeinträchtigen.*

Einer von beiden verliebt sich und beginnt eine Aussenbeziehung

Ihre Beziehung wird vom Stress und vom Alltagsleben überrollt. Der Partner nervt. Die Sexualität ist nicht mehr wie am Anfang. Sie reden zu wenig und pflegen die Beziehung nicht mehr. Wer sehnt sich da nicht nach den Gefühlen der Verliebtheit zurück? Das ist doch menschlich. Und da begegnet Ihrem sehnsüchtigen Herz ein anderes Herz, das ebenfalls auf der Suche nach diesen Gefühlen ist. Und schon ist es passiert: Sie haben sich verliebt.

Verliebtheit öffnet den Zugang zu Ihrem verschlossenen Herzen wieder. Sie spüren sich wieder, haben wieder Lebensfreude. Wer möchte das in einem solchen Moment schon hergeben? Gegen diese Gefühle hat der langjährige Partner keine Chance.

Aber was passiert da genau? Lohnt es sich, dafür die langjährige Beziehung aufzugeben? Ist es vertretbar, die Kinder, die man liebt, dieser neuen Herausforderung auszusetzen? Bleibt der Zugang zu Ihrem Herzen in der neuen Partnerschaft wirklich dauerhaft offen? Ist es allein diese neue Person, die den Zugang zu Ihrem Herzen offen halten kann, oder gäbe es auch andere Möglichkeiten?

Erfahrungen aus der Paarberatung
Paaren, die in dieser Situation in die Paarberatung kommen, empfehle ich, die Aussenbeziehung auszusetzen. Es wird eine Zeitdauer abgemacht, wo sich die Verliebten nicht sehen, nicht schreiben und nicht telefonieren. In dieser Zeit soll sich das Paar mit seiner Beziehung auseinandersetzen und herausfinden, ob es sie beenden will oder ob ein Neuanfang möglich ist.

Hier einige Gedankenspiele, die genauer anzuschauen es sich lohnt:
- Vielleicht ist Ihre Beziehung einfach langweilig geworden. Sie haben aufgehört, sich auszutauschen, und jetzt suchen Sie das spannende Leben ausserhalb. Dann könnte ein kreativer Austausch neue Perspektiven in Ihre Partnerschaft bringen.
- Vielleicht wurde Ihnen im Sexualunterricht beigebracht, dass Sie für die Lust der Partnerin verantwortlich sind. Sie sind es leid, immer so viel investieren zu müssen. Dann ist eine Verliebtheit natürlich ein Geschenk.
- Vielleicht ist die Ursache für die Lust, sich zu verlieben, auch eine innere Leere. In diesem Fall würde es darum gehen, diese «Energie des Verliebens» als Sehnsucht des eigenen Herzens erkennen zu lernen. Dann bestünde die Herausforderung darin, das geöffnete Herz nicht zu verschliessen und herauszufinden, welche Wünsche bisher in Ihrem Leben keinen Platz fanden.
- Vielleicht war Ihre Beziehung schon lange nicht mehr gut. Sie hatten aber einfach nicht den Mut, einander zu verlassen. Dann kann eine solche Verliebtheit der Anstoss zur Trennung sein.

> **HINWEIS** *Aussenbeziehungen «rutschen» in aller Regel nicht zufällig in das Leben der Betroffenen. Meist steckt für alle Beteiligten eine Botschaft dahinter – und es lohnt sich, diese sorgfältig zu analysieren. Was fehlt mir oder unserer Beziehung, dass eine Verliebtheit uns aufrüttelt? Bei dieser Frage kann das Buch «Warum hast du mir das angetan? Untreue als Chance» von Hans Jellouschek weitere Denkanstösse vermitteln (siehe Anhang).*

Das erste Kind kommt auf die Welt

Sie hatten eine wunderbare Zeit als Paar. Beide freuen sich über die Schwangerschaft. Aber seit das Kind auf der Welt ist, hat sich alles verändert. Die Frau pflegt eine innige Beziehung mit dem Baby, sie ist von morgens bis abends mit ihm zusammen. Der Mann arbeitet nach ein paar wenigen Tagen wieder Vollzeit. Seine Welt besteht aus tausend anderen Themen – ihre Welt besteht fast zu 100 % aus Kinderbetreuung. Vielleicht verpassen Sie es als Mann in diesem Moment, sich auf eine eigene Beziehung mit dem Kind einzulassen. Sie fühlen sich aussen vor gelassen. Vielleicht gehen Sie als Frau voll im Zusammensein mit dem Kind auf. Da brauchen Sie daneben rein gar nichts…

Dieser Zeitpunkt in der Familienphase ist heikel, und es gilt, die Situation sorgfältig zu beobachten. Wenn Sie sich als Paar voneinander entfernen und nicht darüber reden, dann kann dies der Anfang der Entfremdung sein.

> **HINWEIS** *Die Geburt des ersten Kindes ist eine riesige Veränderung in einer Paarbeziehung. Meist ist dies eine Phase grosser Glücksgefühle. Manchmal sind aber die Lebenswelten der jungen Eltern in dieser Zeit extrem unterschiedlich. Den Austausch zu pflegen ist in dieser Zeit zentral.*

> **TIPP** *Sie sind beide gleichwertige Eltern des gemeinsamen Babys. Bauen Sie daher auch beide eine eigenständige, gute Beziehung mit dem Kind auf – von Anfang an. Reden Sie über eine stimmige und chancengleiche Rollenteilung. Und vor allem: Pflegen Sie auch weiterhin Ihre Paarbeziehung!*

Ihr konkretes Beziehungsmuster

Jeder Mensch entwickelt aufgrund seiner Geschichte ein Verhaltensmuster. Das Zusammenwirken von zwei Verhaltensmustern ergibt eine Dynamik, die bisweilen nicht auf Anhieb zu durchschauen ist. Nachfolgend finden Sie zwei Beispiele von solchen Beziehungsmustern.

Die Symbiose, die bei Menschen mit einem Helfermuster entstehen kann
Menschen mit einem Helfermuster sind teamfähige und soziale Menschen. Sie sind anpassungsfähig, und man arbeitet gerne mit ihnen zusammen. Sie haben gelernt, dass sie gute Menschen sind, wenn sie versuchen, die Wünsche der andern zu erfüllen. Sie fühlen sich glücklich, wenn es ihnen gelingt, andere Menschen glücklich zu machen. Sie fühlen sich schuldig oder bedrückt, wenn es anderen schlecht geht. Die eigenen Gefühle und Wünsche spüren sie jedoch häufig nicht oder nur ungenügend.

Gehen zwei solche Menschen eine Paarbeziehung ein, so führt dies anfangs häufig zu einem symbiotischen Beziehungsmodell: Beide lesen einander die Wünsche von den Augen ab und beschenken einander. Dies kann durchaus ein Leben lang so bleiben – dann ist es ein schönes und soziales Beziehungsmodell. Wenn aber ein Partner einseitig vermehrt auf die Suche nach seinen eigenen Bedürfnissen geht und diese in der Beziehung auch umsetzen möchte und wenn gleichzeitig der andere im alten Beziehungsmuster bleiben möchte oder nicht zum gleichen Zeitpunkt bereit für eine Veränderung ist, wird es zu einem Stolperstein. Derjenige, der es nicht (oder noch nicht) richtig findet, seine Bedürfnisse stärker in den Vordergrund zu rücken, der wird den andern als egoistisch und unsozial empfinden. Die Symbiose zerfällt.

 Aus der Beratungspraxis
AUFLÖSEN DER SYMBIOSE IN EINER BEZIEHUNG ZWEIER «HELFER»
Regula (38) und Franz (41) kamen wegen «des Egoismus von Regula» in die Paarberatung. Franz berichtet, das Umfeld habe sie immer als Traumpaar beschrieben. Tatsächlich hätten sie auch ganz selten gestritten und einander alle Wünsche erfüllt, wo es nur ging. Doch seit einiger Zeit sei Regula nur noch auf dem «Selbstfindungstripp». Alle

ihre Anliegen müssten sofort umgesetzt werden. Und zudem bedränge sie ihn immer, er solle doch endlich auch mal über seine Bedürfnisse nachdenken. Dabei empfinde er ihren «Selbstfindungstripp» als rein egoistisch. Das gehe doch nicht in einer Paarbeziehung, da müsse man eben Rücksicht nehmen aufeinander... Etwa so beschrieb Franz die aktuelle Situation.

Als sie noch als «Traumpaar» wahrgenommen worden waren, spürten beide ihre Bedürfnisse zu wenig. Beide suchten deshalb als Helfer das Glück in der Erfüllung der Bedürfnisse des andern. Wenn der eine Partner entscheidet, dass er mehr auf seine eigenen Bedürfnisse hören möchte, diese mehr einbringt und auch mehr umsetzen möchte, dann überfordert dies vielleicht den andern Partner zu diesem Zeitpunkt noch. Gemäss dem alten Denkmuster meint Franz, dass er weiterhin für die Erfüllung aller Bedürfnisse von Regula zuständig sei. Das überfordert ihn zunehmend. Wenn er nicht lernt, dass Regula für die Umsetzung ihrer Wünsche selber verantwortlich ist und er auf die Suche nach seinen eigenen Bedürfnisse gehen darf, dann rutscht die Beziehung in eine Schieflage. Regula drängt Franz immer mehr, seine Bedürfnisse doch auch zu nennen. Und Franz empfindet ihr Verhalten immer stärker als masslos und egoistisch.

Das Lernfeld für Regula beim Ausstieg aus der Symbiose wäre, dass sie zwar klar zu ihren Wünschen stehen darf, dass sie aber respektieren muss, wenn Franz dies nicht zum genau gleichen Zeitpunkt und im gleichen Tempo macht wie sie.

Für Franz gilt es zu erkennen, dass er nicht für die Erfüllung der neuen Wünsche von Regula verantwortlich ist, und dass es für ihn und die Paarbeziehung hilfreich wäre, wenn er seine eigenen Bedürfnisse besser erkennen und dafür einstehen würde.

TIPP *Wenn Sie Franz sehr gut verstehen, dann denken Sie intensiv über Ihre eigenen Bedürfnisse nach, und bringen Sie diese selber in die Paargespräche ein. Wenn Sie Regula mehr verstehen, akzeptieren Sie, dass vielleicht nicht beide zur gleichen Zeit und im gleichen Tempo die Erkenntnis haben, dass sie aus der Symbiose aussteigen möchten. Stehen Sie beide zu Ihren Bedürfnissen und übernehmen Sie eigenständig die Verantwortung für deren Umsetzung.*

Der Mann überlässt das Fühlen der Frau
Bei einer klassischen Rollenteilung ist grob gesagt der Mann für das Geld verantwortlich, die Frau für den Haushalt und die Beziehungen, die sogenannte Care-Arbeit. In diesem Modell entwickelt sich der Mann beruflich weiter und bekommt seine Wertschätzung im Beruf. Die Frau kümmert sich um die Kinder und die Freundschaften, sie bekommt ihre Wertschätzung vom Nachwuchs und den Freunden. Auch dieses Lebensmodell kann bis ans Lebensende stimmig sein.

Es kann aber auch sein, dass die Frau irgendwann darunter leidet, dass sie beruflich nicht mehr einsteigen kann. Oder dass der Mann darunter leidet, dass er nicht geübt ist, Beziehungen auf Herzensebene zu pflegen – weder mit seinen Kindern noch mit Freunden. Auch das ist nicht weiter schlimm, wenn Sie ehrlich miteinander reden können. Dann haben Sie ja die Möglichkeit, dies schrittweise zu verändern.

Wenn sich dies jedoch nicht bewusst abspielt und Sie deshalb auch nicht darüber reden, dann führt es mitunter zu einem massiven Ungleichgewicht, das irgendwann die Beziehung gefährden kann. Sie redet vielleicht mit Freundinnen und Freunden – oder mit den Kindern – viel mehr über Gefühle als mit ihrem Partner. Sie traut ihm keine Gefühle zu und wertet ihn auf dieser Ebene ab. Er fühlt sich dadurch minderwertig und eigentlich nicht mehr als Partner auf Augenhöhe oder als Nummer eins bei seiner Frau. Dieses Gefühl führt zu einer Distanz in der Beziehung, und wenn es nicht besprochen wird, vielleicht irgendwann zur Trennung.

Patchworkfamilien

Zwei geschiedene Menschen verlieben sich neu. Sie haben beide Kinder aus erster Ehe. Beide fühlen sich einsam und möchten möglichst rasch zusammenziehen.

Ganz anders ist es für die Kinder der beiden. Die neuen Partner der Eltern haben sie ja nicht selber ausgewählt. Möglicherweise empfinden sie diesen neuen Partner als störend oder gar als Konkurrenz zu ihrem Papa oder der Mama. Auch die Kinder untereinander sind keine leiblichen Geschwister, sie müssen einander nicht automatisch als Freunde begegnen. Und die neue Familienkonstellation haben sie sich vielleicht nicht gewünscht, sie entspricht dem Wunsch der Eltern. Da ist es nicht verwunderlich, wenn die Kinder auf die eine oder andere Weise rebellieren.

Die leiblichen Kinder bleiben in solchen Situationen für die meisten Menschen die Nummer eins. Und das ist auch richtig so! Die Kinder brauchen in diesen Momenten des Umbruchs das Gefühl von bedingungsloser Liebe der Eltern. Wenn Sie ihnen diese Liebe nicht geben, werden sie weiter rebellieren müssen. Da gilt es, wachsam zu sein.

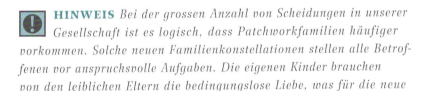

BUCHTIPP
Cornelia Döbeli: **Wie Patchworkfamilien funktionieren.** Das müssen Eltern und ihre neuen Partner über ihre Rechte und Pflichten wissen. Beobachter-Edition, Zürich 2013.
www.beobachter.ch/buchshop

Bezüglich Partnerschaft ist diese Art von Zusammenleben deshalb eine riesige Herausforderung. Wenn es also in solchen Situationen hart auf hart geht, fühlt sich der Partner vom andern als Nummer zwei behandelt. Das tut weh und kann die Partnerschaft auseinanderbringen. Es ist deshalb ratsam, den Kindern und der neuen Beziehung eine angemessene Zeit zuzugestehen, bevor Sie eine gemeinsame Wohnung beziehen.

HINWEIS *Bei der grossen Anzahl von Scheidungen in unserer Gesellschaft ist es logisch, dass Patchworkfamilien häufiger vorkommen. Solche neuen Familienkonstellationen stellen alle Betroffenen vor anspruchsvolle Aufgaben. Die eigenen Kinder brauchen von den leiblichen Eltern die bedingungslose Liebe, was für die neue Partnerin sehr schwierig auszuhalten sein kann.*

Midlife-Crisis und Burn-out

Unsere Gesellschaft hat Mühe, Zeiten mit reduzierter Leistungsfähigkeit zu akzeptieren. Wir fallen dann aus der uns zugedachten Rolle und werden ausgegrenzt, und/oder wir ertragen diese Phasen selber nicht und ziehen uns zurück, was wiederum das Selbstwertgefühl verschlechtert. Es kann aber auch sein, dass Sie die Krise nicht wahrhaben wollen und die Partnerin dafür verantwortlich machen, dass Sie nicht glücklich sind. Das müsste nicht sein.

Die Betrachtung von Richard Rohr in seinem Buch «Vom wilden Mann zum weisen Mann» (siehe Anhang) kann helfen, beispielsweise die Midlife-Crisis anders zu betrachten. Er teilt das Leben in vier Phasen ein: Lernen – Leisten – Reflektieren – Weise sein. Auch wenn diese Phasen nicht bei allen Menschen genau gleich verlaufen oder gar gleich lang sein müssen, kann diese Einteilung doch helfen, einen wohlwollenderen Blick auf persönliche Krisen zu werfen. So betrachtet ist die Phase der Reflexion Voraussetzung, um ein weiser Mensch zu werden. Nach einer längeren Leistungsphase vor der Lebensmitte dürfen wir uns mit gutem Gewissen den Sinnfragen des Lebens stellen. Sie können etwa so lauten: «Warum arbeite ich so viel?», «Warum mache ich die Arbeit nicht mehr so gerne wie früher?», «Warum altert mein Körper?», «Weshalb bedeuten mir zwischenmenschliche Beziehungen plötzlich mehr als die Zahlen bei der Arbeit?» Wenn diese Fragen auftauchen, ist die Abwendung von der Leistungsphase nicht mehr einfach eine lästige Krise, sondern ein unerlässlicher Schritt auf dem Weg zum weisen Menschen.

Unsere Arbeitswelt ist überhaupt nicht auf diesen Prozess ausgerichtet. Von uns wird eine 100%ige Leistungsfähigkeit bis zum 65. Altersjahr erwartet – und dann sollen wir zu 100 % loslassen. Die dritte Phase wird als Krise in der Mitte des Lebens oder als Burn-out behandelt – als etwas Mühsames, Schwieriges. Bei dieser Ausgangslage erstaunt es nicht, dass sich viele Menschen mit Händen und Füssen dagegen wehren.

> **HINWEIS** *Schwierige Lebensphasen gehen am Partner nie spurlos vorbei. Nicht selten wird er mindestens für einen Teil der Schwierigkeiten verantwortlich gemacht. Da ist es manchmal nicht ganz einfach, eine Midlife-Crisis und die Paarkrise auseinanderzuhalten.*

> **TIPP** *Versuchen Sie, die Phase der Reflexion willkommen zu heissen, und vor allem: Packen Sie die Auseinandersetzung mit diesen Fragen an! Wenn Sie es nicht tun, kann dies Ihre Partnerschaft gefährden. Stellen Sie sich der Herausforderung gemeinsam, statt dass Sie stolpern, denn auch an diesen Themen kann eine Paarbeziehung wachsen.*

Wenn sich das «Projekt Kinder» dem Ende nähert

Ihre Paarbeziehung hat gehalten, bis die Kinder erwachsen geworden sind und ausgezogen sind. Gratuliere, dies ist eine grosse Leistung! Sie können sich gegenseitig mit Freude und Dankbarkeit sagen: «Das haben wir gut gemacht.» Egal, wie stark Sie einander gerade auf die Nerven gehen; egal, ob Sie das Gefühl haben, alleine für das Einkommen verantwortlich gewesen zu sein oder alleine für den Haushalt und die Kinder gesorgt zu haben; egal, wie unzufrieden Sie im Moment sind: Anerkennen Sie Ihre gemeinsame Leistung, und würdigen Sie sie!

Ab jetzt beginnt ein neuer Lebensabschnitt. 20 oder 25 Jahre sind vermutlich fast die Hälfte Ihres bisherigen Lebens. Sie sind nicht mehr der gleiche Mensch wie vor der Geburt der Kinder. Und das ist auch gut so. Schön, dass Sie jetzt neue Dinge ausprobieren können. Sie haben die Möglichkeit dazu. Vielleicht war die Zeit mit den Kindern aber auch wunderschön. Das war genau das richtige Leben für Sie. Auch schön.

Wie auch immer Sie sich fühlen zu diesem Zeitpunkt: Es kommt eine Veränderung auf Sie zu. Sie müssen oder dürfen sich als Paar mit den neuen Möglichkeiten auseinandersetzen. Gehen Sie Fragen nach wie:

- Haben wir noch neue Pläne?
- Möchten wir gerne die Freizeit miteinander verbringen?
- Gelingt es uns, die Kinder auf gute Art loszulassen?
- Gibt es neue Projekte, die wir gemeinsam angehen möchten?
- Lassen wir einander genügend Freiheiten?
- Fühlen wir uns eingeengt – einer oder beide?
- Wie haben wir uns in den vergangenen 20 Jahren verändert?
  Was möchten wir jetzt gerne neu ausprobieren?

Betrachten Sie diesen neuen Lebensabschnitt als Chance, neu zu verhandeln. Sie haben jetzt wieder mehr Zeit und Geld zur Verfügung. Öffnen Sie das Fenster für neue Ideen!

 HINWEIS *Freuen Sie sich mit Ihren Kindern, dass sie ihr Leben jetzt selbständig meistern. Überlegen Sie, was Sie in Ihrem eigenen Leben noch alles machen möchten. Möglicherweise haben Sie nochmals sehr viel Zeit als Paar vor sich – da lohnt es sich, über Veränderungen nachzudenken!*

Ihr persönlicher Einfluss auf die Beziehung

3

Das anspruchsvollste Thema im Rahmen der Konfliktanalyse sind Sie selbst, mit Ihrer Geschichte und Ihrer Persönlichkeit. Um das eigene Lebensmuster und dessen Einfluss auf die Paarbeziehung zu verstehen, braucht es einen vertieften Blick in die Psychologie. Dieses Kapitel ist eine Tour d'Horizon durch verschiedene Bereiche – vertiefende Literatur finden Sie bei Bedarf im Anhang.

Vom Mut, sich zu hinterfragen und zu verändern

Konflikte oder angespannte Situationen lösen bei den meisten Menschen Abwehrreaktionen aus. Damit schützen wir uns vor weiteren Verletzungen. Wir wenden uns ab oder setzen möglicherweise zum Gegenangriff an. Mitunter suchen wir die Schuld einseitig beim Verhalten des Gegenübers. Dieses Kapitel soll Sie dazu ermutigen, den Blick auch auf das eigene Verhalten zu richten.

Vor der eigenen Tür zu kehren ist eine Herausforderung. Denn es war vorher so praktisch – es war häufig schon klar, wer der Schuldige ist: der beziehungsweise die andere. Dadurch wurden Sie zum Opfer und brauchten sich keine grossen Überlegungen zu Ihrem Beitrag zu machen. Aber Achtung, dies ist ein grosser Stolperstein, denn jeder Konflikt bietet Ihnen auch ein Lernfeld. Wenn Sie dieses Lernfeld nicht beachten, dann landen Sie möglicherweise in einer nächsten Beziehung genau am gleichen Ort und stolpern über denselben Stein. Der Blick auf die eigenen Anteile lohnt sich also, egal, ob Sie sich trennen oder zusammenbleiben.

«Nicht weil es so schwer ist, wagen wir es nicht, sondern weil wir es nicht wagen, ist es so schwer.»
Seneca (1–65), römischer Philosoph

INFO *In diesem Kapitel sind psychologische Zusammenhänge vereinfacht dargestellt. Der Verzicht auf Komplexität soll Sie dazu animieren, die Ausführungen zu lesen, und Sie dazu ermutigen, sich selber kritisch zu betrachten.*

«Solange ich den Partner beschuldige, muss ich bei mir selber nicht hinschauen»

Die Schuldfrage ist in Konflikten grundsätzlich immer hinderlich für eine Lösungsfindung. Sie verhärtet die Situation. Wenn beide Partner weicher werden und sich selbstkritischer betrachten können, dann können Konflikte eher verlassen werden. Das wissen wir eigentlich – und trotzdem handeln wir anders. Ein Time-out (siehe Kapitel 1, Seite 36) bietet Gelegenheit, sich nicht hinter den «Verfehlungen» der Partnerin zu verstecken, sondern die eigenen weniger starken Seiten wertneutral anzuschauen.

Im Einzelcoaching stelle ich manchmal folgende Frage: «Wenn die Gesamtheit der Fehlermasse 100 % beträgt: Wie gross ist der Anteil Ihrer Partnerin und wie gross der Ihre?» Dann antwortet der Klient beispielsweise: «80 % die Partnerin und 20 % ich.» Darauf entgegne ich: «Gut, dann lassen Sie uns jetzt hier Ihre 20 % anschauen.»

Versuchen Sie, bei sich selber gleich vorzugehen. Tun Sie es liebevoll und verständnisvoll, denn wir sind alle nicht perfekt. Und die schwierigsten Themen sind meistens besonders gut versteckt.

> **HINWEIS** *Betrachten Sie Ihre Partnerschaft liebevoll. Wenn Ihnen dies schwerfällt, stellen Sie sich vor, es handle sich um die Partnerschaft von Freunden, die Ihnen am Herzen liegen – das erlaubt Ihnen, sie wohlwollend von aussen zu betrachten. Niemand ist perfekt. Je besser es Ihnen gelingt, zu Ihren Schwächen zu stehen, desto beziehungsfähiger und desto glücklicher werden Sie. Und wenn es beiden gelingt, weicher zu werden, dann entlastet dies den Konflikt enorm. «Weicher werden» heisst hier, dass Sie innerlich zulassen können, dass auch die Sichtweise des Partners berechtigt ist. (Mehr dazu im Kapitel 4, Seite 119.)*

Wie Sie sich möglicherweise in die eigene Tasche lügen

Hand aufs Herz: Neigen wir nicht oft dazu, Situationen komplizierter als nötig darzustellen, damit wir am Schluss sagen können: «Lassen wir es, wie es ist, es ist zu kompliziert, um es zu ändern»? Die meisten von uns verändern sich ungern. Es ist einfacher, beim alten Verhalten zu bleiben, denn das kennen wir. «Ich bin einfach so», «Man kann sich sowieso nicht ändern – vor allem nicht in fortgeschrittenem Alter» – solche Aussagen sind meistens Ausreden und ein verständliches, aber unzuträgliches Schutzverhalten, um einer genaueren Betrachtung auszuweichen.

«Gesagt ist nicht gehört
Gehört ist nicht verstanden
Verstanden ist nicht einverstanden
Einverstanden ist nicht getan
Getan ist nicht beibehalten»

Konrad Lorenz (1903–1989), Arzt und Verhaltensforscher aus Österreich

Nur Sie selbst können herausfinden, ob diese Abneigung gegen Veränderungen auch bei Ihnen vorhanden ist. Echte Veränderungen sind eben tatsächlich Knochenarbeit. Da ist es durchaus verständlich, dass wir uns unbewusst etwas vorzumachen versuchen. Und man kann sich hinter komplizierten Begründungen gut verstecken und damit die eigene Ohnmacht überspielen.

Einfach mal was tun!
Einfach mal zu handeln ist oft der bessere Weg, als endlos zu grübeln oder zu philosophieren. Auch wenn das Handeln vordergründig als Verschlechterung erscheint, kann es helfen, weil es uns aus dem «Drehen in den eigenen Gedanken» herausholt – selbst wenn man damit eine Schlaufe dreht, die im ersten Moment nicht als Verbesserung eingeschätzt wird. Aber Handeln bringt das Leben wieder in Bewegung, und dadurch entstehen mit etwas Glück auch neue Sichtweisen.

 Aus der Beratungspraxis
NEUE ENERGIE DANK UMZUG
Urs (45) wohnt nach der Scheidung weiterhin im Einfamilienhaus. Die drei Kinder, zwischen 17 und 23 Jahre alt, sind schon recht selbständig unterwegs und kommen entsprechend wenig zu Besuch. Urs bemüht sich, im Haus einiges umzustellen. Es gelingt ihm jedoch nicht, aus den negativen Gefühlen rund um die Scheidung herauszukommen. Das Haus erinnert ihn zu sehr an schöne Familienzeiten. Nach zwei Jahren entscheidet er sich umzuziehen, auch wenn der berufliche Alltag dadurch viel komplizierter wird. Erst durch diese Handlung verspürt er wieder neue Lebensenergie. Er braucht zwar mehr Zeit für den Arbeitsweg, aber die geschenkte Lebenslust ist ihm wichtiger.

> **HINWEIS** Wenn Sie unglücklich sind, fragen Sie sich auch, was Sie selber zu einer positiven Veränderung beitragen könnten. Und manchmal helfen konkrete Handlungen mehr als endloses Darübernachdenken.

TIPPS UND TRICKS FÜR VERÄNDERUNGSMUFFEL

Hier einige nicht ganz ernst gemeinte Anregungen:
- Die beste Möglichkeit, sich zu verändern, ist, mit dem Atmen aufzuhören.
- Immer schön alles voneinander trennen und die Unterschiede hervorheben.
- In Erinnerungen an die «guten alten Zeiten» schwelgen.
- Nie zu lange bei etwas verweilen, auch nicht emotional.
- Kleine Nebensächlichkeiten besonders pflegen.
- Nie ganz das machen, was wichtige Beziehungspersonen anregen.
- Darauf achten, dass die Zukunft nur eine Wiederholung ist.

Quelle: Stephano Sabetti (1953–2019), spiritueller Lehrer, entwickelte den «Path of No Way»

Der Einfluss verschiedener Lebensmuster auf die Beziehung

Wie gut müssen Sie Ihre Prägungen kennen und verstehen, damit Sie Ihr eingeschliffenes Verhalten so verändern können, dass Sie glücklich werden? Und wie merken Sie, dass es an der Zeit ist, sich wohlwollend mit den schwierigen Themen zu beschäftigen? Dieses Kapitel befasst sich mit solchen Fragen und ganz allgemein mit den Verhaltensmustern, die wir aus unserer bisherigen Lebensgeschichte mitbringen.

Unsere vergangene Lebensgeschichte hat uns vielfältig geprägt. Den Löwenanteil dazu beigetragen hat vermutlich unsere Herkunftsfamilie. Aber auch das Dorf oder die Stadt, in der wir aufgewachsen sind, der Freundeskreis, unsere kulturellen Hintergründe und vieles mehr haben Einfluss auf unser Denken und Handeln. Wir sehen das Leben und die Ereignisse mit einem Blick, der in unserer Vergangenheit geprägt wurde. Im Volksmund reden wir von unserem «Rucksack». Wir haben alle unseren «Rucksack» – und es ist gut, dies zu wissen und anzuerkennen.

Bei Paarkonflikten kommen manchmal Aussagen wie: «Du hast deine alten Probleme nicht aufgearbeitet»; «Weil du eine schlechte Kindheit hattest, bist du so geworden»; «Du hast einen Knacks»; «Du müsstest an dir arbeiten und dich ändern, dann würde es schon gehen zwischen uns» usw. Diese Vorwürfe führen in eine Sackgasse. Selbstverständlich dürfen Sie einander wohlwollend fragen, ob ein bestimmtes Verhalten vielleicht mit der persönlichen Geschichte einen Zusammenhang haben könnte. Aber einander in Konfliktsituationen solche «Mängel» vorzuwerfen wird zu Recht als Machtdemonstration empfunden. Das kommt nie gut an und führt zu einem Abwehrverhalten.

Der Blick in den eigenen Rucksack

Es lohnt sich immer, einen sorgfältigen Blick in unseren Rucksack zu werfen. Wir alle beurteilen eine Situation mit unseren eigenen Augen. Und mit eigenen Augen betrachtet, entspricht unsere Wahrnehmung der Wahrheit. Wenn wir jedoch immer wieder feststellen, dass andere Menschen die gleiche Situation anders einschätzen, dann könnte es sinnvoll sein, etwas genauer in diesen Rucksack zu schauen.

Hier einige Beispiele, die darauf hinweisen könnten, dass sich in Ihrem Rucksack etwas verbirgt, dem Sie zu wenig Beachtung schenken:
- Wenn Sie bei einem traurigen Film oder an einer Beerdigung unverhältnismässig stark weinen, dann könnte es sein, dass in Ihnen unverarbeitete Trauer sitzt, die dankbar ist für dieses Ventil.
- Wenn Sie bei Kleinigkeiten übermässig aggressiv werden, dann könnte es sein, dass in Ihnen drin viel angestaute Wut sitzt, die jetzt dankbar ist, wenn sie heraustreten darf.
- Wenn Sie schlecht schlafen oder wild träumen, dann könnte es sein, dass Sie gewisse Themen übermässig unterdrücken und diese sich in der Nacht, wenn Ihr Verstand die Kontrolle abgegeben hat, frei entfalten.

- Wenn Sie schlecht verzeihen können, könnte es sein, dass es Ihnen ungenügend gelungen ist, Ihre Verletzungen auszusprechen.
- Wenn Sie sich grundsätzlich als unruhigen Menschen empfinden, dann könnte es sein, dass diese Unruhe von «innen» kommt und es sich lohnen würde, genauer hinzuhören.

Falls Sie jetzt Lust haben, sich etwas Zeit für einen solchen Blick in Ihren Rucksack zu nehmen, finden Sie hier ein paar Ideen:
- Schreiben Sie Ihre Gedanken in ein Tagebuch.
- Lesen Sie passende Bücher, sehen Sie sich entsprechende Filme an.
- Üben Sie, sich nicht zu ärgern, wenn Sie in der Nacht mit schlechten Gedanken erwachen. Versuchen Sie mit ihnen wohlwollend ins Gespräch zu gehen: Stellen Sie sich die Gedanken als Gegenüber vor und stellen Sie ihnen Fragen.
- Tragen Sie sehr schwierige Themen nicht mit sich alleine herum, sonst drehen Sie sich möglicherweise im Kreis. Wagen Sie es, Ihre Gedanken anderen Menschen zu erzählen. Schon beim Formulieren der Sätze geschieht viel Veränderung. Wenn das Gegenüber Fragen stellt und Ihre Äusserungen mit seinen Gedanken ergänzt, entstehen möglicherweise neue Sichtweisen. Versuchen Sie beispielsweise, mit guten Freunden ehrliche Gespräche zu führen.
- Manchmal kann ein Coaching oder eine Psychotherapie mit einem professionellen Gegenüber angebracht sein. Diese Person kann Ihnen mit guten Fragen helfen, Zusammenhänge zu erkennen, die ganz neue Lebensmodelle zulassen. Sie unterstützt Sie dabei, verschüttete Ressourcen wieder auszugraben und Ihre Resilienz – die Fähigkeit, Krisen mit eigenen Ressourcen zu bewältigen und sie als Anlass zur Entwicklung zu nutzen – zu verbessern. Fachleute können Ihnen ganz gezielt helfen, genauer hinzuschauen. (Selbstverständlich gilt hier das Gleiche wie bei der Suche nach der richtigen Person für die Paarberatung: Sie müssen Vertrauen haben und Ihr Herz öffnen können – siehe Seite 44.)

Ein Beispiel und eine Übung

Aus meiner Coachingausbildung ist mir ein gutes Beispiel für den Umgang mit schwierigen Themen im Rucksack geblieben. Der Dozent erklärte damals: «Stellen Sie sich die schwierigen Themen im Rucksack wie einen Schrumpfballon vor. Dieser Ballon ist auf jeden Fall im Rucksack, Sie

«Man kann das Leben nur rückwärts verstehen, aber man muss es vorwärts gehen.»

Søren Kierkegaard (1813–1855), dänischer Philosoph

können ihn nicht entfernen. Sie können aber beeinflussen, wie viel Luft Sie hineinblasen. Wenn Sie belastende Geschichten im Rucksack krampfhaft wegzubringen versuchen, dann blasen Sie Luft hinein, und diese Geschichten werden als negative Energie viel Platz in Ihrem Leben einnehmen. Es ist viel besser, wenn Sie diese Schwierigkeiten akzeptieren, als Teil, der zu Ihnen gehört. Noch besser wäre, wenn Sie die schwierigen Eigenschaften als Ressourcen anschauen und etwas Gutes daraus machen könnten – das wäre die optimale Version des Schrumpfballons.»

Wir machten anschliessend eine Übung: In Dreiergruppen mussten wir einander unsere grösste Schwäche präsentieren und gemeinsam entscheiden, welche der erwähnten Eigenschaften die unvorteilhafteste ist. Anschliessend mussten wir diese Schwäche dem Rest der Teilnehmenden als Gantrufer (die Person, die bei einer Versteigerung ein Produkt anpreist und versteigert) zu einem hohen Preis zu verkaufen versuchen. Wir mussten die Schwäche folglich als Qualität darstellen.

 ÜBUNG: UMDEUTEN VON SCHWÄCHEN
Nehmen wir an, Sie empfinden Ungeduld als Schwäche.
Als umgedeutete Stärke könnte man zum Beispiel nennen:
– Sie sind ein aufmerksamer und aktiver Mensch.
– Sie sind immer an Bewegung interessiert.
– Sie freuen sich über Veränderungen.
– Sie wollen Arbeiten gerne in kurzer Zeit erledigen.
– …
Machen Sie das Gleiche mit «Empfindlichkeit» oder «Intoleranz» oder mit Ihrer eigenen grössten Schwäche.

Wenn wir die eigene Geschichte ausschliesslich als belastend empfinden, können wir nicht glücklich werden. Wenn es aber gelingt, schwierige Eigenschaften als Qualitäten anzusehen und sie da einzusetzen, wo sie förderlich sind, dann ist der Weg zur Zufriedenheit einfacher. Nur schon das grossherzige Denken («Das ist ein Teil von mir, es ist eine Schwäche, mit der ich aber gut leben kann») hilft, den Ballon – auf annehmbare Grösse geschrumpft – im Leben mitzutragen.

> **HINWEIS** *Die Schlussfolgerung, dass Menschen mit einem schweren Rucksack alles negativ sehen müssen, wäre völlig falsch. Vielleicht haben sie dank ihres Rucksacks vielmehr gelernt, genauer hinzuschauen und dadurch das Positive besser zu erkennen.*

Die Auseinandersetzung mit Ihrer Lebensgeschichte kann Ihnen niemand abnehmen

Den Blick in Ihren eigenen Rucksack und die Auseinandersetzung mit dem Inhalt kann Ihnen niemand abnehmen. Wenn Sie schwierige Themen aus der Vergangenheit ignorieren und sich nicht darum kümmern, dann belastet dies die Partnerschaft, denn Ihre Partnerin wird vermutlich spüren, dass Unerledigtes vorhanden ist. Können solche Rucksackinhalte nicht direkt erkannt und besprochen werden, wirken sie bisweilen «im Untergrund» als Störfaktoren und lösen möglicherweise Reaktionen bei der Partnerin aus – und plötzlich finden Sie sich in einem Paarkonflikt wieder. Im Konflikt sagt sie dann vielleicht zu Ihnen: «Schau mal in deinen Rucksack, du bist das Problem. Wenn du deine Probleme lösen würdest, hätten wir weniger Schwierigkeiten.» Mit grosser Wahrscheinlichkeit würde eine solche Aussage im Rahmen eines Konflikts bei Ihnen nur Abwehr auslösen, weil Sie sie als Machtdemonstration empfinden würden, und der Konflikt würde sich vertiefen.

> **HINWEIS** *Ein Time-out eignet sich gut dafür, sich in aller Ruhe mit Rucksackfragen zu befassen. Lesen Sie auf Seite 38, wie Sie die Auszeit organisieren können.*

Vielleicht haben Sie die Themen bisher auch einfach nicht erkannt. Mögliche Zeichen, dass etwas anzuschauen wäre, können sein:
- Sie sind oft gereizt.
- Es gibt Gesprächsthemen, die Sie sofort abklemmen.
- Sie sind ungeduldig mit den Kindern.
- Sie sind eifersüchtig.
- Sie reagieren bei bestimmten Themen sofort laut und heftig.
- …

HINWEIS *Wir alle haben solche störenden «Begleitgeschichten» in unserem Rucksack. Beziehungskrisen weisen uns nicht selten auf die Themen hin, die wir bisher ungenügend beachtet haben. Wenn Sie beispielsweise überzeugt sind, dass Sie im bisherigen Leben zu wenig geliebt und anerkannt worden sind, dann könnte Ihre Paarkrise jetzt vielleicht eine Anregung sein, da einmal genauer hinzuschauen. So betrachtet, wäre Ihre Paarkrise ein Geschenk, das Sie in der persönlichen Entwicklung weiterbringt – ganz unabhängig von Ihrer Beziehung. Lesen Sie zur Inspiration entsprechende Bücher (siehe Anhang). Oder suchen Sie sich eine professionelle Begleitperson für diese nicht ganz einfache Auseinandersetzung.*

Das Positive betonen

Sicher kennen Sie das Bild mit dem halb vollen beziehungsweise halb leeren Wasserglas. Ob ein Glas, das zur Hälfte mit Wasser gefüllt ist, halb leer oder halb voll ist, liegt im Auge des Betrachters. Ich gehe davon aus, dass das Leben aller Menschen gute und schlechte Seiten hat. Die entscheidende Frage ist: Legen wir unser Augenmerk vorwiegend auf das Positive oder auf das Negative?

Menschen, denen es gelingt, zumeist das Positive zu sehen, fühlen sich mit ihrer Hälfte Wasser im Glas reich beschenkt. Sie bauen ihre Stärken aus und haben sich mit ihren Schwächen ausgesöhnt.

Menschen, denen dies nicht gelingt, verwenden viel Zeit und Energie für die Gedanken rund um den leeren Teil des Glases. Eine Veränderung der Sichtweise ist hilfreich, aber nicht ganz einfach.

Waren Sie schon einmal so richtig verliebt? Dann wissen Sie, wie es ist, wenn man durchwegs den vollen Teil des Glases im Blick hat. Wenn Paare mit einem Konflikt in die Paarberatung kommen, zählen sie zuerst nur diejenigen Dinge auf, die sie in der leeren Glashälfte sehen. In der ersten Sitzung frage ich die Paare deshalb bewusst auch nach schönen Erlebnissen in ihrer Beziehung. Naturgemäss kommt meist nur wenig Positives zur Sprache. Das ist verständlich und nicht weiter schlimm. So funktionieren wir Menschen in Konflikten eben: Wir sehen in dieser Situation nur das

«Der Optimist sieht die Rose, der Pessimist die Dornen.»
Volksmund

halb leere Glas. Aber es war bei allen Paaren – auch bei Ihnen – bestimmt nicht immer alles schlecht. Es ist lediglich unsere eingeengte Sichtweise während des Konflikts, die einseitig ist.

TIPP *Wenn Sie in einem starken Paarkonflikt stecken, verzichten Sie auf die Frage: «Muss ich diesen Menschen jetzt verlassen, wenn ich ihn gerade nicht mehr so fest liebe?» Die Antwort würde in diesem Moment vermutlich «Ja» lauten. Denn das, was Sie an diesem Menschen lieben, ist vermutlich in der Glashälfte, die Sie im Moment einfach nicht sehen.*

ÜBUNG: DAS POSITIVE SUCHEN
Machen Sie sich einen Sport daraus, in schwierigen Momenten das Positive zu suchen. Einige Beispiele aus dem Alltag:
- *Sie sind es gewohnt, einmal pro Woche einen Kilometer in einem Schwimmbad von 50 Metern Länge zu schwimmen. Jetzt sind Sie in einem Hotelbad mit 15 Metern Länge. Statt sich darüber aufzuregen, freuen Sie sich, dass Sie die Wendetechnik üben können.*
- *Statt sich in einer langweiligen zweisprachigen Sitzung zu ärgern, freuen Sie sich über die Gelegenheit, die Fremdsprache zu trainieren.*
- *Sie ziehen mit Ihrem Partner in eine gemeinsame Wohnung. Dies bedeutet möglicherweise weniger verfügbaren Raum und unterschiedliche Gestaltungsvorstellungen. Statt sich auf die Einschränkungen zu konzentrieren, könnten Sie sich bei einem guten Glas Wein darüber austauschen, welches die Vorteile des Wohnungswechsels sind.*

TIPP *Konzentrieren Sie Ihre Gedanken auf die Qualitäten in Ihrem Leben, und bauen Sie diese Qualitäten aus!*

Ein gutes Selbstwertgefühl vermindert die Gefahr von Paarkonflikten

Menschen mit einem schlechten Selbstwertgefühl haben mehr Mühe, sich selber kritisch zu hinterfragen. Sie entwickeln Abwehrmechanismen und sind deshalb stärker gefährdet, in schwierigen Situationen die Schuld beim

Partner zu suchen. Es lohnt sich deshalb immer, sein eigenes Selbstwertgefühl zu verbessern.

Übrigens: Nicht immer haben Menschen, die vordergründig als selbstsicher und «mit allen Wassern gewaschen» erscheinen, auch tatsächlich ein gutes Selbstwertgefühl. Es gibt Menschen, die ihre Unsicherheit mit intensiven und umfangreichen Gesprächsbeiträgen überdecken und darin mit der Zeit eine gewisse Übung erlangen. Als Zuhörer ist man beeindruckt und erkennt die Unsicherheit dahinter nicht auf Anhieb.

ÜBUNG: SELBSTWERTGEFÜHL

Zum Verständnis: Ich bin o.k. steht hier für ein gutes Selbstwertgefühl.

Vielleicht kennen Sie die vier Lebensgrundhaltungen aus der Transaktionsanalyse von Eric Berne (siehe unten). Sie ermöglichen eine gute Analyse Ihres Selbstwertgefühls und Ihrer entsprechenden Paarkommunikation.

Mögliche Fragen dazu: Wie beurteilen Sie Ihr Selbstwertgefühl? Wie dasjenige Ihrer Partnerin? Und wo ordnen Sie Ihre Paarbeziehung in dieser Reihe ein? Tauschen Sie sich darüber aus!

DIE VIER GRUNDHALTUNGEN

Ich bin o.k. – du bist o.k.	Zwei Menschen mit einem guten Selbstwertgefühl. Sie sind in der Regel wenig gefährdet, in einen langjährigen Konflikt zu geraten.
Ich bin o.k. – du bist nicht o.k.	Hier könnte Überheblichkeit oder Selbstüberschätzung im Spiel sein. Grund für die Einschätzung könnte aber auch eine schlechte Erfahrung mit der anderen Person sein.
Ich bin nicht o.k. – du bist o.k.	Diese Person hat ein schlechtes Selbstwertgefühl. Es kann auch sein, dass sie sich der anderen Person einfach unterlegen fühlt.
Ich bin nicht o.k. – du bist nicht o.k.	Diese Grundeinstellung erschwert die Paarkommunikation massiv. Beide haben vermutlich ein schlechtes Selbstwertgefühl.

TIPP *Die Arbeit an einem guten Selbstwertgefühl lohnt sich immer – für sich selbst und für die Partnerschaft.*

> «Werden wir zu dem Menschen, mit dem wir gerne zusammen sind.»
>
> Philipp Johner (* 1948) Psychologe, Philosoph, diplomierter Psychotherapeut und Coach

Projektionen und ihr Einfluss auf die Paarbeziehung

Projektionen und ihr Einfluss auf die Paarbeziehung werden massiv unterschätzt. Wir leben in einer Gesellschaft von Kopfmenschen: Unser Verstand hat mehr Einfluss auf unsere Entscheide als unsere Gefühle. Je mehr wir einseitig mit dem Verstand entscheiden, desto weniger spüren wir unser Herz. Und je weniger wir unser Herz spüren, desto stärker projizieren wir positiv und negativ auf unsere Umwelt. Solche Zusammenhänge kommen in diesem Kapitel zur Sprache.

Ist Ihre Partnerin wirklich in dem Mass für Ihr Glück oder Unglück verantwortlich, wie Sie im Moment denken? Oder spüren Sie Ihre eigenen Gefühle ungenügend und machen deshalb Ihre Partnerin zu stark für Ihr Unglück verantwortlich? Sind Sie in eine symbiotische Beziehung gerutscht, in der Sie sich durch gegenseitige Vorwürfe einengen und einschränken? Nörgeln Sie lieber an Ihrem Partner herum, statt den Mut zu haben, für Ihr Leben selber die Verantwortung zu übernehmen? Und was hat dies alles mit Projektionen zu tun? Diese und ähnliche Fragen werden in diesem Kapitel aufgegriffen und sollen Ihnen Denkanstösse liefern.

Was versteht man unter Projektionen?

«Projektion» ist ein Begriff aus der Tiefenpsychologie. Eine Projektion schützt uns davor, dass wir uns mit unserem Innenleben auseinandersetzen müssen. Vereinfacht gesagt, handelt es sich um einen unbewussten Abwehrmechanismus, bei dem eigene ungelöste Themen anderen Personen zugeschrieben werden. In der Sprache der Psychologie nennt man diesen Mechanismus auch Übertragung.

Wir haben während unserer Kindheit und Jugendzeit verschiedene Reaktionsmuster entwickelt, die es uns ermöglichen, schmerzhaften oder einfach unangenehmen Themen aus dem Weg zu gehen. In ähnlichen Situationen im Erwachsenenleben besteht dann die Gefahr, dass wir uns unbewusst mit diesen erlernten Reaktionsmustern schützen. Wir wenden dieses Reaktionsmuster also gegenüber einer anderen Person an. Indem wir diese Person beispielsweise beschuldigen, wehren wir uns dagegen, das entsprechende Thema bei uns selber anzuschauen. Dieses Abwehrverhalten ist eine Form von Schutzschild, wie er im nächsten Kapitel beschrieben wird (siehe Seite 94).

HINWEIS *Bitte widerstehen Sie der Versuchung, sich hinter der Aussage «Das ist mir zu kompliziert, ich möchte mich nicht um Projektionen kümmern» zu verstecken. Sich mit Projektionen zu befassen wird Ihnen nämlich viele Erkenntnisse schenken. Gerade in Paarkrisen sind sie viel häufiger Teil des Konflikts, als wir wahrhaben wollen.*

Um Ihnen den Zugang zum Thema Projektionen zu erleichtern, reduziere ich sie hier auf folgende Grundaussagen:

- Mir geht es gut – wer oder was ist verantwortlich dafür?
- Mir geht es nicht gut – wer oder was ist verantwortlich dafür?

Sehr oft sind das unsere ersten Gedanken: Irgendetwas oder irgendjemand ist verantwortlich dafür, dass es mir gut oder nicht gut geht. Vielleicht ist der neue Chef mit seinem Verhalten ja wirklich mitverantwortlich für Ihre schlechte Arbeitsleistung, oder der neue Yogakurs ist tatsächlich genau das, was bei Ihnen gute Gefühle hervorruft und den Zugang zu Ihrem

Herzen öffnet. Dann sind es keine Projektionen, dann müssen Sie vielleicht die Stelle wechseln oder dem Yoga mehr Platz in Ihrem Leben einräumen. Bloss – wie findet man nun heraus, was eine Projektion ist und was nicht?

> **INFO** *Genau das ist die Schwierigkeit: Es ist nicht immer ganz einfach zu erkennen, ob es sich bei einer inneren Reaktion um echte Gefühle oder um Projektionen handelt. Sehr oft können nur Sie selber bei sorgfältigem Hinsehen den Unterschied erkennen. Die folgenden Kapitel sollen Ihnen dabei eine Hilfe sein.*

Ich bin überzeugt, dass sich alle Menschen im tiefsten Innern den ehrlichen Austausch auf Herzensebene wünschen, mit sich selber und mit dem Partner. Wir möchten unser Herz spüren, diese Gefühle gerne mitteilen und mit diesen Gefühlen auch verstanden und geliebt werden. Weil in unserer Gesellschaft jedoch eher mehr Wert auf unser Funktionieren als Kopfmenschen gelegt wird (siehe Seite 100) und weil wir im Laufe des Lebens unzählige Male verletzt wurden, haben wir um unser Herz herum einen Schutzschild errichtet – unsere Abwehr. Das ist auch gut so, denn ohne einen vernünftigen Schutz wären wir viel zu verletzlich. Nur leider ist dieser Schutzschild oft zu dick geraten – manchmal so dick, dass wir das Herz selber nicht mehr spüren. Und wenn wir unser Herz nicht oder nur ungenügend spüren, suchen wir die Erklärung für Glück und Unglück, für gute und schlechte Gefühle ausserhalb. «Ausserhalb» kann auch unser Partner sein. Im Zustand der Verliebtheit ist dies sehr hilfreich, im Zustand des Konflikts zerstört es unter Umständen die Partnerschaft.

> *«Wer nach aussen schaut, träumt, wer nach innen schaut, erwacht.»*
> C. G. Jung, (1885–1961), Begründer der analytischen Psychologie

> **HINWEIS** *Projektionen sind viel häufiger, als wir denken und als uns vielleicht lieb ist. Viel zu oft übertragen wir die Verantwortung für unser Glück und Unglück an die Aussenwelt. Manchmal ist dies hilfreich, und manchmal ist es schädlich. Es lohnt sich deshalb, mehr über Projektionen im eigenen Alltag herauszufinden.*

So entstehen Projektionen

Wenn ich nachfolgend von Herz und Kopf rede, so meine ich mit «Kopf» den Ort der Gedanken und mit «Herz» den Ort der echten Gefühle. Die folgenden Erklärungen basieren auf dem «Schalenmodell» des IBP-Instituts in Winterthur *(Integrating Body and Mind)*, das sich mit integrativer Körperpsychotherapie befasst. Auch diese Erklärungen sind stark vereinfacht; Ziel ist es, den Projektionsmechanismus so zu erklären, dass Sie Lust haben, weiterzulesen und über Projektionen nachzudenken.

INTAKTE VERBINDUNG VON KOPF UND HERZ BEI DER GEBURT

Wir Menschen werden als verletzliche und hilfsbedürftige Wesen geboren. Zu Beginn hat der Kopf eine gute Verbindung zum Herzen (siehe Abbildung oben). Dann kommt die Realität des Lebens. Diese fügt schon Neugeborenen und Kleinkindern Verletzungen zu:

- Das Baby liegt im Stubenwagen, erwacht und schreit – und niemand steht unmittelbar neben ihm.
- Das Baby weint, und die Eltern erkennen nicht sofort, dass es Bauchweh hat.
- Das Baby hat Durst, doch die Mutter ist gerade für zwei Stunden weggegangen. Der Vater kann nicht stillen, und niemand hat mit dem Durst des Babys gerechnet.
- Das Kleinkind schürft sich beim Umfallen das Knie auf, und es ist niemand da, der es trösten könnte.
- Das Kind erwacht aus einem Albtraum, und anstelle von Mama oder Papa ist nur der Kinderhütejunge da.

Um diese Verletzungen auszuhalten, bauen wir einen Schutzschild um unser verletzliches Herz.

DER SCHUTZSCHILD SCHMÄLERT DIE VERBINDUNG

Schutzschilder sind lebensnotwendig – wir könnten nicht überleben ohne sie. Auch als Erwachsene sind wir immer wieder dankbar dafür. Wir erleben eine Trennung, oder jemand stirbt. Ohne den Schutzschild könnten wir in so schwierigen Momenten im Alltag nicht mehr funktionieren. Der Schutzschild liefert uns gute und brauchbare Überlebensstrategien. Bei all den vielen Ereignissen des Alltags übernimmt er die Funktion eines gesunden Filters, denn nicht alles ist geeignet, um es ganz nahe an unser Herz heranzulassen. Nicht überall ist es angebracht, das Herz sofort zu öffnen. Ein Schutzschild ist also sinnvoll und hilfreich in unserem Leben.

Aber jetzt kommt das Problem: Je dicker der Schutzschild ist, desto schlechter wird die Verbindung zwischen Kopf und Herz. Bei der Abbildung oben ist die Verbindung zwischen Kopf und Herz zwar schmaler geworden, aber sie ist immer noch stark genug: Der Smiley im Herzen ist nach wie vor sichtbar. Der Kopf erkennt also die Gefühle im Herzen noch und kann sie auch benennen. Eigentlich wäre dieses Stadium die ideale Ausgangslage für ein glückliches Leben: Kopf und Herz ergänzen sich in idealer Weise. Manchmal ist es besser, vor dem Handeln zu denken, und manchmal ist es besser, mehr auf sein Gefühl zu hören. Durch einen gesunden Kontakt zwischen Kopf und Herz sind wir in der Lage, je nach Situation dem einen oder dem andern den Vorrang zu geben.

> **HINWEIS** *Es ist stimmig, wenn Sie einen guten Zugang zu Ihren Gefühlen haben. Wenn es Ihnen gelingt, die Gefühle des Herzens zu spüren und diese Gefühle bewusst in Ihr Leben einzubauen, dann sind Sie zufriedener und glücklicher.*

Wenn der Schutzschild jedoch zu dick ist, dann hat unser Kopf eine schlechtere oder keine Verbindung zum Herzen. Wir spüren beispiels-

«Wenn der Kopf uns glücklich machen könnte, müssten wir schon längst glücklich sein.»

Robert Betz, *1953, Diplom-Psychologe

weise die Freude, die Trauer, die Wut und die Angst ungenügend oder überhaupt nicht mehr. Und wenn wir unser Herz nicht mehr spüren, übernimmt der Kopf alles. Wir reden dann auf einer abstrakten Ebene von «Gefühlen», entwickeln riesige Wortkonstruktionen, die wir «Gefühle» nennen. Dies sind aber nicht unsere echten Gefühle im Herzen, sondern die Ersatzkonstruktionen des Kopfes.

Die ungenügende Verbindung zwischen Kopf und Herz

Auch in der Abbildung unten hat es im Kopf immer noch einen Smiley. Der Smiley im Herzen ist jedoch verschwunden. Der Schutzschild ist dicker geworden, die Verbindung zwischen Kopf und Herz nur noch ein dünner Faden. Der Kopf ist jedoch nach wie vor überzeugt, die Gefühle des Herzens zu erkennen. Bezogen auf die Projektionstheorie könnte dies etwa heissen: Der Schutzschild entspricht den erlernten Reaktionsmustern aus der Kindheit. Sie helfen, unerwünschte Dinge abzuwehren. Dank der Projektionen nach aussen sind wir vermeintlich davor geschützt, bei uns selber hinschauen zu müssen. Doch dieses Abwehrverhalten ist in gewissem Sinne eine Selbsttäuschung.

DER ÜBERGROSSE SCHUTZSCHILD

Viele Menschen in unserer Gesellschaft sind mit einem übergrossen Schutzschild ausgestattet, ohne sich dessen bewusst zu sein. Die meisten von uns wurden dazu erzogen, unsere Schwierigkeiten mit dem Kopf zu beheben. Weil es aber ein Urbedürfnis von uns Menschen ist, unser Herz zu spüren, haben wir ein Problem. Wir möchten gerne fühlen, spüren aber unser Herz ungenügend oder gar nicht mehr. Und deshalb suchen wir die

Begründung für gute und schlechte Gefühle ausserhalb (in der Abbildung stehen die gelben Pfeile für positive Projektionen, die schwarzen für negative). Dieser Mechanismus läuft unbewusst ab.

Negative Projektionen könnten etwa so aussehen:
- Der Nachbar hat mich heute wieder so grimmig angeschaut, er hat bestimmt etwas gegen mich.
- Ich sehe dem Chef an, dass er sich nicht dafür interessiert, dass ich zu viel zu tun habe. Er nimmt mich einfach nicht ernst.
- Die Frauen vom Chor sprechen fast nie mit mir, sie mögen mich einfach nicht.
- Mein Partner nervt mich immer mehr. Dinge an ihm, die ich vorher locker nehmen konnte, regen mich jetzt immer mehr auf.
- ...

Wenn wir solche Interpretationen für bare Münze nehmen, wird es heikel. Denn vielleicht stimmt es gar nicht, dass die Frauen im Chor mich nicht mögen. Wenn ich meinen Eindruck nicht überprüfe und einfach davon ausgehe, dass es so ist, werde ich mich vermutlich unsicher verhalten, und die Frauen werden vielleicht tatsächlich irgendwann ablehnend reagieren. Die ungute Dynamik geht weiter.

Projektionen laufen wie erwähnt unbewusst ab. Deshalb ist es so schwierig, sie zu erkennen und ihnen die notwendige Beachtung zu schenken bzw. sie kritisch unter die Lupe zu nehmen. Doch wenn wir dies nicht tun, werden die Begründungen zum Selbstläufer in unserem Kopf, wir halten sie für wahr und verhalten uns unseren Mitmenschen gegenüber entsprechend – auch und vor allem dem Partner, der Partnerin gegenüber.

> **HINWEIS** *Vielleicht kennen Sie Menschen mit einem traumatischen Erlebnis in der Vergangenheit. Bei diesen Menschen reisst der Faden zum Herzen oft ganz ab; sie müssen ihr Herz gleichsam zubetonieren, um den Schmerz zu überleben. Dadurch ist das Ereignis aus ihrem Gedächtnis gestrichen, sie erinnern sich nicht mehr daran. Der Schmerz sitzt aber sehr wohl noch in ihrem Herzen. Wenn der Schutzschild dermassen stark ist, dann ist meist ein therapeutischer Prozess notwendig, um wieder eine Verbindung zwischen Kopf und Herz herzustellen.*

Positive und negative Projektion in der Paardynamik
Selbstverständlich machen Projektionen vor der Paarbeziehung nicht halt – im Gegenteil. Sie wirken positiv und negativ auch in unsere Beziehungen hinein.

Positive Projektionen könnten in der Paarbeziehung so beschrieben werden: Beide schenken sich gegenseitig Glücksgefühle. Schon der blosse Anblick des andern löst gute Gefühle aus. Wir denken in solchen Momenten, dass wir unser Herz positiv spüren. Diesen Zustand nennen wir «verliebt sein».

Die negative Projektion könnte so umschrieben werden: Der Anblick des andern löst sehr negative Gefühle aus. Wir denken in solchen Momenten, dass wir unser Herz negativ spüren. Dies spiegelt den Zustand des Konflikts.

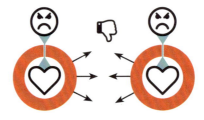

So betrachtet wird vielleicht auch verständlich, dass Menschen, die sich einmal geliebt haben, einander später hassen können. Denn ob wir uns gut fühlen oder nicht: Wir denken, dass der Partner der Auslöser für unsere Gefühle ist. Im verliebten Zustand glauben Sie, dass dieser Mensch

Sie glücklich macht. Wenn nun der gleiche Mensch Sie ärgert, tut es viel mehr weh. Und die grosse Enttäuschung kann dann zu Wut, Bitterkeit oder Hass führen.

In beiden Fällen handelt es sich um Projektionen. Dadurch, dass wir dies nicht erkennen, lieben wir diese Person in der positiven Projektion und hassen sie in der negativen Projektion.

TIPP *Die Amerikanerin Byron Katie hat mit «The Work» eine Methode entwickelt, die es erlaubt, eigene Projektionen besser zu erkennen (siehe Anhang).*

Und was heisst das alles für Ihre Partnerschaft?

Versetzen Sie sich in folgende Situation: Sie sind in einen Konflikt geraten. An sämtlichen schlechten Gefühlen, an der ganzen Ohnmacht ist der Partner schuld – und umgekehrt. Das ist kaum auszuhalten. Wenn sich diese Haltungen nicht aufweichen, dann bleibt wirklich nur die Trennung.

Versuchen Sie nun, diese Situation mithilfe der Projektionstheorie anzuschauen: Das Leben in der Partnerschaft hat am Schutzschild gekratzt. Bei keinem Nachbarn, keinem Chef und keinem Mitarbeiter lassen Sie es zu, dass Sie gleich stark verletzt werden wie durch den Partner. Da zügeln Sie oder kündigen die Stelle. In der Partnerschaft versuchen Sie oft noch etwas länger, die Situation zu retten. Weil Sie länger dranbleiben und weil die Beziehung zum Partner offener und ehrlicher ist, ist auch der Schutzschild etwas mehr geöffnet. Wenn es Ihnen gelingt, in dieser Situation ein Time-out zu machen (siehe Seite 36) und die gegenseitige Schuldzuweisung beiseitezulassen, dann könnte eine Ruhe entstehen, in der Sie die Verletzungen und die Bedürfnisse Ihres Herzens anschauen können. Das könnte eine echte Chance sein! Schliesslich

«Nicht unser Hirn, sondern unser Herz denkt den grössten Gedanken.»
Jean Paul (1763–1825), deutscher Schriftsteller

ist in diesem Moment das Herz ja gerade ein bisschen besser erkennbar. Beide Herzen sind verletzt. Und weil niemand gerne im Herzen verletzt wird, werden diese feinen Öffnungen im Konflikt umgehend wieder verschlossen. Wie wäre es also, die Chance zu nutzen und in einem Time-out zu versuchen, dieser Reaktion zu widerstehen?

HINWEIS *Sie finden, dass diese Darstellung der Vorgänge zu sehr vereinfacht ist? Prüfen Sie für sich, ob dies eine Ausrede sein könnte, um sich mit dem Thema nicht auseinandersetzen zu müssen. Lassen Sie sich auf den Versuch ein, diese vereinfachten Darstellungen auf sich wirken zu lassen.*

TIPP *Und wenn Sie bei diesem Kapitel denken: «Genau das sollte der Partner lesen, dann würde es in unserer Beziehung schon passen», dann bitte ich Sie, diesen Gedanken wegzulegen. Seien Sie grosszügig mit dem Partner, und überlegen Sie sich hier ausschliesslich Ihren Anteil.*

Noch mehr zu Kopf und Herz

In unserer Gesellschaft hat der Kopf verglichen mit dem Herzen einen sehr grossen Stellenwert. Wir haben von klein auf gelernt, dass wir mit Kopfwissen fast alle Probleme lösen können. Die meisten von uns sind trainiert darin, Gefühle geschickt zu besänftigen, zu begraben oder zu verdrängen und dann mit dem Verstand einen gangbaren Weg zu definieren. Wir sind Meister für Problemlösungsstrategien im Kopf.

Glücklich sein ist jedoch eine Herzenssache. Wir dürfen nicht erwarten, dass wir im Herzen glücklich sind, wenn wir alle Schwierigkeiten ausschliesslich mit dem Kopf angehen.

 HINWEIS *Auch Ihre Beziehungskrise ist ein Problem, das Sie nicht mit dem Kopf, sondern mit dem Herzen angehen sollten!*

Im Folgenden habe ich den Versuch unternommen, drei Skizzen von «Kopfmenschen» vorzustellen. Doch zuvor noch eine wichtige Anmerkung: Es geht nicht darum, den Kopf einseitig zu verurteilen. Er leistet im Alltag gute Dienste und ist unentbehrlich. Für uns Kinder einer Kopfgesellschaft ergibt es also keinen Sinn, nur noch auf das Herz zu setzen. Sie müssen nicht Ihren ganzen Besitz verschenken, den Job kündigen und nur noch meditieren. Es wäre schade um all das gute Wissen, das Sie sich in den vielen Jahren angeeignet haben. Streben Sie stattdessen eine gute Zusammenarbeit zwischen Ihrem Kopf und Ihrem Herzen an.

Die folgenden Beschreibungen sind natürlich verkürzt und überzeichnet. Möglicherweise trifft keine davon auf Sie zu. Und wenn doch? Dann gibt es sicher gute Gründe dafür ... Betrachten Sie die Beschreibungen einfach als Anregung, über sich nachzudenken.

Der reine Kopfmensch
Er hat die Tendenz, Gefühlsfragen als unwichtig abzutun. Angesagten «Gspürschmi»-Runden geht er lieber aus dem Weg. Wenn Fragen auftauchen wie «Arbeite ich gerne an dieser Arbeitsstelle?», «Ist meine Sexualität schön?», «Fühle ich mich wohl an diesem Wohnort?» usw., dann ist er meist sehr schnell mit einer erlernten Antwort zur Stelle: «Sei zufrieden mit dem, was du hast», «Zuerst die Arbeit und dann das Vergnügen» ... Diese Normen helfen ihm, den Alltag zu meistern, und schützen ihn davor, sich mit Gefühlen auseinandersetzen zu müssen.

Der Kopfmensch, der wortreich über Gefühle redet
Er möchte so gerne, dass die Sexualität oder der schöne Sonnenaufgang sein Innerstes berührt. Er kann auch vor sich selber kaum zugeben, dass er es nicht richtig spürt. So entwickelt er Gedankenkonstruktionen oder Formulierungen, die seine Gefühle wunderbar beschreiben, und redet mit blumigen Wörtern und Beschreibungen darüber, ohne im Innersten wirklich berührt zu sein.

Der Kopfmensch, der nur noch nach dem Herzen leben möchte
Er redet viel und oft vom Herzen und seiner «Mitte». Trotzdem kann es sein, dass das nicht ganz richtig klingt. Woran könnte das liegen?
Vielleicht rennt er einer positiven Projektion hinterher – z. B. dem neuen Guru, der neuen Heilmethode, dem neuen Heilmittel, der neuen Religion. All dies verspricht Heilung. Das entlastet, denn er darf den Kopf ausschalten und blind dem neuen Guru vertrauen. Das passiert unkritisch und unkontrolliert. Und er wird Mal um Mal enttäuscht, weil er einer neuen Projektion auf den Leim geht.

Finden Sie heraus, ob Sie Ihr Herz genügend spüren
Nur Sie können entscheiden, ob eine der obigen Beschreibungen ganz oder teilweise auf Sie zutrifft. Nur Sie selber können den Unterschied zwischen echten und projizierten Gefühlen erkennen – und dafür braucht es ein

lebenslanges Training. Für die meisten von uns, die wir gewohnheitsmässig eher dem Kopf vertrauen, ist es wichtig, immer wieder kritische Fragen an uns selber zu richten und schrittweise kleine Verbesserungen herbeizuführen. Solche oder ähnliche Fragen können z. B. sein:

- Bin ich wirklich zufrieden mit meiner Sexualität, oder war der Sex einfach gut, weil ich meine Anspannung vom Tag durch den Orgasmus abladen konnte?
- Spüre ich die Freude über den klaren Sternenhimmel wirklich im tiefsten Herzen, oder hilft er mir nur, wieder einmal ansatzweise Freude zu empfinden?
- Regt mich das Verhalten meiner Frau echt auf, oder bin ich einfach gereizt vom Tag? Oder erinnert sie mich unbewusst an meine Mutter?
- Ist die neue Verliebtheit in der Aussenbeziehung tatsächlich mein neuer Lebensweg, oder sagt sie mir einfach, dass ich mit mir und meinem jetzigen Leben nicht zufrieden bin?
- Ist der Ärger über die Unordnung meines Partners wirklich berechtigt, oder sagt er mir, dass ich einmal über meine Ordnungsliebe nachdenken sollte?
- ...

Suchen Sie Ihre echten Gefühle auf und bauen Sie diese Gefühle sinnvoll in Ihr Leben ein (mehr dazu später im Kapitel). Als Kopfmenschen sind wir gehalten, den Weg zum Herzen über den Kopf zu finden! Wer den Kopf vorschnell verurteilt und direkt nur noch nach dem Herzen leben will, rutscht gern in neue Projektionen hinein.

> **HINWEIS** *Wenn Sie in der Psychotherapie die Überzeugung gewinnen, dass Ihre Mutter «emotional übergriffig» oder Ihr Vater «abwesend» war, oder wenn Ihnen in der Meditationsgruppe oder in einer Glaubensgemeinschaft neue Wege aufgezeigt werden, dann ist es mit dieser Information noch nicht getan. Das wird Ihr Leben noch nicht verändern. Erst wenn Sie die neuen Erkenntnisse praktisch umsetzen und in Ihr Leben einbauen, werden Sie lernen, Ihr Herz besser zu spüren. Erst dann gewinnen Sie Distanz und werden nicht Opfer der nächsten Projektion. Und diesen Schritt müssen Sie selber tun – den nimmt Ihnen niemand ab.*

Hey, Männer, überlasst das Fühlen nicht den Frauen!

Männer fühlen genauso wie Frauen. Leider wurde es ihnen über Generationen abtrainiert, und leider wehren sich viel zu wenige Männer für die Gleichstellung auf Gefühlsebene. Männer richten sich gerne ein Leben ein, das funktioniert. Sie überlassen das Fühlen den Frauen. Schade, denn dadurch sind sie den Frauen kein Gegenüber.
Wenn der Austausch über Gefühle in der Partnerschaft nicht stattfinden kann, dann redet die Frau möglicherweise immer öfter nur noch mit Freundinnen darüber. Dadurch rutscht der Mann auf Position zwei ab, und das schadet der Paarbeziehung. Trauen

«*Kein Reden wird je wiederholen, was das Stammeln mitzuteilen weiss.*»
Martin Buber, 1878–1965, österreichisch-israelischer Religionsphilosoph

Sie sich als Mann unbedingt, über Gefühle zu reden. Und bemühen Sie sich als Frau, sorgfältig hinzuhören, wenn Ihr Mann dies tut. Das wäre dann die gelebte Gleichstellung zwischen Mann und Frau auf Gefühlsebene.

TIPP *Für Männer: Arbeiten Sie an Ihrem Selbstwert in Sachen Gefühle. Stehen Sie zu Ihren Empfindungen und teilen Sie diese Ihrer Partnerin mit.*
Für Frauen: Fragen Sie Ihren Mann nach seinen Gefühlen. Und hören Sie genau zu, wenn er sie Ihnen auf seine Art mitteilt. Glauben Sie nicht gleich Ihrem ersten Gedanken, dass der Mann es noch nicht richtig verstanden hat, wenn er nicht gleich fühlt wie Sie!

Krisen sind Chancen – wirklich!

Klar, die Aussage «Krisen sind Chancen» ist massiv abgedroschen. Und ja, in Zeiten der Krise mögen sowieso die wenigsten Menschen diese Aussage hören. Dieses Kapitel zeigt, weshalb sie eben doch manchmal zutrifft. Und es beschreibt, wie eine Paarkrise den Anstoss zur Persönlichkeitsentwicklung geben kann.

Bei Konflikten ist es wichtig, dass Sie erkennen, dass Sie beide einander auf der Gefühlsebene verletzt haben – erinnern Sie sich sinngemäss an diese Aussage im ersten Kapitel? Das heisst, dass der Schutzschild um Ihr Herz einen kleinen Riss bekommen hat. Durch diesen kleinen Riss spüren Sie Ihre echten Gefühle im Herzen im Moment besser. So gesehen ist ein Paarkonflikt ein Kompliment an Ihre Partnerin – ihre Liebe zu Ihnen hat den Schutzschild um Ihr Herz leicht geöffnet. Dadurch sind Sie verletzlicher geworden. Leider schmerzt die Öffnung so, wie sie sich im Konflikt zeigt, und Sie möchten sie deshalb lieber gleich wieder schliessen. Die Geschichte könnte aber auch ganz anders weitergehen: Statt die Öffnung sofort zu schliessen und den Partner als Verursacher dieses Schmerzes zu beschuldigen, könnten Sie sorgfältig hinschauen, was denn hier vor sich geht. Und deshalb ist es so wichtig, dass Sie die Dynamik Ihrer Gefühle wieder besser kennenlernen, damit Sie sich beide ehrlich darüber austauschen können. Das folgende Kapitel gibt Ihnen Ideen dazu.

Mit Sorgfalt die eigenen Gefühle beobachten

Die Abbildung gegenüber zeigt, dass Sie positive und negative Projektionen als Chance betrachten können, die Verbindung zu Ihrem Herzen wieder besser aufzubauen. Versuchen Sie die Risse im Schutzschild offen zu halten und Ihr Herz besser zu erkennen.

RISSE IM SCHUTZSCHILD

Überprüfen Sie in Momenten intensiven Erlebens – in extremen Krisen und in extremer Freude – Ihre Gefühle mit solchen oder ähnlichen Fragen:
- Wenn ich mich verliebe – was gibt mir dieser Mensch, wonach mein Herz sich sehnt?
- Bei einem tollen Wochenendkurs – was genau hat mein Herz berührt? Dass ich zwei Tage nicht an die Arbeit gedacht habe? Die tollen Menschen? Das feine Essen?
- Wenn ich den Sonnenaufgang geniesse – was berührt mich in diesem Moment genau?

Tun Sie das Gleiche auch bei negativen Emotionen:
- Was genau macht mich wütend und weshalb?
- Was genau macht mir Angst und weshalb?
- Was genau macht mich traurig und weshalb?

In der Abbildung oben suchen Sie die Erklärung für Ihre guten und Ihre schlechten Gefühle nicht bei der Umgebung oder bei anderen Menschen (Projektionen), sondern bei sich selber. Statt Ihre Gefühle auf andere zu projizieren, gehen Sie auf die Suche nach Ihren eigenen Empfindungen. Sie versuchen herauszufinden, was Ihr Herz möchte, weshalb es sich freut, weshalb es traurig, wütend oder ängstlich ist. Sie halten einen Moment inne und überlegen sorgfältig, was ein bestimmtes Erlebnis oder Ereignis mit Ihren echten Gefühlen zu tun haben könnte.

Wenn es Ihnen gelingt, den Fokus in solchen Situationen – also in extremen Krisen und in extrem schönen Momenten – auf Ihr Herz zu legen, dann können Sie sich weiterentwickeln. Es ist wichtig, dass Sie Ihr Glück oder Ihr Leid nicht im Aussen suchen (Projektion), sondern vor allem in sich selber. Diese Fragen helfen Ihnen dabei:

- Was hat das Ereignis mit mir zu tun?
- Welchem Bedürfnis in mir gebe ich zu wenig Beachtung?
- Wo habe ich eine Schwäche, an der ich arbeiten sollte?
- Wo sollte ich mich weiterentwickeln?
- Was hat die ganze Krise mit mir zu tun?
- Weshalb macht mich der Mensch, in den ich mich verliebe, glücklich, und wie könnte ich diesen Teil in meinem Herzen selber besser zufriedenstellen?

> **HINWEIS** «Krisen sind Chancen» gilt in Augenblicken, in denen Ihnen etwas «ans Lebendige» geht. Nutzen Sie diese Momente, um den Zugang zu Ihrem Herzen zu verbessern.

Betrachten Sie Ihren Alltag genauer. Achten Sie darauf, wie oft Ihr erster Gedanke ist: «Der, die oder das ist verantwortlich dafür, dass es mir gut oder schlecht geht.» Sie werden sehen: Es ist viel häufiger der Fall, als Sie denken. Aber geben Sie nicht auf. Werden Sie grosszügig und weicher mit sich selber, denn das braucht es, damit Sie Ihr Herz wieder besser spüren. Dass Sie Ihren Kopf und Ihren Verstand weiterhin dort einsetzen, wo er gebraucht wird, ist selbstverständlich – es ist in unserer Gesellschaft auch kaum anders möglich.

Aus der Beratungspraxis
ZUSAMMENSPIEL VON KOPF UND HERZ

Julia (32) kommt nach drei Wochen in die nächste Coachingsitzung: «Ich hatte drei schreckliche Wochen. Jetzt bin ich endlich wieder klar im Kopf.» Ich frage zurück: «In diesen drei Wochen waren Sie im Herzen?» «Nein, ich war wie neben mir, ich habe mich nicht gespürt. Ich habe wie von aussen zugeschaut.»

Meine Hypothese ist, dass Julia tatsächlich ihr Herz spürte und dass das sehr wehtat. Und weil sie es so viele Jahre nicht mehr gespürt hatte, hatte sie vergessen, wie sich ihr Herz anfühlt. Sie meinte deshalb, sie stehe neben sich. Es bot sich ihr hier die Chance, zu erkennen, dass ihr Herz litt und dass es weniger leiden würde, wenn Julia wieder mehr Beziehung zu ihm herstellen würde.

Die Kopf-Herz-Verbindung wieder stärken

Wenn es Ihnen gelingt, die Krise als Chance zu betrachten, dann ergibt die Frage «Was könnte ich aus diesem Schmerz lernen?» Sinn. Sie verbessert die Verbindung vom Kopf zum Herzen.

BESSERE VERBINDUNG ZWISCHEN KOPF UND HERZ

Auf der Abbildung oben sehen Sie den Smiley im Herzen wieder, und die Verbindung zwischen Herz und Kopf ist stärker geworden. Dadurch, dass Sie ehrlich auf die Suche nach den eigenen Gefühlen gehen und weniger projizieren, spüren Sie Ihr Herz wieder besser und erkennen Ihre Bedürfnisse deutlicher – und das macht glücklich und stark. Dies spüren auch die Mitmenschen. Dadurch kann der Austausch mit ihnen immer ehrlicher werden. Hier brauchen Sie jedoch ganz stark Ihren Kopf, um zu prüfen, bei welchen Menschen es wirklich sinnvoll ist, Ihr Herz zu öffnen.

DEN SCHUTZSCHILD VERKLEINERN

Wenn Sie bei vertrauten Menschen zunehmend Ihr Herz öffnen können, ist es auch möglich, den Schutzschild langsam wieder etwas abzubauen. Dadurch spüren Sie Ihre eigenen Gefühle wieder besser. Ihr Kopf hilft Ihnen zu unterscheiden, wo Sie Ihr Herz schützen müssen, damit es nicht verletzt wird, und wo Sie auf diesen Schutz verzichten können.

Aus der Beratungspraxis
EINEM STARKEN GEFÜHL AUF DEN GRUND GEHEN
Christoph (37) war krampfhaft eifersüchtig. Er lebte gemäss dem Spruch «Eifersucht ist eine Leidenschaft, die krampfhaft sucht, was Leiden schafft». Und je mehr er dies tat, desto weiter entfernte sich seine Partnerin Lydia (35) emotional von ihm. Er war überzeugt, dass sie eine Affäre mit einem anderen Mann habe. Sie hatte keine Affäre, überlegte es sich aber zunehmend, weil die Beziehung immer angespannter wurde.

In der Paarberatung konnte Christoph am Anfang mit dieser «Kopf-Herz-Geschichte» wenig anfangen. Schön, dass er nicht vorschnell aufgab. Denn im Laufe der Zeit realisierte er, dass seine projizierten Eifersuchtsgeschichten die Sehnsucht seines Herzens waren. Er wollte die Liebe von Lydia spüren – und konnte es nicht.

In einem guten Moment erkannte Christoph, dass sein Herz sich nach dieser ehrlichen Liebe sehnte. Er hatte Glück, dass sich Lydia noch nicht zu weit von ihm entfernt und noch keine Affäre begonnen hatte. Es ist den beiden gelungen, beim Zustand der Abbildung auf Seite 105 anzusetzen – da, wo die kleinen Risse den Schutzschild öffnen.

Das Beispiel zeigt: Eine Paarkrise kann eine wunderbare Gelegenheit sein, den Zugang zum Herzen, also zu den echten Gefühlen zu öffnen. Leider trennen sich zahlreiche Paare am Punkt, den die Abbildung auf Seite 98 unten darstellt. Beide machen den Partner für viele schlechte Gefühle verantwortlich. Manche Menschen können sich dem Entwicklungsprozess, der sich hier anbieten würde, nicht stellen. Sie scheuen die Auseinandersetzung mit sich selber oder fürchten den damit verbundenen Schmerz. Dann ist die Trennung der vermeintlich einfachere Weg. Schade ist es gleichwohl – denn genau hier könnte auch die Chance in so mancher Paarkrise liegen.

 HINWEIS *Eine Krise in der Beziehung mit Ihrem Partner zwingt Sie, auf die Suche nach Ihrem eigenen Glück zu gehen. Nicht der Partner macht Sie glücklich!*

Es ist einfacher, als wir meinen
Wir müssten als Erstes weicher werden, grosszügig mit uns und unseren Schwächen sein und die Andersartigkeit unseres Partners respektieren. Als

Nächstes müssten wir die – zunächst vermutlich leisen – Regungen unseres Herzens wieder mehr beachten und diese unserer Umgebung mitteilen. Das würde vielleicht auch unseren Partner dazu anregen, uns seine Gefühle ebenfalls mitzuteilen. Und schliesslich müssten wir lernen, gegenseitig die Gefühle des anderen zu respektieren und einander gegenseitig zu verstehen.

Das ist der Start in eine gewinnbringende Persönlichkeitsentwicklung! Wir werden von dem Tag an keineswegs immer glücklich sein. Wir werden auch sehr traurige Tage erleben. Aber das gehört zum Leben, in dem wir unser Herz besser spüren. Wir spüren sowohl die schönen als auch die schwierigen Dinge intensiver.

Kopf und Herz als Team

Ein allzu dicker Schutzschild versperrt uns den Zugang zum Herzen – davon handelten die letzten Kapitel. Doch das Herz besser zu spüren reicht allein noch nicht aus für eine glückliche Beziehung; die Erkenntnisse daraus müssen auch gut in den Alltag eingebaut werden. Und hier kommt wieder der Kopf ins Spiel.

Im Kapitel über Projektionen (Seite 91) wurde beschrieben, dass es für die Beziehung hilfreich ist, wenn Sie sich nicht ausschliesslich auf den Verstand verlassen, sondern auch auf die Gefühle des Herzens hören. Es wäre aber ebenso falsch, wenn Sie nur noch auf die Gefühle setzen würden. Der Kopf hat viele Jahre gute Dienste geleistet. Geben Sie ihm also weiterhin eine tragende Rolle in Ihrem Leben. Spielen Sie Chef und entscheiden Sie von Fall zu Fall, ob Ihre Mitarbeiterin «Kopf» oder Ihr Mitarbeiter «Herz» mehr Einfluss haben soll. Dafür braucht es ein bisschen Übung.

Lernen Sie den Unterschied zwischen Herz- und «Kopfgefühlen» erkennen

Es lohnt sich, für sich selber herauszufinden, ob es sich bei einer Empfindung um ein echtes Herzgefühl oder um ein konstruiertes Kopfgefühl handelt. Wenn Ihr Leben immer gut funktioniert, Sie für schwierige Situationen stets eine hilfreiche Strategie zur Verfügung haben, dann könnte es sein, dass Sie näher beim Kopf als beim Herzen sind.

Ein Leben, in dem der Kopf die Oberhand hat, könnte man mit einer Wanderung auf einem Höhenweg vergleichen: Sie verläuft immer etwa auf der gleichen Höhenkurve, also zwischen Tal und Bergspitzen. Man wandert nicht ins Tal, aber man kann auch nicht die Aussicht auf den Berghöhen geniessen. Menschen, die mehr gefühlsorientiert sind, würden hingegen eine Berg-und-Talwanderung machen. Sie erklimmen mehr Gipfel mit schöner Aussicht, aber sie wandern auch mehr in den Nebel im Tal unten.

Emotionen helfen, echte Gefühle besser zu erkennen

Emotionen wirken meist im Untergrund. Das kann unterdrückte Trauer, Wut oder Angst sein. In Konflikten zeigen sie sich bisweilen unberechenbar und manchmal sehr heftig. Wir werden von diesen Emotionen sozusagen überrollt. Das kann sich beispielsweise als Ausbruch von Aggression zeigen oder in einem unerklärlichen Tränenerguss.

Das Positive an solchen Durchbrüchen ist, dass die Emotionen sichtbar werden und in unser Leben treten. Der Nachteil ist, dass sie in ihrer unkontrollierten Art Schaden anrichten können. Eine Schlussfolgerung aus

---

EMOTIONEN, DIE «GROSSEN GEFÜHLE»

Emotionen werden auch als «grosse Gefühle» bezeichnet. Sie haben einen Bezug zu Gefühlen in der Vergangenheit, den positiven und den negativen. Es sind diese starken Gefühle, die sich in unserem Herzen einnisten. Emotionen führen bisweilen zu körperlichen Reaktionen und lassen sich im Moment des Auftretens wenig oder gar nicht mit dem Verstand steuern.

Wenn Emotionen auftreten, hat dies immer etwas mit unserem Herzen zu tun, mit schönen oder mit unangenehmen Erlebnissen. Es lohnt sich daher, emotionale Momente zu nutzen, um die echten Gefühle besser zu erkennen. ■

dieser Erkenntnis könnte sein, dass wir unseren eingeschlossenen Emotionen mehr Aufmerksamkeit schenken sollten. Dadurch müssten sie sich nicht in unpassenden Momenten und unkontrolliert bemerkbar machen. Und wenn wir uns mit den Emotionen intensiver befassen, dann fällt uns auch der Zugang zu unseren Gefühlen leichter.

> **HINWEIS** Es ist sinnvoll, sich um einen guten Kontakt mit den Emotionen zu bemühen. Sie lassen sich nicht unterdrücken und finden immer einen Weg, in Erscheinung zu treten. Und wenn es nur ist, dass Sie unglücklich sind und nicht recht wissen, warum.

In Paarbeziehungen spielen Emotionen bei länger andauernden Konflikten oft eine wesentliche Rolle. Wenn Menschen einander über längere Zeit immer wieder auf ähnliche Weise kränken und diese Kränkungen nicht in fruchtbarer Weise besprechen können, dann sammelt sich Wut an. Später, bei ähnlichen Konflikten, braucht es nur ein falsches Wort – und der Partner explodiert, ein Streit ist nicht mehr zu bremsen.

> **HINWEIS** Wenn Sie bei Ihren Konflikten feststellen, dass der eine oder beide Partner übermässig emotional reagiert und Sie einander nicht mehr richtig zuhören können, probieren Sie die Übung auf Seite 37 aus.

Aus der Beratungspraxis
WISSEN HEISST NOCH NICHT FÜHLEN

Paul (48) kam nach einer Trennung in ein Coaching. Er hatte intensiv über die Paardynamik in seiner Beziehung und über die Gründe der Trennung nachgedacht und viel gelesen. Er meinte, er hätte das jetzt gründlich verarbeitet. In unseren Gesprächen kamen auf Verstandesebene denn auch keine neuen Erkenntnisse dazu. Trotzdem kam sein Leben nicht in die Gänge, er fühlte sich immer noch wie gelähmt. Die helfende Einsicht war schliesslich, dass die Wut nach wie vor in seinem Herzen sass. Paul entwickelte dann für sich selber eine Therapie: Körperliche Aktivitäten verband er stets mit dem klaren Gedanken: «Ich schüttle diese Wut aus meinem Körper heraus.» Das machte er beim Joggen, aber auch wenn er am Morgen früh erwachte und noch nicht aufstehen wollte. Er berichtete, er habe im Bett liegend bisweilen bis zu einer halben Stunde einfach diese Wut aus dem Körper geschüttelt.

Paul und seine Ex-Frau hatten lange um ihre Beziehung gekämpft. Sie konnten in den letzten gemeinsamen Jahren nicht mehr über ihre Gefühle reden. Er frass viel Wut in sich hinein: die Wut darüber, nicht gehört und verstanden zu werden. Diese Gefühle setzten sich als Emotion in seinem Herzen fest und wurden hinter dem Schutzschild eingepackt. Mit dem Verstand hatte Paul das Thema gut bearbeitet. Im Herzen jedoch war es als Emotion eingesperrt.

> **HINWEIS** *Gerade bei einer schwierigen Trennung kann es sein, dass die Partnerin oder der Partner lange Zeit nicht bereit ist, über gegenseitige Verletzungen zu reden. Dann können Sie wie Paul auch selber versuchen, diesen eingemauerten Emotionen die nötige Aufmerksamkeit und Wertschätzung zu schenken. Das trägt dazu bei, dass Sie Ihre echten Gefühle im Herzen wieder besser spüren.*

Die vier «echten Gefühle»

Die Transaktionsanalyse bezeichnet die vier Gefühle Freude, Wut, Trauer und Angst als «echte Gefühle». Nachfolgend werden sie etwas genauer beschrieben.

Vorab: Es ist hilfreich, wenn Sie in jeder Gefühlssituation zuerst überlegen: Um welches dieser vier Gefühle geht es jetzt? Was möchte mein Herz? Weshalb freut es sich, weshalb ist es traurig, wütend oder ängstlich? Dies gelingt meistens nicht auf Anhieb. Es kann sein, dass Ihr Schutzschild beispielsweise die Angst nicht zulässt. Bei den Fragen an Ihr Herz empfiehlt es sich deshalb, hartnäckig zu bleiben. Es genügt nicht zu sagen: «Ich bin wütend, weil meine Frau so ist.» Mit dieser Frage bleiben Sie in der Projektion stecken. Die Fragen, die Sie weiterbringen, wären: «Was am Verhalten meiner Frau macht mich wütend – welches meiner Bedürfnisse kann ich dadurch nicht leben?» oder «Woran erinnert mich das Verhalten meiner Frau?»

Wenn Sie diese Verletzung spüren, können Sie sie ihr vielleicht auch erklären. Vielleicht reagiert sie anders, wenn Sie Ihr Herz auf diese Weise öffnen, statt sie zu beschuldigen. Menschen, die sich schon längere Zeit gegenseitig verletzen, gelingt dies natürlich nicht sofort. Hier kann deshalb ein Time-out hilfreich sein.

Die Freude

Wenn Sie nicht mehr wissen, wie es sich anfühlt, überschwängliche Freude zu empfinden, dann schauen Sie spielenden Kindern zu. Zum Beispiel einem Kind, das eben laufen gelernt hat und eine Pfütze entdeckt, in die es immer wieder hineinspringt. Genau, das wäre richtig herzhafte Freude. Wie oft im Jahr freuen Sie sich in dieser Dimension?

Kinder haben die Fähigkeit, sich voll und ganz auf eine Sache zu konzentrieren. Sie haben eine gute Verbindung zu ihrem Herzen und zu ihren Gefühlen. In dieser Beziehung können wir von den Kindern lernen.

Besonders herausfordernd ist es, den sogenannt negativen Gefühlen Beachtung zu schenken. Die meisten von uns haben sich angewöhnt, diese schwierigen Gefühle wegzustecken, sie zu verdrängen. Schon in jungen Jahren lernen wir: «Sei nicht traurig», «Hör doch auf zu weinen», «Sei nicht wütend». Dabei haben diese Gefühle eine sehr wichtige Funktion für unsere persönliche Entwicklung.

«Glücksmomente erlebt jeder Mensch; manchmal fehlt jedoch die Fähigkeit, sie zu erkennen.»
Mark Riklin (*1965), Glücksforscher und Soziologe

 HINWEIS *Es gibt im Grunde genommen keine negativen Gefühle! Sie werden erst negativ, wenn wir sie nicht zulassen und in der Tiefe unseres Herzens einmauern.*

Die Trauer

Trauer entsteht, wenn wir etwas loslassen müssen. Wenn jemand stirbt, sich der andere Partner trennen möchte ... Dies sind Situationen, die wir nicht verändern können, wir müssen sie akzeptieren. Aber Achtung – unser Herz will trauern, will Abschied nehmen. Wenn wir diesen Prozess nicht durchlaufen, so bauen wir wieder einen Schutzschild auf. Die Trauer hockt dann eingemauert in unserem Herzen. Wenn wir sie verdrängen, gehen Kopf und Herz getrennte Wege. Dadurch verliert der Kopf den Kontakt zum Herzen (siehe Seite 96).

Trauer, die nicht genügend Raum bekommen hat, verhindert gute Neuanfänge, und Sie bleiben vielleicht im Gefühl stecken, ein Opfer zu sein: «Mit dieser schlimmen Geschichte kann ich ja nicht glücklich werden...»

Wenn es hingegen gelingt, dem Trauerprozess genügend Platz und Zeit einzuräumen, bleibt eine starke Verbindung zwischen Kopf und Herz bestehen. Dank dieser Verbindung können Sie die Trauer durchleben und werden dadurch wieder frei für die schönen Dinge, die das Leben bietet. (Zum Trauerprozess siehe auch Seite 212.)

Die Wut
Mit der Wut ist es ähnlich: Sie sind wütend auf den Nachbarn, die Chefin, die Frau. Sie gehen zum Anwalt und kämpfen gegen die betreffende Person. Diese Form der Wut bleibt in der Projektion stecken. Sie macht Sie weder weicher noch glücklicher. Wenn es Ihnen jedoch gelingt, Ihr Herz zu fragen, weshalb Sie wütend sind, dann erkennen Sie vielleicht, dass Sie Ihre Bedürfnisse nicht richtig erkannt haben und zu wenig dafür eingestanden sind.

Die positive Kraft der Wut liegt in den ehrlichen Fragen an Ihr Herz: «Was genau macht mich wütend?», «Wo fühle ich mich nicht gehört?», «Was hat mich gekränkt?» Wenn es Ihnen gelingt, mit der Partnerin über Bedürfnisse zu reden statt Vorwürfe zu machen, dann kann sie bestimmt auch eher auf ein solches Gespräch eingehen. Wut zuzulassen hilft Ihnen, herauszufinden, wo Sie handeln müssen.

Wut, die nicht ausgesprochen wird, wird irgendwann explosiv – «Es haut dem Fass den Deckel ab». Wenn es Ihnen passiert, dass Sie wegen Kleinigkeiten losschreien oder gewalttätig werden, könnte es sein, dass Sie Ihrer Wut in der Vergangenheit zu wenig Beachtung geschenkt haben. Angestaute Wut kann zu aggressiven Reaktionen führen. Menschen, die keinen Weg finden, diese Emotion zum Ausdruck zu bringen, können aber auch depressiv werden – dann wirkt die angestaute Wut nach innen.

Die Angst
Viele Menschen haben sich abgewöhnt, Angst zu haben. Sie haben perfekte Strategien entwickelt, um jede Situation zu versachlichen («Angst ist etwas für Weicheier»). Dabei ist die Angst ein wunderbarer Türöffner zum Herzen. Zuzugeben, dass wir Angst haben, macht uns weich. Wenn wir weicher werden, verhalten wir uns im Gespräch weniger stur und weniger abwehrend. Dann können wir auch eher die Argumente der Gegenseite anhören. Angst zuzulassen macht uns vorsichtig und offener für andere Wahrnehmungen.

Trainieren Sie das Erkennen Ihrer echten Gefühle

Und wie erkennen Sie jetzt, welche Gefühle echt sind, wenn Sie 50 Jahre alt sind und sich nicht mehr daran erinnern, wie es als Kleinkind war, immer wieder in die gleiche Pfütze zu springen? Es ist wirklich nicht so einfach. Seit vielleicht 50 Jahren wurden Sie in unserer Gesellschaft dazu erzogen, anstehende Fragen vor allem mit Ihrem Verstand zu lösen. Und vermutlich hat dies bisher auch recht gut funktioniert. Wo ist da die Motivation, etwas zu ändern? Und wie bitte sollen Sie das anpacken?

Die Motivation könnte sein, sich glücklicher zu fühlen – und «trainieren» steht genau deshalb im Titel. Denn wenn wir unsere Gefühle wieder besser spüren wollen, dann geht das nur durch Üben. Noch besser durch dauerndes Üben! Immer dann, wenn Sie denken, dass Sie fühlen, sollten Sie sich fragen, ob es echte Gefühle sind. Führen Sie am Anfang ein «Gefühlstagebuch».

ÜBUNG: GEFÜHLSTAGEBUCH

Nehmen Sie sich täglich vor dem Einschlafen 15 Minuten Zeit für die Einträge ins Gefühlstagebuch. Gehen Sie den Tag in Gedanken nochmals durch, und schreiben Sie beispielsweise Ihre Gefühle in drei Situationen auf. Machen Sie drei Spalten:
- *Was für ein Gefühl?*
- *Wie beschreibe ich es?*
- *War dieses Gefühl echt und «nahe am Herzen»?*

Sie werden am Anfang feststellen, dass Sie bei vielen Gefühlen unsicher sind. Das macht nichts. Wichtig ist in erster Linie, dass Sie üben, Kopf und Herz als zwei unterschiedliche Wahrnehmungen immer besser auseinanderzuhalten. Wenn Sie eher beim Kopf sind, könnte sich das etwa so anhören:
- Sie freuen sich über das schöne Wetter – vorher haben Sie gerade gehört, wie jemand vom Wetter geschwärmt hat.
- Sie haben Angst, dass die Kinder beim Klettern vom Baum fallen – Ihre Frau verbietet den Kindern, auf den Baum zu klettern.
- Sie sind stolz, Ihre Arbeit vorzeitig abgegeben zu haben – die Norm «Was du heute kannst besorgen, das verschiebe nicht auf morgen» ist Ihnen wichtig.

- Sie freuen sich auf die Ferien in Griechenland – Ihre Frau freut sich auf die Ferien in Griechenland, und Ihnen geht es gut, wenn es Ihrer Frau gut geht.
- Sie weinen bitterlich an der Beerdigung eines fernen Verwandten – Sie sind im Moment sehr unglücklich in Ihrer Beziehung.
- Sie fühlen sich richtig wohl im Yogakurs – Sie nehmen sich zu wenig Zeit für Ihr Inneres; es wäre gut, sich im Alltag mehr Zeit für sich selbst zu nehmen.

Es ist nicht ganz einfach, die echten Gefühle zu erkennen. Die bisherigen Lebensmuster führen oft zu falschen Interpretationen. Aber bleiben Sie dran. Sie sind einzigartig! Sie sind der Spezialist für Ihr Leben. Nur Sie selber können durch lebenslanges Training Ihre eigenen Gefühle immer besser erkennen!

 HINWEIS *Ein guter Ratgeber sind auch Träume und die Morgengedanken beim Übergang vom Schlaf- zum Wachzustand. Diese Gedanken sind oft näher am Herzen als die Gedanken des Tages, wenn Sie bereits wieder im «Funktioniermodus» sind. Nehmen Sie diese Gedanken ernst, und versuchen Sie sie besser zu verstehen. Gehen Sie ins Gespräch mit ihnen, und fragen Sie sie, was sie Ihnen sagen wollen.*

Umsetzen im Alltag
Jetzt fragen Sie sich vielleicht: «Ich kann doch nicht mit offenem Herzen durch die Welt spazieren. Da werde ich doch bestimmt ausgenutzt und über den Tisch gezogen!» Da haben Sie recht. Genau deshalb sollen Sie als Chef von Kopf und Herz ja die Führung übernehmen. Schauen Sie, dass Ihr Herz sich öffnen darf, und geben Sie Ihrem Kopf mit seiner Erfahrung die Möglichkeit, aktiv zu werden, wenn der Verstand gefragt ist.

Die Reihenfolge könnte etwa so aussehen: Sie selber sind derjenige Mensch, der Ihnen am nächsten ist. Fangen Sie also an, Ihre ehrlichen Gefühle vor sich selber zu zeigen. In einer guten Partnerschaft ist vermutlich die Partnerin der nächste Mensch, mit dem Sie sich darüber austauschen. Dann kommen vielleicht gute Freunde und die Familie.

Wählen Sie sorgfältig aus! Ihr Partner muss nicht so viel Ehrlichkeit erfahren wie Sie selber. Aber auf jeden Fall mehr als Ihre Freundinnen. Eine gute Regel ist: Mit guten Freundinnen dürfen Sie das gleiche Thema wie mit Ihrem Partner besprechen, aber nicht an ihm vorbei. Sie sollten also auch mit ihm über das gleiche Thema reden. Und Menschen im Arbeitsumfeld dürfen, aber müssen nicht Freunde sein. Da ist mehr oder weniger Distanz möglich.

HINWEIS *Wenn Sie Ihre echten Gefühle besser erkennen, dann können Sie auch besser beurteilen, ob der Kopf oder das Herz bei Entscheidungen den Vorrang bekommen soll.*

«Die Schönheit der Dinge lebt in der Seele dessen, der sie betrachtet.»

David Hume (1711–1776), schottischer Philosoph, Ökonom und Historiker

Zurück zum Anfang der Konfliktspirale

4

Nach der sorgfältigen Analyse des Umfelds, der Stolpersteine in der Paarbeziehung und Ihrer Persönlichkeit befasst sich dieses Kapitel nochmals vertieft mit dem Anfang der Konfliktspirale. Sie lernen mehr über die ehrliche Kommunikation, aber auch darüber, wie Sie besser mit den unterschiedlichen Bedürfnissen von beiden Partnern umgehen können.

Am Anfang stehen unterschiedliche Wahrnehmungen

Verliebt zu sein macht blind. Und wenn die Verliebtheit abnimmt, realisieren Sie, dass Sie und Ihr Partner doch nicht überall gleich denken. Sie realisieren, dass Sie die Dinge unterschiedlich wahrnehmen und entsprechend unterschiedlich reagieren. Vielleicht nerven Sie sich bereits ein wenig übereinander. Genau an diesen Anfangspunkt gilt es in diesem Kapitel gedanklich zurückzukehren, um zu verstehen, weshalb Ihre Beziehung in eine Schieflage geraten ist.

Sie haben in den Kapiteln 2 und 3 eine sorgfältige Analyse Ihres Paarkonflikts gemacht. Sicher haben Sie einiges entdeckt, was Ihr Verhalten besser erklärt. Hoffentlich können Sie auch bereits etwas grosszügiger über sich und Ihre Partnerin denken.

Vermutlich haben auch Sie als Kind irgendeine Form des Leiterlispiels kennengelernt. Erinnern Sie sich daran? Kurz vor dem Ziel hat es meistens ein Feld mit dem Vermerk «Zurück auf Feld 1». Genau das ist jetzt auch hier angesagt. Es geht also nochmals um den Anfang Ihrer Konfliktspirale – diesmal aus leicht anderer Perspektive und mit neuen Erkenntnissen.

Sollen wir uns jetzt trennen oder nicht? Das fragen Sie sich vielleicht immer noch. Schön, dass Sie diese Frage bisher offengelassen haben. Und ich bitte Sie, auch weiterhin zu warten. Denn in diesem Kapitel wird beschrieben, weshalb Ihr Konflikt begonnen hat. Vielleicht können Sie dann Ihren Beziehungsverlauf mit dem neuen Wissen anders ansehen.

Und so viel sei vorweggenommen: Egal, ob Sie sich trennen oder zusammen weitergehen, Sie werden in diesem und den nächsten Kapiteln gute Hilfsmittel für die aktuelle oder für spätere Beziehungen erhalten.

Wie unsere Verhaltensmuster entstanden sind

Wir Menschen kommen mit einer minimalen Hirnvernetzung auf die Welt. Diese ist bestimmt durch unsere Vererbung. Man kann sich das Hirn vorstellen wie unberührte Natur. Da gibt es Felsen, Bäche und Seen. Die Landschaft sieht hier noch unterschiedlich aus – eben gemäss unseren Erbanlagen.

Aufgrund des Umfelds (Familie, Lebensstandard, Beruf der Eltern usw.) entwickelt sich unsere Hirnvernetzung weiter; es entstehen Verhaltens- und Gedankenmuster. Bezogen auf das Bild der Landschaft heisst dies: Das Umfeld gestaltet entsprechend den Lebensgewohnheiten und finanziellen Möglichkeiten Wege in dieser Landschaft. Wege, die Sie häufig begehen, werden besser ausgebaut, sodass Sie schneller von A nach B kommen. Wege, die Sie sehr oft benutzen, entwickeln sich zu Strassen, damit Sie sie mit dem Auto befahren können. Wenn Sie besonders schnell sein wollen, entstehen gar Autobahnen, Brücken und Tunnels.

Übersetzt auf unsere Hirnstruktur könnte das etwa heissen: Aufgrund unseres Umfelds entstehen bei jedem Menschen individuelle Gedanken- und Verhaltensmuster, die man zusammengefasst als Erziehungsmuster bezeichnen könnte. Jede neue Wahrnehmung wird mit diesen bestehenden Mustern abgeglichen und eingeordnet. Aus diesem Grund gibt es keine objektive Wahrnehmung, sondern unsere Wahrnehmungen sind durch unsere Hirnstruktur geprägt und daher subjektiv.

> **HINWEIS** *Unsere Erbanlagen und unser bisheriges Umfeld prägen unsere Gedanken- und Verhaltensmuster. Dies führt zu einer subjektiven Wahrnehmung der Ereignisse im Leben, die sich möglicherweise von der Wahrnehmung anderer Menschen unterscheidet.*

Aus der Beratungspraxis
PRÄGENDE ERZIEHUNGSMUSTER

Irma (44) möchte in den Ferien gerne nach Teneriffa. Das Erziehungsmuster von Nicolas (50) ist: «Wenn ich meine Frau glücklich mache, geht es auch mir gut.» Dieses Paar wird tatsächlich Ferien auf Teneriffa machen. Vielleicht wird Nicolas Irma im Ehestreit in zehn Jahren vorwerfen, dass es immer sie war, die über die Feriendestinationen entschieden hat. Dieser Vorwurf wäre jedoch unberechtigt, denn zum Zeitpunkt der Ferienentscheide war sein Bedürfnis gemäss seinem Erziehungsmuster «Wenn meine Frau glücklich ist, geht es auch mir gut».

Für Menschen mit einem solchen Erziehungsmuster kommt möglicherweise irgendwann der Moment, in dem sie über die ehrliche Kommunikation ihrer Bedürfnisse nachdenken müssen. Nicolas hat sein Glück von den Wünschen Irmas abhängig gemacht. Ehrlichkeit in diesem Beispiel könnte also heissen: «Ich organisiere nicht gerne Ferien, deshalb bin ich dankbar, wenn Irma das übernimmt.» Und wenn er nun die Ferien, die Irma organisiert, nicht mehr toll findet, muss er herausfinden, was seine eigenen Ferienwünsche sind, und diese in die Diskussion einbringen. Irma Jahre später vorzuwerfen, dass für ihn die Ferien keine Erholung waren, weil immer sie den Ferienort bestimmt hat, wäre hingegen unfair. Vor zehn Jahren hat sie nämlich seine Bedürfnisse respektiert: Er wollte, dass sie schöne Ferien verbringt, und hat den Entscheid deshalb ihr überlassen. Also flogen sie nach Teneriffa.

Zwei unterschiedliche Wahrnehmungen begegnen sich

Mann und Frau leben im selben Haus mit den gemeinsamen Kindern – und erleben trotzdem vieles ganz unterschiedlich. Sie können gemeinsam mit Ihrer Partnerin schweigend durch einen Park spazieren und sich anschliessend darüber austauschen, was Sie gesehen haben. Vielleicht haben Sie das Gleiche gesehen, vielleicht haben Sie aber auch ganz andere Dinge wahrgenommen. Da gibt es kein Richtig oder Falsch – das ist völlig normal und einfach menschlich! Denn eine objektive Wahrheit gibt es in solchen Situationen nicht; es gibt nur die subjektiven Wahrnehmungen. Und diese dürfen unterschiedlich sein!

Sie dürfen also nie davon ausgehen, dass Ihre Wahrnehmung sich automatisch mit derjenigen eines anderen Menschen deckt. Wenn Sie zusammen mit Ihrer Partnerin ins Kino gehen, kann es sein, dass Sie beide den Kinoabend oder auch den Film ganz unterschiedlich erleben. Vielleicht haben Sie sich im Büro geärgert und können den Ärger noch nicht weglegen; dann bekommen Sie nicht viel mit vom Film oder sehen nur Szenen, die Sie mit diesem Ärger in Verbindung bringen können. Vielleicht ertragen Sie nach einem anstrengenden Tag die Menschen nicht und können sich deshalb überhaupt nicht auf den Film einlassen. Ihre Freundin dagegen ist völlig entspannt und kann sich voll und ganz auf den Film konzentrieren. Sie findet ihn möglicherweise fantastisch.

Wenn Ihre Freundin anschliessend glücklich über den Film austauschen möchte, gelingt dies vermutlich nicht. Vielleicht sind Sie in der Lage, ihr zu erklären, dass Sie sich nicht von der Tagesbelastung lösen konnten. Vielleicht aber auch nicht. Dann könnte es sein, dass sogar ein Streit entsteht. Egal, wie es weitergeht: Tatsache ist, dass Sie den Filmabend unterschiedlich erlebt haben. Keiner von beiden hat recht oder unrecht. Wichtig ist nur, dass Sie diese unterschiedlichen Wahrnehmungen anerkennen, gegenseitig vollumfänglich respektieren und, wenn es nötig ist, miteinander darüber reden.

Dieser Darstellung werden Sie in diesem Buch noch mehrmals begegnen; sie ist die Basis für viele Erklärungen. In der Mitte befindet sich ein Kegel.

Leuchtet der Mann den Kegel mit einer Taschenlampe an, so hat der Schatten an der gegenüberliegenden Wand die Form eines Dreiecks. Leuchtet die Frau den Kegel ebenfalls mit einer Taschenlampe an, so entsteht an der gegenüberliegenden Wand ein Schatten in Form eines Kreises. Ein und derselbe Gegenstand wird also jeweils aus einem anderen Blickwinkel beleuchtet bzw. betrachtet – mit unterschiedlichem Resultat (Schatten).

Dieser Kegel kann Symbol sein für fast alles, was Ihnen in Ihrem Paarleben begegnet. Hier nur einige Beispiele:

- Ferienträume
- Berufsideen
- Kleidergeschmack
- Kindererziehung
- Wahl des Wohnortes
- Wohnungseinrichtung
- Wahl der Freunde
- Umgang mit der Herkunftsfamilie
- Normen und Werte im Leben
- usw.

Die Darstellung gibt noch mehr her: Mann und Frau tragen einen Rucksack. Dass auch diese unterschiedlich gefüllt sein dürften, haben Sie im letzten Kapitel gelesen. Gemäss ihrer persönlichen Ausgangslage beurteilen Mann und Frau dieselbe Situation oft unterschiedlich. Keiner ist besser oder schuldiger, beide geben ihr Bestes.

ÜBUNG: ROLLENWECHSEL

Wenn Sie immer wieder über unterschiedliche Wahrnehmungen stolpern, probieren Sie die folgende Übung aus. (Aber bitte nur, wenn Sie gerade entspannt unterwegs sind.) Wählen Sie ein Thema, von dem Sie wissen, dass bei Ihnen beiden ganz unterschiedliche Sichtweisen vorhanden sind (z. B. das Haus putzen, Ordnung halten, den Partner am Arbeitsplatz aufsuchen, mit den Kolleginnen der Partnerin in den Ausgang gehen, mit den Kindern Hausaufgaben machen, die Kinder ins Bett bringen, mit den Kindern zusammen aufräumen ...). Dann erklären Sie einander wertfrei und sorgfältig Ihre Sichtweisen. Machen Sie möglichst auch Notizen zur Sichtweise des andern. Dann definieren Sie einen Zeitraum – zum Beispiel eine Stunde oder einen Tag –, in dem Sie quasi als Schauspieler voll und ganz in die Rolle des andern schlüpfen. (Auch wenn dies nicht so einfach umzusetzen ist: Schon die Diskussion mit dieser Möglichkeit im Hinterkopf kann gegenseitiges Verständnis fördern.)

Besprechen Sie anschliessend den Rollenwechsel: Wie haben Sie sich in der Rolle des Partners, der Partnerin gefühlt? Wo ist Ihnen der Rollenwechsel gelungen, wo nicht? Weshalb ist er Ihnen besser oder schlechter gelungen? Was hat Ihnen an der Rolle gefallen, was nicht?

Die Grundlage für eine faire Diskussion legen

«Und was sollen wir machen, wenn der Mann (Dreieck) immer zu wenig Sex bekommt und die Frau (Kreis) eigentlich keine Lust mehr auf Sex hat?», denken Sie jetzt vielleicht.

Damit, dass Sie unterschiedliche Wahrnehmungen anerkennen, haben Sie die Ausgangslage für eine faire Diskussion auf Augenhöhe geschaffen – nicht mehr, aber auch nicht weniger. Sie haben die Lösung noch nicht! Sie haben jedoch die Basis geschaffen, aufgrund derer Sie ein ehrliches Gespräch führen können – und auch müssen. Wenn Sie nicht offen darüber reden, entstehen ungünstige Verhaltensmuster: Der Mann hat das Gefühl, dass er um Sexualität betteln muss, dass er sich den Sex mit Schmuck erkaufen oder ihn überhaupt auswärts suchen muss … Die Frau hat das Gefühl, dass sie nicht genügt, dass sie sich wehren muss, dass sie als sexuell uninteressiert gelten könnte. Alle diese Gefühle sind ungesund, sie verhindern einen unbeschwerten Umgang mit der Sexualität und schaden der Partnerschaft. Und ganz bestimmt entsteht so keine Lust auf liebevollen Sex. Es entsteht vielmehr Enttäuschung, Wut und Ablehnung. In einer fairen Auseinandersetzung, ohne Abwertung des andern, könnte sich hingegen gegenseitiges Verständnis entwickeln und ein stimmiger Umgang für beide möglich werden. Das Leben bietet viele Möglichkeiten – finden Sie gemeinsam Ihre passende Lösung!

 HINWEIS Der Austausch auf Augenhöhe über unterschiedliche Wahrnehmungen ist enorm wichtig. Beide sind in der Pflicht, die volle Verantwortung für eine ehrliche Kommunikation der eigenen Bedürfnisse zu übernehmen!

Und wie könnten Sie es besser machen?
Voraussetzung für ein gutes Gespräch ist, dass Sie sich darüber im Klaren sind, wer wofür die Verantwortung trägt.

Zuerst ist jede Person dafür verantwortlich, ihre eigene Wahrnehmung und die persönlichen Bedürfnisse zu erforschen, sie zu verstehen und in die Diskussion einzubringen (siehe das Thema ehrliche Gefühle, Seite 115).

> **HINWEIS** *Wahrnehmungen sind Momentaufnahmen. Vielleicht haben Sie inzwischen intensiv über Ihren Rucksack nachgedacht und festgestellt, dass Sie Ihre Gefühle vor zwanzig Jahren unterdrückt und Ihre Bedürfnisse nicht gespürt haben. Das ist nicht tragisch! Alle Menschen haben das Recht auf Entwicklung. Sie dürfen sich verändern! Wichtig ist jedoch, sich in der Partnerschaft darüber auszutauschen und dem Partner mit einem offenen Ohr zuzuhören.*

Im Austausch liegt es also bei jedem Einzelnen, die eigenen Bedürfnisse mitzuteilen. Beide sind aber auch dafür verantwortlich, der Schilderung der anderen Person genau zuzuhören und zu versuchen, diese Sichtweise zu verstehen. Im Idealfall bestätigen beide, dass sie sich mit ihrem Bedürfnis jetzt voll und ganz verstanden fühlen. Aber Achtung: Die Ansichten sind damit nicht automatisch die gleichen, sondern können und dürfen nach wie vor unterschiedlich sein. Das ist nicht immer einfach auszuhalten. Bleiben Sie trotzdem sorgfältig und respektvoll in der Kommunikation.

Diskussionen auf Augenhöhe führen

Wenn es Entscheide zu treffen gibt, beginnt danach idealerweise eine wohlwollende Diskussion über einen Konsens, den beide als fair empfinden. Vermeiden Sie dabei Abwertungen, Kränkungen und kleine Machtdemonstrationen. Die Diskussion ist erst abgeschlossen, wenn beide am Schluss bestätigen können, dass sie ausgeglichen und auf Augenhöhe stattgefunden hat und dass der erreichte Konsens für beide stimmig ist.

> **HINWEIS** *In diesem ganzen Prozess ist es wichtig, dass beide Partner stets voll und ganz die Verantwortung für ihren Teil übernehmen. Sie können hinterher nicht sagen: «Ich bin nicht zu Wort*

gekommen», «Ich wollte eigentlich etwas anderes», «Du hast mir nicht zugehört», «Du hast mich nicht verstanden usw. ...» Sie dürfen solches während der Diskussion einbringen, wenn Sie so empfinden.

«Bei gleicher Umgebung lebt doch jeder in einer anderen Welt.»
Arthur Schopenhauer (1788–1860), deutscher Philosoph

Aber wenn ein Thema mit Sorgfalt behandelt wurde, dann gilt es, den Konsens am Schluss zu respektieren.

Selbstverständlich ist niemand von uns perfekt. Diese Form der Diskussion wird Ihnen nicht immer gelingen. Sie können aber daraus lernen und es bei der nächsten Konsenssuche besser machen. Im Kapitel 6 (Seite 171) finden Sie weitere Anleitungen dafür.

Aus der Beratungspraxis
EINEN KONSENS FINDEN
Herbert (38) und Antonia (40) streiten sich in jeder Paarsitzung um die Erziehung der Kinder. Beide sammeln intensiv Argumente für ihre eigene Sichtweise. Die Kinder reagieren mit Widerstand, und die Spannungen nehmen zu. Irgendwann schlägt Herbert vor, dass sie den Kindern mitteilen könnten, dass Montag bis Mittwoch seine Regeln gelten würden und Donnerstag bis Samstag die Regeln von Antonia. Am Sonntag könnten dann die Kinder zunehmend mitbestimmen. Und siehe da, die Spannung bei Eltern und Kindern reduziert sich schlagartig. Für die Kinder ist eine solche Abmachung kein Problem. Sie leiden nicht unter den unterschiedlichen Regeln, wohl aber unter der Spannung zwischen den Eltern. Auch für die Eltern ist die neue Lösung sehr entspannend; sie können sich an den «freien» Tagen im Loslassen üben.

«Es führen viele Wege nach Rom ...» heisst es so schön. Kinder haben beide Eltern gern und können sehr gut mit den unterschiedlichen Haltungen der Eltern umgehen. Was ihnen zusetzt, sind ständige Haltungskriege und Machtkämpfe zwischen den Eltern.

HINWEIS Es gilt zu respektieren, dass jeder Mensch die Welt aufgrund seiner Geschichte und seines Wesens mit anderen Augen betrachtet. Bei Konflikten zählt deshalb nicht eine objektive Wahrheit, sondern die subjektiven Wahrnehmungen.

Und wenn der Austausch trotz Sorgfalt nicht gelingt?

Es kann sein, dass Sie einander sorgfältig Ihre Sichtweise einer Sache erklären – er erklärt ihr das Dreieck, sie ihm den Kreis – und dass trotzdem einer von Ihnen das Gefühl hat, nicht gehört zu werden und nicht o. k. zu sein (siehe Seite 90). Es gilt, diese Gefühle ernst zu nehmen, aber nicht in die gleichen Fehler zurückzufallen wie zu Beginn Ihrer Konfliktspirale. Das heisst, dass Sie nicht automatisch Ihren Partner oder Ihre Partnerin dafür verantwortlich machen. Nehmen Sie es ernst, aber behalten Sie es bei sich und stellen Sie sich beispielsweise folgende Fragen:

- Woher kommt dieses Gefühl?
- Wer oder was könnte dafür verantwortlich sein?
- Wie könnte ich dies so bearbeiten, dass es unserer Paardynamik nicht im Wege steht?

Sie haben es vielleicht gemerkt: Das sind Rucksackfragen. Und genau deshalb haben diese Themen im letzten Kapitel viel Raum bekommen. Sie sind Stolpersteine für Ihre Paarbeziehung! Und beide Partner tragen die volle Verantwortung dafür, dass sie diese Themen zu sich zurücknehmen und versuchen, sie selber zu lösen.

Aber – und das ist die gute Nachricht – Sie können einander als Paar dabei unterstützen. Sagen Sie es einander sogleich, wenn bei einem Austausch über unterschiedliche Bedürfnisse beim einen oder bei beiden solche oder ähnliche Gefühle auftauchen. Wehren Sie das Gefühl nicht ab, sondern sagen Sie ganz neutral: «Jetzt habe ich wieder dieses Gefühl von ‹Ich bin nicht o. k.› oder ‹Ich werde nicht gehört›.» Dann suchen Sie gemeinsam nach Formulierungen, die unterstreichen, dass nicht der Partner dafür verantwortlich ist – ein paar Beispiele finden Sie gleich anschliessend. Sie werden sehen, da können Wunder passieren. Denn wenn es Ihnen gelingt, gemeinsam wohlwollend andere Formulierungen zuzulassen, dann sehen Sie Ihren Partner nicht mehr als den Schuldigen für diese Empfindung, sondern als Unterstützer auf dem Weg, die Verletzung zu heilen. Versuchen Sie es, es lohnt sich!

Verständnis für andere Sichtweisen zum Ausdruck bringen
Nachfolgend einige Beispiele für Formulierungen, um der Partnerin zu helfen, wenn sie sich nicht verstanden fühlt:

- Ich höre deine Sichtweise und kann sie auch nachvollziehen. Und ich habe dich gern, auch wenn ich es anders sehe.
- Ich kann deine Sichtweise nachvollziehen. Trotzdem finde ich im Moment meine Ansicht richtiger. Vielleicht brauchen wir noch zusätzliche Informationen oder weitere Gespräche, damit wir einander besser verstehen. Geht das für dich?
- Ich kann deine Sichtweise nachvollziehen, sehe es aber anders. Was brauchst du, damit du dich trotzdem verstanden fühlst?

Beispiele, wenn der Partner sich nicht o. k. fühlt:
- Auch wenn ich es ganz anders sehe, habe ich dich trotzdem gern.
- Du bist o. k., wie du bist. Auch wenn ich es anders sehe.
- Soll ich dich in den Arm nehmen? Es ist für mich völlig in Ordnung, dass du anders denkst als ich.
- Ich finde dich o. k., auch wenn ich es anders sehe. Was brauchst du, damit du mir das glauben kannst?

Jeder Mensch möchte mit seiner Wahrnehmung und seinen Gefühlen verstanden und geliebt werden: der Mann mit seiner Sicht und seinen Gefühlen als Dreieck, die Frau mit ihrer Sicht und ihren Gefühlen als Kreis. Wenn es Ihnen gelingt, einander trotz unterschiedlicher Sichtweisen dieses Gefühl von Verstehen und Lieben zu geben, dann steigt die Bereitschaft für das gegenseitige Zuhören automatisch. Denn sehr oft steht nicht das Durchsetzen der eigenen Idee im Vordergrund, sondern das tiefe Bedürfnis, akzeptiert und angenommen zu sein – und zwar genau so, wie man denkt und fühlt.

Von der Wahrnehmung zu den Bedürfnissen

Bedürfnisse drücken das aus, was Ihnen wichtig ist. Grundsätzlich gilt für Bedürfnisse dasselbe wie für die Wahrnehmung – sie sind sehr persönlich. In einer guten Paarbeziehung versuchen beide Partner, die Bedürfnisse des andern zu hören und diese zu unterstützen.

Wichtig ist auch beim Thema Bedürfnisse: Seien Sie grosszügig mit sich selber und mit Ihrem Partner. Vielleicht lernen Sie erst jetzt Ihre Gefühle wieder besser kennen. Werfen Sie also weder sich noch Ihrem Partner vor, dass Sie vor vielleicht 25 Jahren nicht perfekt kommuniziert haben. Vielleicht haben Sie Ihre Gefühle und Bedürfnisse schlecht wahrgenommen oder aus Liebe oder Harmonieliebe nicht mitgeteilt. Dann vergessen Sie die alten Geschichten, und machen Sie es jetzt besser!

Bedürfnisse sind diejenigen Dinge, die uns wichtig sind. Es sind im Grunde genommen die Anliegen unseres Herzens. Wenn wir unsere echten Bedürfnisse kennen und sie unserer Umgebung mitteilen können, ist das ein guter Weg, um glücklich zu werden. Folgende oder ähnliche Fragen helfen Ihnen, Ihre Bedürfnisse zu erkennen:

- Was möchte ich in zehn Jahren erlebt und erreicht haben?
- Wie möchte ich mit 80 Jahren auf mein Leben zurückblicken?
- Was würde mich bei diesem oder jenem Thema glücklich machen?
- Was braucht mein Herz, um glücklich zu sein?
- Was ist mir im Leben wichtig?

Fragen im Alltag könnten lauten:
- Was ist mir wichtig, wenn wir eine neue Wohnung suchen?
- Wie möchte ich unsere Kinder erziehen?
- Wie sauber soll unsere Wohnung aufgeräumt und geputzt werden?

Und wenn Sie bei all diesen Fragen auch noch «Warum ist mir das wichtig?» anhängen, dann finden Sie auch die Argumente, mit denen Sie in der Diskussion mit Ihrer Partnerin die Bedürfnisse erklären können.

Oft hängen Bedürfnisse eng mit unserer Wahrnehmung und unserem Hirnmuster zusammen. Wenn etwa im Beispiel auf Seite 122 Ihre Freundin den Filmabend toll gefunden hat, dann hat sie das Bedürfnis, diese Freude mit Ihnen zu teilen, sich über

«Wer nicht weiss, wohin er will, der darf sich nicht wundern, wenn er ganz woanders ankommt.»
Mark Twain (1835–1910), amerikanischer Schriftsteller

den Film auszutauschen. Sie dagegen sind vom Tag belastet. Ihr Bedürfnis ist vielleicht eher, über den Tag zu reden oder in Ruhe gelassen zu werden. Beide Bedürfnisse sind verständlich und o. k.! Wenn Sie sich diese gegenseitig wohlwollend mitteilen, führen sie auch nicht zu einem Paarkonflikt. Wenn sie jedoch nicht ausgesprochen werden, kann es sein, dass Sie sich gegenseitig kränken oder enttäuschen.

Aus der Beratungspraxis
KONTRÄRE BEDÜRFNISSE

Sebastian (31) ist in einer kinderreichen Familie aufgewachsen. Er musste sich immer wehren, damit er nicht zu kurz kam. Wenn er sich in grossen Gruppen bewegt, nimmt er deshalb lautstarke Personen als Konkurrenz wahr. Er blüht in solchen Situationen auf und hat das Bedürfnis, seine Ansichten ebenfalls lautstark kundzutun, weil er gehört werden möchte. Seine Freundin Klara (29) war ein Einzelkind und wurde von den Eltern immer nach ihrer Meinung gefragt, ohne dass sie darum kämpfen musste. Grosse und laute Gruppen findet sie mühsam, sie fühlt sich überfordert. Sie hat in diesen Situationen das Bedürfnis, sich zurückzuziehen.

HINWEIS *Jeder Mensch möchte mit seinen Wahrnehmungen und seinen Bedürfnissen verstanden und geliebt werden. Gelingt dies, ist das Zusammenleben angenehm. Gelingt dies nicht, ist es anstrengend.*

Warum es so wichtig ist, sich über Bedürfnisse auszutauschen

Bedürfnisse sind persönlich und von Mensch zu Mensch verschieden. Sie können also nicht davon ausgehen, dass Ihr Partner im Leben die gleichen

Bedürfnisse hat wie Sie. Es ist deshalb für Ihre Partnerschaft enorm wichtig, dass Sie sich immer wieder darüber austauschen.

Erkennen, was Sie wirklich wollen
Kennen Sie Ihre Bedürfnisse wirklich? Um Ihre ureigenen Anliegen zu erkennen, ist ein guter Zugang zu Ihrem Herzen unerlässlich. Nur so spüren Sie, was Sie wirklich wollen. Wenn der Zugang zu Ihrem Herzen blockiert ist, kennen Sie vielleicht nur anerzogene Wünsche und halten diese für Ihre echten Bedürfnisse. Will Ihr Herz tatsächlich Karriere machen? Die Firma der Eltern übernehmen? Alles tun, damit die Partnerin glücklich ist? Wenn dies nicht Ihre ehrlichen Bedürfnisse sind und Sie dies nicht erkennen oder dazu stehen können, dann ist auch keine gute Kommunikation über diese Themen mit Ihrer Partnerin möglich.

HINWEIS *Wenn Sie in einer Partnerschaft glücklich sein wollen, dann besteht der erste Schritt darin, dass beide versuchen, ihre Herzensbedürfnisse möglichst ehrlich zu erkennen. Das tönt einfacher, als es ist. Jahrelange oder gar jahrzehntelange Denkmuster prägen uns. Wir haben gelernt, Rechtfertigungen für unser Denken und Verhalten zu konstruieren. Diese zu hinterfragen fällt den meisten von uns nicht leicht. Aber genau daran führt kein Weg vorbei.*

Aus der Beratungspraxis
EHRLICHER AUSTAUSCH ÜBER BEDÜRFNISSE
Beat (38) und Claudia (41) kamen wegen seines frühzeitigen Samenergusses in die Beratung. Es zeigte sich schon in der ersten Sitzung, dass dieser frühzeitige Samenerguss vermutlich auf die Schieflage in der Beziehung zurückzuführen war. Diese Vermutung wurde auch dadurch bestätigt, dass verschiedene körperliche Abklärungen keine Resultate gebracht hatten. Das Paar lebte im klassischen Rollenmodell. Die zwei Kinder besuchten mittlerweile die Primarschule, und Claudia hätte die Möglichkeit gehabt, wieder arbeiten zu gehen. Sie getraute sich jedoch nicht, dies klar auszusprechen. Beat fühlte sich wohl in der Ernährerrolle, und ihm war es recht, dass Claudia weiterhin als gute Mutter zu den Kindern schaute. Claudia traf sich immer öfter mit Freundinnen und redete mit ihnen über ihre

Bedürfnisse. Mit ihrem Mann redete sie nicht darüber. Dies führte zu immer mehr Distanz zwischen ihnen als Paar. Sie hatte entsprechend auch immer weniger Lust, mit ihm zu schlafen. Auch darüber redeten sie nicht. In den seltenen Momenten, in denen es noch zu Sex kam, war Beat dermassen im Stress, alles richtig zu machen, dass er seine Lust und den Orgasmus schlecht kontrollieren konnte.

«*Glücklich ist nicht, wer andern so vorkommt, sondern wer sich selbst dafür hält.*»

Seneca (1–65), römischer Philosoph

Beat und Claudia konnten sich gegenseitig auf ihre Bedürfnisse einlassen. Als Claudia wieder eine Teilzeitstelle angenommen hatte, die ihr Befriedigung und Selbstvertrauen gab, konnte sie beginnen, sich auf Augenhöhe mit Beat auszutauschen. Als Beat merkte, dass er nicht für die abnehmende Lust von Claudia verantwortlich war und dass er seine Bedürfnisse auch anmelden durfte, konnten beide ihre Lernfelder erkennen. Beide teilten einander mehr über ihre sexuellen Bedürfnisse und über viele weitere Bedürfnisse mit. Sie hörten auf, einander gegenseitig als «Glücksverhinderer» zu beschuldigen, sondern übernahmen die Verantwortung für die eigenen Anliegen und teilten diese einander mit. Und es gelang ihnen, einander zuzuhören und aufeinander einzugehen. Mit dieser Ausgangslage war der frühzeitige Samenerguss kein Thema mehr. Schliesslich war Beat nicht mehr in ganz wenigen Momenten alleine für den rechtzeitigen Orgasmus verantwortlich – er und Claudia konnten die Sexualität in einer chrlichen Auseinandersetzung ganz ruhig und auf Augenhöhe gemeinsam angehen.

Menschen mit einem Helfer-, Retter- und Vermittlermuster

Menschen, die ihre echten Bedürfnisse nicht kennen, leben häufig im sogenannten Helfermuster (siehe auch Seite 72). Sie fühlen sich wohl, wenn sie die Bedürfnisse anderer befriedigen können:

- Wenn ich die Firma der Eltern übernehme, freuen sie sich – und das macht mich glücklich.
- Wenn ich meinem Mann eine Freude mache, macht es mich glücklich.
- Wenn ich Karriere mache, erfülle ich die Erwartungen der Umgebung, und das macht mich glücklich.

Vermittler und Helfer sind soziale Menschen. Sie sind teamfähig, und man mag sie, weil sie anpassungsfähig sind. Einem anderen Menschen etwas Gutes zu tun ist ja für sich betrachtet auch etwas Wertvolles. Als Beziehungsmuster ist es aber häufig ein Hindernis. Menschen mit diesem Muster haben einen verstellten Zugang zu ihren Gefühlen und glauben, in der Erfüllung der Wünsche anderer ihr Glück zu finden.

Auch in der Paarbeziehung funktioniert ein solches Verhalten nur, solange beide einander auf diese Weise «beschenken». Wenn jedoch ein Partner aus diesem Beziehungsmuster aussteigt, bleibt dem «Helfer» meist nur die Opfer- oder die Täterrolle (siehe Grafik). Das heisst, er fühlt sich als Opfer, weil er verlassen wurde, oder er möchte sich rächen, weil er ausgenutzt wurde. Der einzige gute Ausweg ist der Ausstieg aus diesem Dreieck. Es geht darum, die Bedürfnisse des eigenen Herzens zu finden und dafür einzustehen – in der Abbildung ist dies durch die Fussspuren dargestellt, die zum Herzen führen.

HELFER, VERMITTLER, RETTER

Solange Menschen mit einem Helfermuster (Dreieck) helfen, vermitteln oder retten können, sind sie glücklich. Wenn ihnen diese Rolle genommen wird, haben sie nur die Opferrolle oder die Täterrolle zur Verfügung. Beide machen nicht glücklich. Es gilt stattdessen, einen Zugang zu den eigenen Bedürfnissen zu finden, um die Abhängigkeit vom Helfermuster ablegen zu können.

Aus der Beratungspraxis
AUSSTIEG AUS DEM HELFER-OPFER-TÄTER-DREIECK

Stefan (41) war glücklich in der Rolle des Familienernährers. Er machte Karriere und genoss die Abende und Wochenenden mit seiner Familie. Als alle Kinder im Schulalter waren, wollte Elisabeth (39) gern wieder zu mindestens 50% in ihren Beruf einsteigen. Stefan konnte und wollte nicht reduzieren. Die beiden konnten sich nicht einigen, und es kam zur Scheidung. Er wurde zum Zahlvater, sah seine Kinder kaum und litt. Entweder jammerte Stefan (Opfer), oder er versuchte, sich in der Kampfscheidung für alle erlittenen Ungerechtigkeiten zu rächen (Täter): «Ich habe mein Hemd vom Leibe gegeben für diese Familie – und jetzt das!»

Stefan wurde nicht glücklich, solange er sich ausschliesslich in diesem Helfer-Opfer-Täter-Dreieck bewegte. Er musste auf die Suche nach den Bedürfnissen seines Herzens gehen.

Stefan hat genau dies getan. Zehn Jahre nach der Kampfscheidung traf ich ihn. Er kennt sich und seine Bedürfnisse jetzt besser. Dennoch sagte er: «Das Helfer-Opfer-Täter-Dreieck sitzt tief in meinen Hirnwindungen. Noch heute muss ich mir in Verhandlungen mit Elisabeth genau überlegen, ob es bei Meinungsverschiedenheiten um meine Haltung als ‹Täter› geht oder ob ich wirklich für meine Bedürfnisse einstehe. Doch ich kann die zwei Dinge jetzt besser auseinanderhalten. Wenn ich merke, dass ich als ‹Täter› reagiere, also aus Rache, kann ich weicher sein und eher nachgeben. Und wenn ich merke, dass ich beim ‹Ich› bin, kann ich klar und konsequent für meine Bedürfnisse einstehen.»

Dieses Beispiel zeigt, dass es nicht einfach ist, die echten von den anerzogenen Bedürfnissen zu unterscheiden. Solange Stefan seine Rolle als Ernährer leben konnte, hatte er auch keinen Grund, dieser Frage nachzugehen. Es stimmte für ihn, Helfer zu sein. Erst bei der Trennung merkte er, dass er in dieser Rollenteilung eigentlich schon immer der Zahlvater gewesen war. Und es wurde ihm klar, dass ein tiefer Herzenswunsch – die Beziehung mit den Kindern – so nur ungenügend gelebt werden konnte. Nachdem er die Opferrolle verlassen hatte, konnte er sich auf eine lebendige Beziehung mit seinen Kindern einlassen.

«Der wahre Beruf des Menschen ist, zu sich selbst zu kommen.»
Hermann Hesse (1877–1962), Schweizer Schriftsteller, Dichter und Maler

> **HINWEIS** *Menschen mit dem Vermittler- und Rettermuster brauchen jemanden, dem sie helfen können, um glücklich zu sein. Wenn sie aus sich heraus glücklich sein wollen, gilt es, aus dem «Helfer-Opfer-Täter-Dreieck» auszusteigen und die eigenen Bedürfnisse kennenzulernen.*

Das folgende Beispiel zeigt, dass die Entstehung des Helfermusters stark von der Erziehung geprägt ist.

Aus der Beratungspraxis
ERZIEHUNG ZUM VERMITTLER

Martin (40) ist als einziger Sohn auf einem Bauernhof aufgewachsen. Sein Vater sagte immer: «Es ist keine Kunst, aus einem Buben einen Bauern zu machen.» Martin durfte schon früh bei allen Arbeiten mitgehen und spielte auf dem Hofplatz mit dem Plastiktraktor und den verschiedenen Anhängern. Nach der Schule machte er die landwirtschaftliche Ausbildung. Im Militär war er Lastwagenfahrer, was ihm echt Spass machte. Mit 26 Jahren konnte er den Betrieb der Eltern übernehmen. Mit 40 Jahren kam er mit Marianne in die Paarberatung.

Marianne (40) wollte sich von Martin trennen, weil zwischen ihnen und auch den Schwiegereltern Streit und Hass an der Tagesordnung waren. Es wurde eine Generationenberatung daraus, weil der Trennungsgrund nicht auf der Paarebene lag. In dieser Generationenberatung stellte sich heraus, dass Martin eigentlich nie Bauer hatte werden wollen; er hätte viel lieber eine Ausbildung als Lastwagenchauffeur gemacht. Seine Bedürfnisse waren anerzogen gewesen, und er hatte zu wenig gut auf sein Herz gehört. Deshalb war er sich seines Herzenswunsches nicht bewusst gewesen und hatte seinen Berufswunsch auch nicht in die Diskussion eingebracht. Kein Wunder, dass Martin nicht zufrieden war mit sich und dem Leben. Dies hatte auch Auswirkungen auf die Umgebung. Und wenn Familien so eng zusammenwohnen wie in diesem Beispiel, dann ist die Herausforderung noch viel grösser.

Martin und Marianne gaben die Landwirtschaft in der Folge auf; er begann, als Lastwagenchauffeur zu arbeiten. Die Beziehung in der Partnerschaft und zu den Eltern konnte mit mehr Distanz anders und besser gelebt werden.

HINWEIS *Es liegt in der Verantwortung jedes Menschen, seine eigenen Bedürfnisse zu erforschen und diese seiner Umgebung mitzuteilen.*

Wie Sie herausfinden, ob Sie mit einem Helfermuster leben

Das Helfermuster ist ein verbreitetes Lebensmuster in unserer Gesellschaft. In Paarbeziehungen wird es häufig zum Stolperstein (siehe Seite 72). Die folgenden Fragen können Ihnen Hinweise liefern, ob Sie nach diesem Muster leben:

- Schenken Sie lieber, als dass Sie beschenkt werden?
- Geht es Ihnen gut, wenn es der Partnerin gut geht – geht es Ihnen schlecht, wenn es ihr schlecht geht?
- Ziehen Sie sich bei Enttäuschungen gerne zurück und erholen sich «in der Höhle» (Opferrolle)?
- Hilft es Ihnen, Ihre Trauer zu spüren, wenn andere Menschen diese Trauer mit Ihnen teilen?
- Definieren Sie Ihr Selbstwertgefühl über das Helfen – «Ich fühle mich gut und geliebt, wenn ich helfen kann»?
- Können Sie sich viel intensiver freuen, wenn andere Menschen diese Freude mit Ihnen teilen?
- Können Sie schlecht alleine sein? Brauchen Sie immer Gesellschaft, um glücklich zu sein?

HINWEIS *Wenn Sie den Verdacht haben, in einem Helfermuster zu leben, dann testen Sie sich immer wieder mit obigen oder ähnlichen Fragen. Aber Achtung: Sie müssen deshalb nicht asozial werden, sondern nur aufmerksamer Ihre Gefühle beachten!*

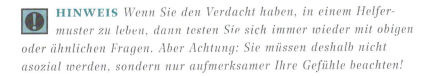

Aus der Beratungspraxis
DAS HELFERMUSTER ERKENNEN

Urs (45) beschreibt ein Erlebnis, bei dem er sich als Helfer erkannte: «Ich habe immer gerne gesurft. Nach der Trennung konnte ich es nicht mehr geniessen. Irgendwann ist mir bewusst geworden, dass ich dafür meine Partnerin brauchte, die entweder auch surfte oder am Ufer auf mich wartete. Erst durch die Gewissheit, dass ich ihr nach dem Surfen von meinem Genuss erzählen konnte, konnte ich das Surfen auskosten. Das ist mir richtig eingefahren. Ich brauchte sie, um mein

Herz, meine Gefühle zu spüren. Ich spürte mich selber nicht. Das war für mich ein Schlüsselerlebnis. Von da an fragte ich mich bei allen Gefühlen: ‹Ist das mein Herz, das ich spüre?› Das war heilsam!»

Bedürfnisse anzumelden ist kein einfacher Schritt

Haben Sie erkannt, wie wichtig es ist, die eigenen Bedürfnisse wahrzunehmen? In den nächsten Zeilen geht es darum, diese auch wirklich mitzuteilen. Denn hier gibt es ebenfalls Stolpersteine.

Die Harmonieliebe

Es gibt Menschen, die nicht gerne lange Streitgespräche führen. Vielleicht, weil sie immer gestresst sind, vielleicht, weil sie den Streit schlecht ertragen, vielleicht, weil sie gern Harmonie und Frieden haben. Streitgespräche sind für diese Menschen Stressmomente. Wo immer möglich meiden sie solche Auseinandersetzungen.

Sie erinnern sich sicher an die Abbildung mit dem Kegel (siehe Seite 123). Nehmen wir an, der Mann in der Darstellung gleich unten möge lange Streitgespräche nicht. Eine Auseinandersetzung könnte dann etwa so verlaufen: Er (Dreieck) ahnt, was sie (Kreis) möchte. Um die Diskussion zu verkürzen, stellt er bereits einen Kompromiss (das schraffierte

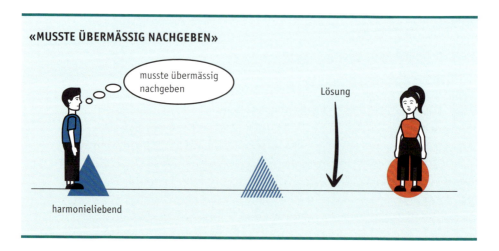

Dreieck) als seine Meinung vor. Seine Frau (Kreis) verteidigt munter ihre Ansicht. Die Diskussion kann auf diese Weise etwas abgekürzt werden, und beide einigen sich auf eine Lösung. Sie geht davon aus, dass dies ein fairer Konsens ist. Er eröffnet im Hinterkopf ein Konto «Musste übermässig nachgeben» und vermerkt die Situation als unfair. Harmonieliebend wie er ist, wird er vermutlich im Laufe der Jahre noch viele solche Beispiele in sein Konto eintragen.

Aus der Beratungspraxis
HARMONIELIEBE UND VERZERRTE KOMMUNIKATION
Florian (53) ist harmonieliebend, und Cornelia (50) streitet gerne. Florian würde gerne eine Woche Ferien machen. Cornelia drei. Weil Florian das Bedürfnis von Cornelia ahnt, sagt er schon zu Beginn der Diskussion, dass zwei Wochen Ferien okay seien. Insgeheim hofft er, dass Cornelia sein Entgegenkommen erkennt und auf die zwei Wochen einsteigt. Sie jedoch geht davon aus, dass der Vorschlag seinem tatsächlichen Bedürfnis entspricht, und startet ihre Argumente für drei Wochen Ferien: Erholungsbedarf, genug Geld usw. Florian findet drei Wochen einfach zu lang und bringt seine Argumente nun doch zaghaft ein. Schliesslich einigen sie sich auf 17 Tage.

Ein guter und fairer Kompromiss, findet Cornelia. Florian jedoch eröffnet im Hinterkopf das Konto «Musste übermässig nachgeben». Später, als die Konflikte schlimmer wurden und die beiden in die Paarberatung kamen, hatte er bereits viele Beispiele auf diesem Konto. Sie hörte einige davon zum ersten Mal und konnte ihn überhaupt nicht verstehen. In der Wahrnehmung von Cornelia waren die Kompromisse stets fair gewesen. In der Wahrnehmung von Florian wurde er oft «über den Tisch gezogen» und musste viel zu oft einlenken.

ÜBUNG: GESPRÄCHSVORBEREITUNG
Schreiben Sie vor jedem wichtigen Gespräch mit Ihrer Partnerin am Vortag haargenau Ihr Bedürfnis auf (entspricht dem ausgemalten Dreieck in der Abbildung auf Seite 138). Überlegen Sie sich auch Ihre Argumente möglichst detailliert. Sie haben eine Vermutung, wie die Gegenargumente Ihrer Partnerin lauten könnten? Verbannen Sie sie aus Ihrem Vorbereitungsprozess. Sie hat während des Gesprächs genügend Gelegenheit, diese einzubringen. Lesen Sie vor dem

Gespräch als Gedächtnisstütze nochmals alles sorgfältig durch. Beschränken Sie sich jedoch auf Ihre Bedürfnisse und Ihre guten Argumente und lassen Sie allfällige Vorwürfe beiseite.

Und wenn beide eher harmonieliebend sind?
Für harmonieliebende Menschen ist es schwierig, Bedürfnisse klar auszusprechen. Sie äussern sich meist schwammig in der Hoffnung, dass die Partnerin sie schon verstehen wird. Erst wenn dies nicht der Fall ist, kommunizieren sie deutlicher. Dies wiederum kann zu Abwehrreaktionen und

BEDÜRFNISSE WEICH UND KLAR FORMULIEREN

Unklar	Hart und mit Druck	Weich und klar
Dann helfe ich dir halt (in Gedanken gehe ich davon aus, dass du dafür beim nächsten Thema nachgibst).	Jetzt habe ich dir geholfen, jetzt musst du dafür bei diesem Thema nachgeben.	Ich möchte dir gerne helfen, aber ich merke, dass ich dafür als Gegenleistung wünsche, dass du mir beim andern Thema entgegenkommst.
Dann machen wir halt jede Woche so ein «Gspürschmi»-Gespräch.	Ohne Sex breche ich diese «Gspürschmi»-Gespräche ab.	Ich merke, dass ich mich besser öffnen kann für Gespräche über Gefühlsdinge, wenn ich dich auch körperlich mehr spüre.
Okay, dann komme ich halt mit an diese Weihnachtsfeier bei deiner Familie.	Ich verweigere den Besuch bei deiner Familie.	Ich höre, dass dir wichtig ist, dass ich zur Weihnachtsfeier mitkomme. Können wir darüber reden, wie wir den Besuch für mich positiv gestalten können?
Das wird dann schon irgendwie gehen, wir müssen nicht darüber reden.	Ich habe nie Ja gesagt dazu. Du hast das immer durchdrücken wollen.	Ich spüre, dass es dir wichtig ist. Ich kann aber noch nicht Ja dazu sagen. Ich brauche wohl noch etwas Zeit. Das ist aber nicht gegen dich gerichtet, und ich habe dich trotzdem gern.

zu Konflikten führen – auch daraus ergibt sich selten ein gutes Paargespräch. Deshalb ist es hilfreich, eine weiche, aber klare Kommunikation zu üben. Die Tabelle links gibt Ihnen Ideen, wie Sie formulieren können. Harmonieliebe macht die ehrliche Kommunikation schwieriger. Beide eröffnen ein Konto «Musste übermässig nachgeben». Die Auseinandersetzungen fallen vermutlich eher kurz aus; das sind die Paare, die später sagen: «Wir haben nie streiten gelernt.» Beide bieten schnell eine Lösung in der Mitte an und finden so auch schnell Kompromisse. Aber einer richtigen Diskussion gehen beide aus dem Weg, und die Lösungen stellen sich nicht selten als «faule Kompromisse» heraus. Sie unterscheiden sich von einem guten, partnerschaftlich erarbeiteten Konsens.

HINWEIS *Harmonieliebende Partner türmen mit den Jahren einen riesigen Berg von Themen auf, bei denen sie übermässig nachgegeben haben. Solche Paare sind gefährdet, in ein Gefühl des Nicht-verstanden-Werdens zu rutschen (siehe Seite 26).*

Sich fair austauschen – auch wenn die Bedürfnisse unterschiedlich sind

Sie kennen beide die Bedürfnisse des andern, aber diese sind so unterschiedlich, dass Sie sich gegenseitig nerven? Willkommen im realen Leben! Eben dies ist allzu oft der Sachverhalt in langjährigen Paarbeziehungen. Vielleicht werden auch Sie feststellen, dass Ihre Konflikte hier ganz leise begonnen haben: Sie haben zwar realisiert, dass Ihre Bedürfnisse unterschiedlich sind, haben es jedoch verpasst, gute Streitgespräche zu führen. Stattdessen sind Kommunikations- oder Konfliktmuster entstanden, die Sie auf die «schiefe Bahn» geführt haben. Abwehr mit der Körpersprache, vehementes und lautes Vertreten der eigenen Ansicht, dem anderen Angst einflössen, die Meinung des andern abwerten, aus dem Gespräch davonlaufen … Es ist urmenschlich, dass Sie versucht haben, sich für Ihre Bedürfnisse einzusetzen. Und das ist auch gut so! Der Stolperstein war die Art und Weise, wie Sie es angegangen haben. Denn Druck erzeugt Gegendruck – Verletzungen führen zu Gegenverletzungen – sich nicht verstanden fühlen führt zu abnehmender Bereitschaft, verstehen zu wollen – sich nicht geliebt fühlen führt zu abnehmender Bereitschaft, zu lieben.

Nicht zu reden ist ebenfalls ein verbreitetes Verhalten, das direkt in den Konflikt führt. Es kann aus Ohnmacht sein, weil man einfach nicht die richtigen Worte findet; es kann sein, dass man sich unterlegen oder abgewertet fühlt – oder vieles mehr. Es kann aber auch sein, dass man nicht redet, weil man nichts verändern möchte; weil es passt, wie es ist. Dann ist Nichtreden ein Machtinstrument. Menschen, die unklar bleiben in der Kommunikation, um vielleicht je nach Entwicklung der Situation mehr für sich herauszuholen, winden sich später oft heraus: «Das habe ich nicht so gesagt, das hast du so gewollt …» Solche Argumente sind unfair.

Wie ein guter Austausch gelingt
Ein guter Austausch könnte beispielsweise so aussehen (mehr dazu im Kapitel 6, wo das Thema ausführlich behandelt wird):

Sie sind ein Paar mit kleinen Kindern und müssen sich entscheiden, wo Sie wohnen wollen oder ob Sie sogar ein Haus bauen. Sie setzen sich gemeinsam hin, sammeln die Bedürfnisse von beiden und führen darüber eine faire Diskussion ohne Abwertung und Machtinstrumente. Sie wägen die Argumente sorgfältig ab und finden einen gemeinsamen Entscheid, der für beide stimmig ist. Wenn Sie sich entschieden haben, fragen Sie einander nochmals gegenseitig, ob beide sich bei diesem Austausch gleichwertig gefühlt haben und die Diskussionen auf Augenhöhe geführt wurden. Wenn beide dies bestätigen können, dann sind Sie als Paar gut unterwegs. Selbstverständlich können in Ihrem Leben später Dinge passieren, die diesen Entscheid als falsch entlarven. Doch zum jetzigen Zeitpunkt haben Sie ihn als Paar gemeinsam und fair getroffen.

Dieses Vorgehen können Sie bei unterschiedlichen Vorstellungen über die Kindererziehung, über die Rollenaufteilung zwischen Berufs- und Familienarbeit oder über Freizeitaktivitäten anwenden, aber auch bei Ihrer Vorstellung von Persönlichkeitsentwicklung und Zukunftsmodellen usw.

Die Partnerin soll erraten, was ich mir wünsche – zum Beispiel beim Sex

Es kann sein, dass Sie Ihre Bedürfnisse nicht klar einbringen, weil Sie denken: «Wenn mich meine Partnerin wirklich liebt, dann erkennt sie meine Bedürfnisse.» Das ist sehr gefährlich. Ihre Partnerin vermutet in dieser Situation vielleicht tatsächlich ein Bedürfnis. Und weil sie Sie gernhat, möchte sie dieses Bedürfnis auch gerne erfüllen. Weil sie aber ein anderes Denkmuster hat als Sie, interpretiert sie Ihr Anliegen vielleicht nicht zu 100 % richtig. In gutem Glauben versucht sie, Ihr Bedürfnis zu befriedigen. Wenn ihre Interpretation nun nicht zutrifft, werden Sie enttäuscht sein und sich ungeliebt fühlen.

Aus der Beratungspraxis
UNAUSGESPROCHENE BEDÜRFNISSE
Jörg (31) hat im Sexualkundeunterricht in der Schule gelernt, dass Frauen auch gerne einen Orgasmus haben und dass der Mann sich deshalb zurückhalten und die Frau mit einem liebevollen Vorspiel verwöhnen soll. Er und Alice (29) reden nicht beim Sex. Er gibt alles und versucht Alice zu verwöhnen. Die Sexualität wird immer schlechter, und ihre Orgasmen bleiben aus. Schade! Denn das Problem der beiden liegt weder beim Lustempfinden noch beim Wissen über die Sexualität. Jörg und Alice kamen zwar wegen ihrer Unzufriedenheit in der Sexualität in die Beratung. In der Paarberatung ging es dann aber in erster Linie darum, wie sie einander ihre Bedürfnisse auf gute Art mitteilen können.

Auch hier ist keiner dafür verantwortlich, dass er die Wünsche des andern erkennt. Mit dem Aussprechen der eigenen Bedürfnisse ist zwar noch kein guter Sex garantiert, aber er hat intakte Chancen, besser zu werden. In der liebevollen Sexualität versucht er selbstverständlich, die Wünsche seiner Partnerin zu hören und sie entsprechend zu verwöhnen. Und selbstverständlich versucht sie das Gleiche. Aber keiner der beiden ist verantwortlich für die Lust des andern. Beide können ihre Lust nur anmelden und es respektieren, wenn der andere grad keine Lust hat. Und wenn der andere nicht spüren kann, worauf Sie gerade Lust haben, dann müssen Sie es ihm eben mitteilen. Und wie selbstverständlich entsteht bei einer guten Kommunikation ein gegenseitiges Liebesspiel, bei dem beide sich und einander immer besser kennenlernen.

In Sachen unausgesprochene Bedürfnisse ist die Sexualität ein besonders einleuchtendes Beispiel, weil viele Paare zu wenig darüber reden. Gehen Sie auch hier alle Schritte sorgfältig durch. Reden Sie schonungslos über Ihre Bedürfnisse und Fantasien. Nicht während des Sex, sondern in einem ruhigen Moment. Hier einige Fragen, die Sie gemeinsam anschauen könnten:

- Was gehört für Sie alles zur Sexualität?
- Wie wichtig ist Ihnen der Orgasmus?
- Wie oft befriedigen Sie sich selbst, und machen Sie es gerne? Können Sie sich vorstellen, es zu tun, wenn die Partnerin zuschaut?
- Wo werden Sie gerne wie gestreichelt?
- Welche Stellungen lieben Sie beim Geschlechtsverkehr, was mögen Sie nicht?
- Wie lange soll ein sexuelles Zusammensein in ungestressten Momenten dauern?
- Empfinden Sie das nackte Zusammenliegen ohne Orgasmus als nährende Sexualität?
- ...

Stellen Sie sich gegenseitig solche Fragen und versuchen Sie, die Bedürfnisse des Partners zu verstehen. Werten Sie die Wünsche des andern nicht ab. In der Partnerschaft gibt es keine Grenzüberschreitung, wenn es nicht wehtut, wenn beide einverstanden sind und wenn beide echte Freude empfinden. Überlassen Sie das Ausprobieren nicht nur dem Zufall in der sexuellen Erregung, sondern reden Sie vorher und nachher darüber.

Offene Gespräche über Sexualität eröffnen zudem neue Möglichkeiten! Aber getrauen Sie sich, auch Ihre Grenzen zu nennen. Gehen Sie gemeinsam auf einen Weg mit Ihrer partnerschaftlichen Sexualität – es kann ein sehr schöner Weg sein. Um es noch einmal zu betonen: Gerade in der Sexualität erwarten wir viel zu oft, dass der Partner für unsere Lust und unsere Befriedigung die Verantwortung trägt. Doch für unser Glück müssen wir die Verantwortung voll und ganz selber übernehmen. Sie können einander aber verwöhnen oder unterstützen, wenn Sie die Bedürfnisse des andern kennen.

Gefühle und Bedürfnisse ändern sich – das ist okay

Paare stellen bisweilen fest, dass sie sich ehrlich über ihre Bedürfnisse ausgetauscht haben – und einander trotzdem nicht mehr verstehen. Grund dafür können Veränderungen sein. Auch wenn man sich nicht dafür entschuldigen muss, dass man sich verändert hat, hat die Partnerin möglicherweise Mühe damit. Doch in einer guten Paarbeziehung sind beide an der Entwicklung des Partners interessiert.

Bisher war nur die Rede davon, dass wir unsere Bedürfnisse nicht erkannt oder sie zu wenig ehrlich mitgeteilt haben. In diesem Kapitel kommt eine wichtige Ergänzung dazu: das Mitteilen von neuen Bedürfnissen oder von solchen, die sich verändert haben.

Sie dürfen sich verändern! Hoffentlich auch. Stehen Sie dazu, und kommunizieren Sie mit der genau gleichen Offenheit und Ehrlichkeit. Gehen Sie es aber auch mit der gleichen Grosszügigkeit an. Vielleicht stehen nicht beide Partner am selben Punkt im Leben. Vielleicht löst der Gedanke an Veränderung bei der Partnerin im ersten Moment Angst aus, oder sie hat noch keine Lust darauf.

Einer möchte sich verändern, der andere nicht

Sehen Sie sich das Bild auf Seite 146 an. Schön, nicht? Der Fisch, der weiterhin im kleinen Behälter schwimmt (ich vermute, es ist ein männlicher Fisch), könnte zum Beispiel sagen:
- Du hast immer so viele Wünsche.
- Jetzt sei doch auch mal zufrieden.
- Du bist nicht mehr die Frau, die ich geheiratet habe.
- Diese esoterischen Freundinnen tun dir nicht gut.
- Wenn jeder nur noch nach seinen Träumen lebt, dann sind wir nicht mehr beziehungsfähig.

- Es hat doch bisher alles so gut funktioniert.
- Wenn wir weniger Geld verdienen, können wir uns diesen Lebensstandard nicht mehr leisten.
- Was denken auch die Nachbarn?

ANSTEHENDE VERÄNDERUNGEN

Der Fisch, der gerade ins grössere Glas springt (ich vermute, es ist ein weiblicher Fisch), könnte zum Beispiel sagen:
- Du hast einfach keine Träume.
- Du spürst dich nicht und kennst deine Gefühle nicht.
- Du verteidigst immer den gleichen Sumpf – ich möchte endlich mal ein bisschen Veränderung.
- Du hast dich überhaupt nicht verändert, bist immer noch der Gleiche wie vor zwanzig Jahren.
- Ich möchte endlich mal etwas Neues erleben.
- Ich habe genug von den immer gleichen Abläufen.

Beide Fische lebten vorher zufrieden im kleinen Glas. Dann hat der eine Fisch entschieden, dass ihm dieses Leben nicht mehr genügt. Er möchte den Sprung wagen und Neues ausprobieren. Der andere verweigert diesen Sprung mit der Begründung, dass das bisherige Leben doch okay war. Aber der Fisch, der ins grössere Glas gesprungen ist, möchte nicht zurück ins kleine Glas. Er versucht den andern zu motivieren, ebenfalls zu springen.

Die entscheidende Frage ist jetzt, ob Sie in guten Paargesprächen einen gangbaren Weg für beide definieren können. Wenn sich Ihre Kommunikation verhärtet, Sie beide in eine Konfliktspirale geraten und stur reagieren, wird die Situation vermutlich zur Trennung führen.

Nun, genau betrachtet haben doch beide Fische teilweise recht. Im alten Leben finden Sie sicher Qualitäten, die Sie bewahren wollen. Und die Offenheit für Neues kann immer wieder Energie freisetzen. Sie könnten also auch, statt sich zu trennen, gemeinsam aufbrechen und voneinander lernen ... Wenn es die Situation zulässt, können Sie sogar die beiden Gläser nebeneinander stehen lassen und immer wieder sorgfältig miteinander aushandeln, in welches Glas Sie jetzt gemeinsam springen wollen oder ob einer zeitweise alleine ins andere Glas springt oder ...

> **HINWEIS** *Sie müssen im Leben nicht alles gemeinsam machen. Vielleicht finden Sie ja in Paargesprächen heraus, dass Sie sich für dieses oder jenes lieber mit Freunden zusammentun. Kein Problem! Es steht nirgends geschrieben, dass Sie sich als Paar unnötig einengen sollen. Wichtig ist jedoch immer, dass Sie gute und ehrliche Paargespräche führen mit dem Ziel, dass beide den gefundenen Konsens mittragen.*

Vielleicht hilft ein klärendes Gespräch

Wenn Sie die bisherigen Kapitel sorgfältig und selbstkritisch gelesen haben, haben Sie hoffentlich einige Erkenntnisse dazugewonnen, weshalb in Ihrer Paarbeziehung nicht alles optimal gelaufen ist. Vielleicht hat Ihnen ein Time-out zu etwas Distanz verholfen, sodass die Emotionen nicht bei jedem Austausch hochkochen. Vielleicht stellen Sie sich aber auch genau an dieser Stelle des Buches wieder vermehrt die grosse Frage: «Sollen wir uns jetzt trennen oder nicht?» Dann wäre jetzt eine gute Ausgangslage, um in einem klärenden Gespräch einige grundsätzliche Fragen zu thematisieren.

In der Tabelle auf der folgenden Doppelseite finden Sie Einstiegsfragen für ein solches grundsätzliches Gespräch. Vorsicht: Achten Sie darauf, dass es nicht zu einer Eskalation kommt. Hören Sie einander einfach aufmerksam zu.

> **HINWEIS** *Die Fragen in der Tabelle sind eine Herausforderung. Falls Sie es alleine noch nicht schaffen, suchen Sie sich eine gute Begleitperson und besprechen Sie diese Themen im geschützten Rahmen.*

EIN KLÄRENDES GRUNDSATZGESPRÄCH INITIIEREN

Ihre Erkenntnis	Möglicher Einstieg
Als Bub wurde Ihnen das Weinen abtrainiert.	Ich habe gemerkt, dass es mir als Mann oft schwerfällt, Gefühle zu zeigen. Können wir uns darüber einmal unterhalten?
Sie haben nicht die gleichen Berufschancen wie Ihr Partner.	Als Mutter im Beruf zu bleiben ist für mich mit vielen Hindernissen verbunden. Ist es möglich, dass wir uns darüber austauschen?
Sie haben nur in den Ferien guten Sex.	Könnten wir mal über unseren Alltagsstress reden? Ich glaube, er tut unserer Beziehung nicht gut.
Sie finden, Ihre Frau wird immer egoistischer.	Ich sehe ein, dass auch ich mehr über meine Träume nachdenken sollte. Können wir uns einmal darüber austauschen und schauen, ob die Träume von uns beiden im gemeinsamen Leben Platz finden?
Sie leiden unter der Nähe der Schwiegereltern.	Können wir uns ganz offen über alle Möglichkeiten austauschen? Diese Nähe erdrückt mich.
Sie fühlen sich von Ihrer Frau nicht geliebt.	Können wir über unser Bedürfnis nach Nähe und Distanz reden?
Sie haben zu wenig Sex und fühlen sich nicht geliebt.	Können wir einmal über unsere Sexualität reden? Ich möchte dich nicht unter Druck setzen – aber so, wie es jetzt läuft, fühle ich mich nicht geliebt.
Ihr Partner hat eine Affäre.	Können wir in einer Paarberatung sorgfältig besprechen, was das für unsere Beziehung heisst?
Sie fühlen sich als Mann nach der Geburt des Kindes überflüssig.	Können wir darüber reden, wie ich eine gleichwertige Beziehung zum Kind aufbauen kann und wie wir daneben unsere Paarbeziehung pflegen möchten?

4 ■■■ ZURÜCK ZUM ANFANG DER KONFLIKTSPIRALE

Ihre Erkenntnis	Möglicher Einstieg
Ihre Frau ist plötzlich extrem selbständig.	Du veränderst dein Leben sehr. Können wir darüber reden, was das für mich bedeutet?
Die Kinder Ihrer Frau gehen Ihnen auf die Nerven.	Können wir einmal über meine Rolle als Partner in unserer gemeinsamen Wohnung reden?
Sie erkennen bei sich eine Midlife-Crisis.	Ich habe erkannt, dass ich in einer tiefen Krise stecke. Können wir darüber reden, wie wir es schaffen, dass sie unserer Partnerschaft nicht schadet?
Sie haben Angst vor dem Auszug der Kinder.	Unser grosses gemeinsames Projekt braucht mich viel weniger. Können wir über mögliche neue gemeinsame Projekte reden?
Sie haben den Partner zu oft für Ihre Unzufriedenheit verantwortlich gemacht.	Ich habe dich in einer Veränderungsphase zu oft beschuldigt. Können wir darüber reden, wie ich mich dafür entschuldigen kann?
Sie haben erkannt, dass Sie sich bei Konflikten falsch verhalten haben.	Unsere Konfliktdynamik ist sehr negativ, das leuchtet mir ein. Ich möchte mich gerne mit dir darüber unterhalten, wie wir da aussteigen können.
Sie haben sich viel zu oft übergangen gefühlt.	Ich habe meine Bedürfnisse zu wenig klar ausgedrückt. Können wir darüber reden, wie wir unsere Kommunikation verbessern können?
Sie merken, dass Sie bisher nur nach Normen gelebt haben.	Ich erkenne erst jetzt langsam meine Bedürfnisse. Können wir uns vermehrt darüber austauschen?
Sie möchten mehr über die Gefühle des Partners erfahren.	Können wir ein regelmässiges Paar-Update (siehe Seite 200) anfangen?
Sie möchten Ihr Leben verändern.	Ich weiss, ich bin nicht mehr die Frau, die du geheiratet hast. Können wir über meine neuen Bedürfnisse reden?
Sie sind völlig überfordert damit, plötzlich so viel über Gefühle reden zu müssen.	Mein Leben hat bisher recht gut funktioniert. Ich bin echt überfordert von diesen vielen Gefühlsthemen. Können wir darüber reden, wie wir das langsamer angehen könnten?
Sie merken, dass Sie im Konflikt sturer geworden sind.	Ich schäme mich für meine unflexiblen Reaktionen. Können wir unsere Kommunikation etwas genauer anschauen?
Sie können das Verhalten Ihres Partners einfach nicht verstehen.	Ich kann dein Verhalten einfach nicht verstehen. Kannst du mir deine Sichtweise in Ruhe erklären? Ich verspreche dir, dass ich nur zuhöre oder Verständnisfragen stelle.

Wenn es Ihnen jetzt gelingt, über solche Themen auf Augenhöhe und ohne Abwertung zu reden, dann sehen Sie erste Erfolge der Auseinandersetzung mit Ihrer Beziehung, gegebenenfalls auch des Time-outs. Sie sind entspannter und weicher geworden. Möglicherweise gelingt es Ihnen jetzt hie und da, solche Gespräche zu führen und langsam wieder Vertrauen in Ihre Kommunikation zu gewinnen. Das könnte Ihnen auch neue Perspektiven fürs Zusammenbleiben geben.

Der Blick auf die ganze Beziehungszeit
In Konfliktzeiten besteht die Gefahr, dass das Negative zu viel Raum einnimmt und man das Glas als halb leer empfindet (siehe Seite 88). Da ist es hilfreich, ganz für sich alleine in einer ruhigen Stunde eine Aufstellung zur Vergangenheit zu machen. Gehen Sie in sich und schauen Sie Ihre gesamte Beziehungszeit an. Wie würden Sie diese Fragen beantworten?
- Was macht mich besonders stolz?
- Wo war ich tief im Herzen positiv gerührt?
- Wie habe ich mich gefühlt, als ich verliebt war?
- Was hat mich besonders gefreut?
- Wann war ich im siebten Himmel?
- Wo habe ich mich unterstützt gefühlt?
- Bei welchem Erlebnis habe ich mich als Paar im Hause meiner Eltern gut gefühlt?
- Bei welchem Erlebnis habe ich mich als Paar im Hause meiner Schwiegereltern gut gefühlt?
- …

Das fällt Ihnen sicherlich nicht leicht; Sie können sich im Augenblick ja möglicherweise nicht mehr vorstellen, dass Sie diesen Menschen je lieben konnten oder je wieder lieben könnten. Versuchen Sie trotzdem, sich für eine kurze Zeit voll und ganz auf diese Fragestellungen einzulassen.

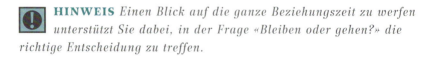
HINWEIS *Einen Blick auf die ganze Beziehungszeit zu werfen unterstützt Sie dabei, in der Frage «Bleiben oder gehen?» die richtige Entscheidung zu treffen.*

Wenn Sie sich entscheiden, der Beziehung nochmals eine Chance zu geben, finden Sie weitere Hilfestellungen in den nächsten zwei Kapiteln.

Verzeihen und geduldiges Verlassen der Konfliktspirale

Weil gegenseitige Verletzungen dem gemeinsamen Weitergehen als Paar im Weg stehen können, geht dieses Kapitel nochmals auf den Schmerz der Kränkungen in einer Konfliktspirale ein. Es soll zeigen, dass gegenseitige Kränkungen Wunden hinterlassen, die gewürdigt sein wollen. Und es dreht sich um die Frage, ob Entschuldigungen notwendig sind und wie diese aussehen könnten. Schliesslich soll das Kapitel richtig Mut für einen glücklichen Neuanfang machen.

Neuanfang oder achtsame Weiterentwicklung?

Ist ein Neuanfang in einer langjährigen Paarbeziehung überhaupt möglich? Vermutlich wäre es korrekter, von «achtsamer Weiterentwicklung» zu reden. Wenn in diesem Kapitel trotzdem für den Neuanfang geworben wird, dann um zu zeigen, wie wichtig es ist, dass Sie nach einer Paarkrise alle Kräfte für mögliche Veränderungen mobilisieren.

Tatsächlich: Ein Neuanfang im eigentlichen Sinn ist in einer Paarbeziehung nicht möglich. Darum ist es ja auch viel verlockender, sich in eine neue Frau oder einen neuen Mann zu verlieben. Dort ist es viel einfacher, neu anzufangen. Wir bleiben zwar auch mit einem neuen Partner die gleichen Menschen und machen die gleichen Fehler, aber fürs Erste lassen wir alles Schwierige in der alten Beziehung.

Wenn Sie es nun trotzdem nochmals miteinander probieren wollen, dann braucht es den starken Vorsatz, die alten Muster und Verletzungen über Bord zu werfen – sonst ist die Gefahr gross, dass Sie sich bei der nächsten schlechten Gelegenheit umgehend wieder in der alten Konfliktdynamik wiederfinden. Deshalb ist es besser, wenn Sie versuchen, sich auf einen Neuanfang einzustellen, auch wenn es in einer langjährigen Beziehung genau genommen eher eine Weiterentwicklung ist.

ÜBUNG: SO TUN. ALS OB

Dies ist keine gewöhnliche Übung, die Sie einmalig durchführen, es ist vielmehr eine Anleitung für die Haltung auf der ersten Wegstrecke in der neuen gemeinsamen Zeit.

Stellen Sie sich zur Vorbereitung vor, Sie hätten beide gleichzeitig einen Gedächtnisverlust bezüglich aller alten Beziehungsgeschichten erlitten. Und zwar mit Datum X (möglichst kurz zurückliegend). Mit diesem Trick gelingen die folgenden Punkte leichter:
- *Sie geben sich bei allen zukünftigen Begegnungen unvoreingenommen die Gelegenheit, anders zu reagieren als in der Vergangenheit.*

- *Wenn Ihnen neue Verhaltens- und Reaktionsmuster gelingen, dann nehmen Sie sie bewusst wahr und loben Sie einander dafür.*
- *Versprechen Sie sich gegenseitig, dass Sie einander wohlwollend daran erinnern und sich gegenseitig bei der Durchsetzung der Übung unterstützen.*

Wenn Sie die Übung ernst nehmen, geben Sie sich gegenseitig die Möglichkeit, neue Reaktionsmuster auszuprobieren. Das kann einen echten Neuanfang Ihrer Beziehung ermöglichen. Allerdings gilt die Voraussetzung, dass Sie sich beide aufrichtig bemühen, anders als in der Vergangenheit zu handeln – und dass Sie einander für jeden kleinen Fortschritt loben.

Die Erkenntnisse der Konfliktanalysen umsetzen

Sicherlich haben Sie die letzten Kapitel sorgfältig durchgelesen. Dann werden Sie hoffentlich Ihr eigenes Verhalten und dasjenige Ihrer Partnerin mit Nachsicht betrachten können. Wenn wir Menschen uns nicht gehört, nicht verstanden und nicht geliebt fühlen, dann reagieren wir meistens unvernünftig. Wir werden sturer, explodieren viel rascher und kränken unser Gegenüber unnötig. Das sind alles Reaktionen, die dem gegenseitigen Verständnis abträglich sind. Deshalb ist in solchen Momenten ein Time-out, in dem beide sorgfältig verschiedene Stolpersteine anschauen, sinnvoll (siehe Kapitel 1, Seite 36). Die Abbildung auf Seite 156 fasst diese Erkenntnisse nochmals zusammen.

- **1. Schritt:** In der Mitte stehen Sie als gekränkter Partner. Schauen Sie nun zuerst nach links. Der wichtigste Lernprozess ist die Unterscheidung zwischen der Partnerin und dem Verhalten der Partnerin. Spielen Sie nicht auf den Menschen, sondern auf den Ball: Stellen Sie nicht die Partnerin mit all ihren Grundwerten als Mensch in Frage. Damit ziehen Sie ihr den Teppich unter den Füssen weg. Bei einem solchen frontalen Angriff kann sie nicht anders, als sich zu verteidigen. Versuchen Sie stattdessen mitzuteilen, was Sie an ihrem Verhalten stört. Formulieren Sie dies als Ich-Botschaft: «Wenn du dich so verhältst, führt das bei mir zu diesem bestimmten Gefühl…»

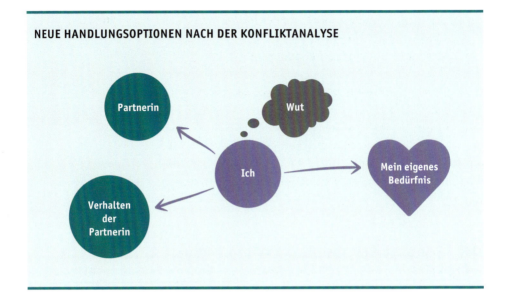

- **2. Schritt:** Gestehen Sie sich selber ein, dass dieses Verhalten Sie wütend macht. Betrachten Sie jetzt diese Wut als hilfreichen Lebensbegleiter, der Sie näher an Ihre Gefühle bringt. Sperren Sie Ihre Gefühle nicht hinter einem Schutzschild ein, denn sonst werden sie Ihnen möglicherweise als Aggression oder Depression das Leben schwer machen. Akzeptieren Sie die Wut als hilfreichen Stachel, der Sie darauf hinweist, dass etwas nicht stimmt und dass Sie darüber reden möchten.

- **3. Schritt:** Gehen Sie mit dieser Wut als Wegweiser auf die Suche nach Ihren Bedürfnissen (rechts). Geben Sie nicht zu schnell auf! Vielleicht öffnen Sie jetzt damit eine Büchse, in der auch noch Geschichten aus der Vergangenheit auftauchen. Betrachten Sie diese Wut trotzdem weiterhin als hilfreichen Stachel, der es Ihnen ermöglicht, im Leben glücklicher zu werden. Bleiben Sie dran, bis Sie Ihre echten Bedürfnisse dahinter herausgefunden haben.

- **4. Schritt:** Jetzt nehmen Sie mit diesen neuen Erkenntnissen das Gespräch mit Ihrer Partnerin wieder auf. Wenn Sie die ersten drei Schritte sorgfältig gemacht haben, wird Ihre Kommunikation jetzt weniger vorwurfsvoll, weniger abwertend und weniger kränkend sein. Sie werden weicher sein und ermöglichen es damit Ihrer Partnerin, ebenfalls weicher zu reagieren. Sie werden sich beide besser verstanden und mehr geliebt fühlen – und darauf kommt es an!

Noch einmal: Es ist wichtig, sich bewusst auf einen Neuanfang einzustellen, damit Sie nicht wieder von den alten Verhaltensmustern und Umgangsformen überrollt werden. Sie werden sich sonst gegenseitig enttäuschen und am Willen des Partners zweifeln. Davor können Sie sich schützen, indem Sie sich beide die Chance für einen echten Neuanfang geben – und natürlich am Anfang gegenseitig grosszügig mit Fehlern umgehen.

 HINWEIS *Beginnen Sie den Neuanfang grosszügig und langsam. Und bringen Sie gegenseitig Ihre Wertschätzung für die kleinen Schritte der Verbesserung zum Ausdruck!*

Alte Verletzungen als Spielverderber

Bei langandauernden Konflikten haben sich meist beide Partner gegenseitig viele und tiefe Verletzungen zugefügt. Auch wenn Sie sich im Kopf noch so fest vornehmen, neu anzufangen, so holen diese Erinnerungen Sie doch auf der Gefühlsebene immer wieder ein. Es gilt daher, Strategien zu entwickeln für den Fall, dass dies passiert, und einander gegenseitig zu unterstützen, um die Verletzungen nachhaltig zur Seite legen zu können.

Schritt für Schritt

Weshalb Verletzungen beim Neuanfang Spielverderber sind, verstehen Sie vielleicht besser, wenn ich Ihnen etwas ausführlicher schildere, wie die erste Sitzung einer Paarberatung bei mir abläuft.

Zuerst höre ich mir aufmerksam beide Sichtweisen der Beziehungssituation an. Ich frage, wer anfangen möchte, und bitte die andere Person, die Schilderung des Partners nicht zu unterbrechen. Es ist für mich zentral, dass ich beide Geschichten ununterbrochen in Reinform höre. Beide erhalten für diesen Teil so viel Zeit, wie sie benötigen. Die zuhörende Person bekommt ein Blatt, damit sie Notizen machen kann, wenn sie nicht einverstanden ist. Ich höre mir also Dreieck und Kreis an.

Die beiden Geschichten entsprechen den subjektiven Wahrnehmungen der Paargeschichte – Sie sehen oben nochmals die entsprechende Grafik. Es geht um die Gefühle beider Partner, nicht um objektive Wahrheiten. Beide haben ihre Sichtweise, die für sie richtig und wahr ist. Beide haben Kränkungen erlitten, beide haben Themen, bei denen sie sich nicht verstanden fühlten, beide haben Situationen erlebt, in denen sie sich nicht geliebt fühlten. Beide leiden darunter, dass der andere sie mit diesen Wahrnehmungen und mit diesen Kränkungen nicht versteht.

Wenn beide sich dafür aussprechen, der Beziehung nochmals eine Chance zu geben, lege ich eine Folie als Grundidee für verschiedene Arbeitsweisen auf; Sie sehen sie oben auf der gegenüberliegenden Seite.

In der Darstellung ist der senkrechte Balken in der Mitte, mit «Jetzt» beschriftet, sehr wichtig. Alles, was in der Vergangenheit liegt, können Sie nicht mehr ändern. Das wissen wir zwar alle – und doch bleiben viele Menschen im Konflikt bei den Kränkungen der Vergangenheit hängen. Sie fühlen sich noch nicht verstanden und gehört, die Sache ist innerlich nicht erledigt. Deshalb werden Sie, sobald wieder ähnliche Ereignisse geschehen, die Partnerin sofort an die alten Kränkungen erinnern. Wenn Sie

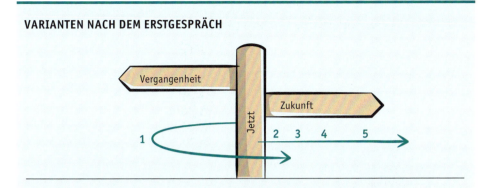

VARIANTEN NACH DEM ERSTGESPRÄCH

1. Blick in die Vergangenheit – Kränkungen weglegen können – Ziel: Verzeihen
2. Den Alltag überstehen ohne neue Eskalationen und Verletzungen
3. Die Paardynamik, die Ohnmacht und die Konfliktspirale verstehen
4. Der Weg der kleinen Schritte – anhand von Alltagsbeispielen eine bessere Kommunikation einüben
5. Langfristige Veränderungen erarbeiten und sie evtl. schriftlich festlegen

Ihrer Partnerin in angespannten Situationen eine alte Kränkung vorwerfen, dann erinnert diese sich vermutlich postwendend ebenfalls an ihre eigene Kränkung in der entsprechenden Situation. Und schon sind Sie mit hoher Emotionalität wieder in der altbekannten Konfliktdynamik. Die Emotionen sind da meist stärker als Ihr Wille und überrollen Sie – auch wenn Sie sich im Kopf etwas anderes vorgenommen haben. Die Wiederholung solcher Situationen erzeugt in Ihnen dann von Neuem das Gefühl der Ohnmacht. «Es gelingt uns einfach nicht», «Ich halte das nicht mehr aus», «Er hat überhaupt nichts begriffen», «Sie gibt sich keine Mühe». Da ist es ganz wichtig, dass Sie nicht zu schnell aufgeben!

Manchmal braucht es einen Blick in die Vergangenheit, um verzeihen zu können

Wenige Paare erkennen am Anfang, dass sie dem Punkt 1 in der Abbildung oben Aufmerksamkeit schenken sollten: «Vorbei ist vorbei, wir haben endgültig genug von dieser Streiterei, wir wollen jetzt nach vorne schauen.» Ich nehme diesen Wunsch in der Beratungsstunde sehr gerne auf. Gleichzeitig mache ich jedoch mit dem Paar ab, dass ich sie immer, wenn sie in

> «Fürchte dich nicht, langsam vorwärtszugehen; fürchte dich nur vor dem Stehenbleiben.»
> Chinesisches Sprichwort

die alten Vorwürfe hineinrutschen, darauf aufmerksam machen darf, dass sie eigentlich nur nach vorne schauen wollten.

Sehr oft zeigt sich in der weiteren Zusammenarbeit, dass es den Paaren noch nicht gelingt, die Vergangenheit hinter sich zu lassen. Das ist nicht weiter schlimm! Das ist menschlich, und Sie dürfen hier nachsichtig sein mit sich. Als Begleitperson stelle ich den beiden bei wiederholten Rückfällen jedoch die Aufgabe, doch nochmals die alten Verletzungen zu notieren und zu überlegen, was sie brauchen, damit sie diese weglegen können.

 HINWEIS *Überlegen Sie genau und versuchen Sie zu spüren, ob Sie die alten Geschichten wirklich verziehen haben und – falls dies nicht der Fall ist – was Sie brauchen, damit Ihnen das Verzeihen gelingen könnte. Erst dann können Sie in den echten Prozess des Verzeihens eintreten (mehr Informationen dazu finden Sie ab Seite 163).*

Verletzungen, die einen Zusammenhang mit Ihrem Rucksack haben

Im Kapitel 3 (Seite 84) haben Sie sich ausführlich mit Ihrer Persönlichkeit beschäftigt. Vielleicht haben Sie erkannt, dass Sie aufgrund Ihrer Geschichte empfindliche Bereiche haben, die in der Paarbeziehung zu Konflikten geführt haben. Beim Neuanfang geht es darum, diese Erkenntnisse zu nutzen. Versuchen Sie bei Eskalationen, nicht in die alten Muster zu fallen, sondern sagen Sie Ihrer Partnerin, dass Sie froh sind, wenn Sie gemeinsam mit ihr neue Verhaltensmuster ausprobieren können. Verstecken Sie sich nicht sofort hinter dem Schutzschild, sondern versuchen Sie, offen und verletzlich zu bleiben und zu sagen, dass Sie zwar verletzt sind, aber die Partnerin nicht mehr dafür verantwortlich machen wollen. Sagen Sie ihr, dass Sie froh sind um ihre Unterstützung. Denn die Verantwortung, dass Sie hier weiterkommen, liegt in erster Linie bei Ihnen. Falls Sie selber also noch stolpern, unterbrechen Sie das Gespräch und ziehen Sie sich zurück. Dann schauen Sie genau hin, wer wofür die Verantwortung trägt. Sehr oft stehen am Anfang dieser Verletzungsgeschichten Gefühle wie:

- Ich fühle mich nicht geliebt.
- Ich fühle mich nicht gehört.

- Ich fühle mich von dir nicht unterstützt.
- Ich fühle mich mit der Familie alleingelassen.
- Ich fühle mich nicht als Nummer eins für dich.
- In unseren Diskussionen fühle ich mich abgewertet und nicht auf Augenhöhe wahrgenommen.

Diese Gefühle sind ehrlich und echt, sie entsprechen voll und ganz Ihrer Wahrnehmung in diesen Momenten. Und sie verdienen es, gehört zu werden. Aber versuchen Sie sie zuerst selber ganz zu hören und zu verstehen. Und wenn Sie sie verstanden haben, machen Sie der Partnerin nicht als Erstes einen Vorwurf, sondern erklären Sie ihr die Verletzung und den Zusammenhang mit Ihrem Rucksack.

Es liegt an Ihnen, einen Weg zu finden, um mit Ihren wunden Punkten besser zurechtzukommen. Dies kann Ihnen niemand abnehmen, auch die Partnerin nicht. Aber Sie können sich in der Partnerschaft gegenseitig Respekt und Wohlwollen schenken in solchen Momenten. Und dies gelingt besser, wenn Sie zu Ihrer Verletzlichkeit stehen, als wenn Sie dem Partner Vorwürfe machen. Und wenn Sie immer wieder an ähnlichen Stellen stolpern, dann könnte es eine Überlegung wert sein, professionelle Hilfe in Anspruch zu nehmen, um das Thema zuerst dort und alleine anzuschauen.

Verletzungen durch die Dynamik im Konflikt

Wenn Sie sich sicher sind, dass eine Kränkung nichts mit Ihrem Rucksack zu tun hat, dann werfen Sie bitte nicht Ihrem Partner vor, dass eben er ein Problem mit seinem Rucksack habe. Auch dann sind Sie nämlich postwendend in den alten Mustern. Versuchen Sie an dieser Stelle ganz ohne Vorwürfe zu sagen, dass Sie es einfach noch nicht schaffen, die Verletzungen wegzulegen.

Analysieren Sie immer wieder Ihre Kommunikation. An welcher Stelle taucht diese Verletzung wieder auf? Welche Worte oder welches Verhalten löst sie aus?

Schauen Sie nochmals gemeinsam die Dynamik der Konfliktspirale (Kapitel 1, Seite 20) an. Gestehen Sie sich gegenseitig ein, dass Verletzungen zu Abwehrreaktionen führen, die ihrerseits wieder verletzen. Suchen Sie keine Schuldigen, sondern anerkennen Sie, dass wir Menschen in einer solchen Dynamik fehlerhaft und gekränkt reagieren.

Wenn ein Gespräch eskaliert, unterbrechen Sie es (siehe Übung Seite 37) und nehmen Sie den Austausch in einem ruhigeren Moment wieder auf. Versuchen Sie, aus dieser Distanz die Abläufe in Ihren Gesprächen immer besser zu erkennen.

Anerkennen Sie, dass Sie beide einmal mehr Opfer einer destruktiven Konfliktdynamik geworden sind. Und vor allem: Gestehen Sie sich an dieser Stelle ein, dass Sie beide hier noch eine wichtige Arbeit leisten müssen. Sie, oder Sie beide, haben noch nicht verziehen und müssen irgendwie herausfinden, wie Ihnen das gelingen könnte.

 HINWEIS *Die Suche nach Schuldigen ist bei Konflikten eine Sackgasse. Alle Beteiligten sind Opfer der Dynamik. Versuchen Sie, die Verletzungen zu verzeihen.*

DER KONFLIKT ALS LETZTER KONTAKTFADEN

Manchmal geraten Menschen, deren Herzen sich eigentlich nicht trennen wollen, in sehr heftige Konflikte.

Es kann sein, dass sich diese zwei Menschen in der Konfliktspirale sehr stark verletzt haben. Der Partner möchte dann vielleicht die Beziehung endgültig beenden, weil er von Ohnmachtsgefühlen überwältigt ist und einfach keine Chance mehr sieht, dass sich die Situation zum Besseren wenden könnte. Die Partnerin ihrerseits leidet immer noch unter dem starken Gefühl, nicht verstanden zu sein. In diesem Zustand kann ein Konflikt die letzte Möglichkeit sein, den Kontakt nicht ganz abbrechen zu müssen. Sie will die Beziehung nicht beenden. Trotzdem schafft sie den Ausstieg aus dem Konflikt nicht und hält am letzten Kontaktfaden fest – am Konflikt. ■

 HINWEIS *Wenn Sie einen heftigen Konflikt weder verbessern noch beenden können, dann fragen Sie sich, jeder für sich, nach dem Warum. Eine professionelle Unterstützung könnte hier hilfreich sein.*

Was genau heisst «verzeihen»?

Es ist so leicht gesagt: «Ich verzeihe dir» – mit der Hoffnung im Hinterkopf, dass die ewigen Streitereien endlich aufhören. Ein guter Neuanfang ist jedoch nur möglich, wenn sich beide Partner damit auseinandergesetzt haben, was verzeihen wirklich bedeutet, und wenn es beiden innerlich gelingt, vorbehaltlos zu verzeihen.

Wenn Ihnen Ereignisse, in denen Ihr Partner oder Ihre Partnerin Sie echt verletzt hat, immer wieder in die Quere kommen, dann ist es unumgänglich, sich diese Ereignisse nochmals genau anzuschauen. Je konkreter, desto besser. Wo genau, an welchem Tag, wie genau hat etwas Sie gekränkt? «Wegen dieses konkreten Ereignisses habe ich kein Vertrauen mehr in dich, schlafe ich nicht mehr gerne mit dir, widerst du mich an ...» Wenn Sie sich entschieden haben, der Paarbeziehung nochmals eine Chance zu geben, dann führt kein Weg daran vorbei, dass Sie sich mit diesen Kränkungen nochmals intensiv befassen.

Formulierungen, die das Verzeihen einfacher machen

Ich beziehe mich in den folgenden Ausführungen wieder auf die Darstellung der unterschiedlichen Wahrnehmungen (siehe Abbildung Seite 123). Für die folgenden Ausführungen gehe ich davon aus, dass der Mann (Dreieck) die Frau (Kreis) gekränkt hat und dass die Frau ihm die Kränkung verzeihen möchte. Die Frage an den Mann lautet in diesem Fall: «Können Sie zu Ihrer Frau sagen: ‹Ich verstehe deine Kränkung, und es tut mir leid, dass ich dir mit meinem Verhalten wehgetan habe›?» Das Ziel ist nicht, dass der Mann die Version der Frau als Wahrheit anerkennen muss – die subjektive Wahrnehmung darf unterschiedlich bleiben! Die Frage ist vielmehr, ob sich der Mann trotzdem für das Gefühl, das sein Verhalten bei seiner Partnerin ausgelöst hat, entschuldigen kann.

Die Frage an die Frau lautet: «Was brauchen Sie von Ihrem Mann, damit Sie echt verzeihen können?» Häufig kommt hier die Gegenfrage: «Woran merke ich, dass ich echt verziehen habe?» Gute Frage! Das ist wirklich nicht einfach erkennbar. Vielleicht hilft Ihnen folgende Faustregel: Tiefe Kränkungen tun echt weh. Es kann sein, dass Ihnen diese Kränkungen Ihr ganzes Leben lang in ähnlichen Situationen immer wieder in den Sinn kommen. Das darf so sein – das ausschlaggebende Kriterium kann nicht sein, dass Sie nie mehr an diese Kränkung denken. Der Massstab könnte vielmehr sein: Wenn Ihnen die Kränkung in ähnlichen Situationen in den Sinn kommt und es Ihnen dann gelingt, sie dem Partner nicht mehr vorzuwerfen, und wenn Sie es auch nicht auf irgendeinem Konto vermerken, dass Sie den Vorwurf nicht gemacht haben – dann haben Sie verziehen.

Zugegeben, das kann zu Beginn eine ziemliche Herausforderung sein. Vielleicht waren Sie ja jahrelang davon überzeugt, dass dies der Grund ist, weshalb Ihre Paarkrise entstanden ist. Aber Hand aufs Herz: Vorher haben wir festgestellt, dass auch Ihr Rucksack dazu beigetragen haben könnte, dass Sie sich bei diesem Ereignis so gekränkt fühlten. Und wenn Sie wissen, dass Sie Vergangenes sowieso nicht ändern können, und sich für die Zukunft eine schöne Beziehung wünschen, wäre es mindestens den Versuch wert, die unveränderbare Vergangenheit über Bord zu werfen und der Zukunft eine echte Chance zu geben.

Weil es so wichtig ist, wiederhole ich es noch einmal: Sie wollen einen Neuanfang für beide. Beide müssen die Verantwortung für ihren Teil übernehmen. Gemäss obigem Beispiel ist der Mann verantwortlich dafür, mit Sorgfalt zu zeigen, dass er seine Partnerin nicht absichtlich verletzen wollte. Und sie ist verantwortlich dafür, zu verzeihen und einen Neuanfang zuzulassen. Beide übernehmen Verantwortung dafür, ihre Rucksäcke anzuschauen und zu überlegen, wo allfällige wunde Punkte eine reife Liebe bisher verhindert haben.

HINWEIS *Eine starke Verletzung durch Ihren Partner darf Ihnen bei ähnlichen Ereignissen in den Sinn kommen. Wenn es Ihnen dann gelingt, sie dem Partner weder äusserlich noch innerlich vorzuhalten, dann haben Sie verziehen.*

Aus der Beratungspraxis
VERZEIHEN
Hildegard (47) und Jonas (52) waren genau an diesem Punkt. Es brauchte einige Sitzungen in der Paarberatung, damit sie die alten

Muster loslassen konnten. Sie waren jedoch sehr sorgfältig und bemühten sich ehrlich, keine neuen Verletzungen entstehen zu lassen, und die Situation entspannte sich langsam. Das Vertrauen in die Partnerschaft durfte von Sitzung zu Sitzung wachsen, und die beiden fanden heraus, dass ihr eigentliches Problem die unterschiedlichen Bedürfnisse nach Nähe bzw. Distanz war. Jonas hatte ein grosses Bedürfnis nach körperlicher Nähe. Sexualität im weiteren Sinne, also auch zusammen im Bett zu liegen und sich zu umarmen, nährte ihn. Hildegard brauchte mehr Distanz und lebte permanent im Gefühl, dass sie ihm nicht genügen konnte, ihn enttäuschte. Sie hatte Jonas gern und wollte ihn nicht ablehnen. Auf diese Weise entstand ganz leise eine ungesunde Dynamik. Kleine Konflikte stellten die Distanz her, die Hildegard brauchte. Sie kritisierte eine Kleinigkeit – und automatisch wurde sie körperlich nicht bedrängt. Sie überlegte sich nicht etwa eine Strategie, aber weil es wirkte, wurde es zu einem stillen Beziehungsmuster.

Jonas und Hildegard trennten sich nicht. Sie schafften den Ausstieg aus der Konfliktspirale. Im sorgfältigen Paarprozess wurden beide weicher und konnten gegenseitig die Bedürfnisse des andern wieder hören. Sie öffneten sich gegenseitig die Herzen. In dieser Entspanntheit gelang es ihnen, einander zu verzeihen.

Anders war es bei Sascha und Jolanda. Hier störte eine Verletzung aus einer früheren Beziehung.

Aus der Beratungspraxis
ALTE VERLETZUNGEN STEHEN IM WEG
Es war Sascha (54), der für eine Paarberatung anfragte. In der ersten Sitzung war die Sichtweise von Jolanda (55), dass Sascha keine Ahnung von Gefühlen habe, dass er weder seine eigenen Gefühle spüren und ausdrücken noch ihre Gefühle erkennen könne. Er bestätigte diese Sichtweise und bezeichnete sich als «Gefühlstrottel». In den weiteren Sitzungen erkannte Sascha immer besser, dass er sehr wohl fühlte, aber verlernt hatte, diese Gefühle als wertvoll und richtig zu betrachten. Und vor allem wurde ihm klar, dass er sich in unserer Gesellschaft in keiner Weise ermutigt fühlte, seine Empfindungen auszudrücken. Er machte sich in diesem gemeinsamen Prozess auf den Weg und lernte, seine Gefühle besser einzubringen.

Bei Jolanda zeigte sich im Lauf der Beratung ein anderes Bild. Sie konnte nicht verzeihen, und es war für sie nicht möglich, Saschas Gefühle als gleichwertig und wertvoll anzuerkennen. Sie blieb bei ihrer Aussage: «Wenn du mich lieben würdest, dann würdest du spüren, was ich brauche.» Ich brachte ein, dass kein Mensch ganz genau erkennen könne, was der Partner brauche; jeder sei selber dafür verantwortlich, seine Wünsche anzumelden. Der Prozess nahm an diesem Punkt eine Wende: Jolanda erkannte, dass sie eine tiefe Verletzung aus einer früheren Beziehung hatte und dadurch keinem Mann die Chance für eine echte Begegnung auf Gefühlsebene zu geben vermochte.

Zum Glück waren beide bereit, sich mit diesem neuen Thema zu befassen. Jolanda kümmerte sich um ihre Verletzung mit ihrem früheren Partner, und Sascha wartete geduldig, bis sie sich auf ihn als Mann einlassen konnte.

Schauen Sie sich nochmals die Darstellung auf Seite 123 an. Erinnern Sie sich, dass in einer guten Beziehung beide Partner ihre Sichtweise offen darlegen sollen – Kreis und Dreieck? Wenn nun die Kreisperson sagt: «Es kränkt mich, wenn du den Kegel als Dreieck siehst», dann mag dies zutreffen, aber die Dreiecksperson darf gleichwohl weiterhin ein Dreieck sehen. Um keinen Konflikt entstehen zu lassen, könnte sie aber beispielsweise sagen:

- Es tut mir leid, wenn es dich kränkt, dass ich es anders sehe. Ich schaue gerne mit dir an, wie ich dich möglichst wenig kränke. Meine Sichtweise möchte ich aber beibehalten dürfen.
- Es tut mir leid, wenn ich dich durch meine Überzeugung verletze. Ich möchte dir nicht wehtun. Wie können wir das lösen, dass ich zu meiner Ansicht stehen darf und du dich dadurch nicht verletzt fühlst?
- Ich würde immer noch so handeln, aber es tut mir leid, dass ich dich mit meiner Art, meinen Worten, meinem Vorgehen usw. verletzt habe. Wie können wir es hinkriegen, dass ich so sein darf, wie ich bin, ohne dich zu verletzen?

HINWEIS *Verlangen Sie nicht voneinander, dass der andere sagen muss: «Ja, du hast recht.» Suchen Sie eher nach Formulierungen wie: «Es tut mir leid, dass ich dich mit meiner Ansicht verletzt habe, ich wollte dir nicht wehtun.»*

Wenn grundlegende Unterschiede in der Lebenshaltung kränken

Jeder Mensch hat das Recht, zu seiner Wahrnehmung zu stehen und diese in der Kommunikation auch zu vertreten. Werden Sie nicht stumm, wenn es schwierig wird! Doch was ist, wenn Sie mit Ihrer Haltung Ihre Partnerin verletzen? Was heisst «echtes Verzeihen» in solchen Situationen?

Schauen wir noch einmal zurück zum Anfang der Beziehung. Nach der Zeit der Verliebtheit stellen beide fest, dass sie nicht in allen Punkten gleich denken. Sie sind jedoch noch von den schönen Gefühlen der Verliebtheit verwöhnt und wollen sich deshalb nicht verletzen. Die Harmonie ist ihnen wichtiger. Aus diesem Grund entwickeln sich ungünstige Kommunikationsmuster – und davon gibt es einige. Die einen versuchen, die Wünsche der Partnerin weiterhin zu erraten, und melden die eigenen Wünsche nicht klar genug an. («Das ist ja nicht so wichtig, dann verzichte ich halt.») Andere haben Angst vor der wütenden Reaktion des Partners. Wieder andere denken, die Partnerin halte sie für ein «Weichei» oder für dumm. Oder sie befürchten, dass der Partner sie verlässt, wenn sie ihre Ansicht verteidigen. Egal, welche Version bei Ihnen zutrifft: Immer wenn Sie nicht ehrlich Ihre Ansicht vertreten, entstehen unheilsame Kommunikationsformen, die irgendwann zu Konflikten führen.

Machen Sie es jetzt anders! Wenn Sie von Ihrer Lebenshaltung überzeugt sind und diese nicht leben können, dann leiden Sie. Das ist keine gute Voraussetzung für eine schöne Partnerschaft. Seien Sie also ehrlich zueinander, und riskieren Sie eine – vielleicht heftige – Auseinandersetzung. Und ja, wenn Sie beide die Unterschiedlichkeit nicht als Wachstumschance anschauen können – dann ist es möglicherweise besser, wenn Sie sich trennen.

> **HINWEIS** *Teilen Sie einander ehrlich Ihre Lebenshaltung mit, und lassen Sie sich auf Auseinandersetzungen ein. Selbstverständlich ohne Kränkungen und Abwertungen.*

Rituale können helfen, Verletzungen hinter sich zu lassen

Wenn einer oder beide Partner sich sehr bemühen und sie trotzdem immer wieder über alte Verletzungen stolpern und es nicht gelingt, wieder Nähe herzustellen, dann helfen manchmal Rituale. Rituale könnte man mit Medikamenten bei einer starken Depression vergleichen. Solche Medikamente vermögen in der Regel, das extreme Tief abzuschwächen. Dadurch wird Platz geschaffen für positive Gedanken.

Wenn es Ihnen gelingt zu sagen: «Wir verstehen nicht, was bei dieser Verletzung passiert ist. Wir verstehen auch beide das Verhalten des andern nicht richtig. Wir hören zwar, dass beide ihr Verhalten bereuen, können aber trotzdem nicht richtig verzeihen. Wir glauben beide an den guten Willen des andern und möchten diesem Hindernis (der Verletzung) die Kraft nehmen.» In einer solchen Situation können Sie gemeinsam überlegen, ob Sie Ihre Verletzungen einem kraftvollen Ritual übergeben können, zum Beispiel:

- Beide schreiben ihre Verletzung in einen Brief, und Sie verbrennen die Briefe gemeinsam.
- Sie schreien die Verletzung gleichzeitig ein letztes Mal in einen menschenleeren Wald hinaus.
- Beide setzen sich Rücken an Rücken auf einen Stuhl und gestatten sich gegenseitig, die Verletzungen noch ein letztes Mal auszusprechen – ohne die Erwartung, dass der andere reagieren soll.
- Beide beginnen ein Tagebuch und definieren einen fernen Zeitpunkt (mehrere Jahre), an dem sie es einander schenken – sofern beide dannzumal einverstanden sind.
- Sie schreiben beide alle Ihre Kränkungen auf einen Zettel. Treffen Sie sich zu einem Glas Wein und legen Sie diese Zettel (ohne Vorlesen!) in einen Briefumschlag, den Sie gemeinsam zukleben (und versiegeln). Versprechen Sie einander, dass Sie ihn nur gemeinsam öffnen, und nur wenn beide einverstanden sind. Dann legen Sie diesen Umschlag feierlich an einen besonderen Ort.
- …

Geschenke, wenn das Verzeihen für eine Seite nicht möglich ist

Wenn eine Person überzeugt ist, dass sie das Vergangene verziehen hat, der Partner aber die Verletzung nicht hinter sich lassen kann, dann kann ein Geschenk eine Variante sein. Wichtig ist auch hier, dass die Kränkung aus der Vergangenheit mit diesem Geschenk endgültig begraben wird.

Überlegen Sie sich das Geschenk in Ruhe. Es ist hier nicht ausschliesslich von Materiellem die Rede, sondern das Geschenk sollte etwas sein, was Ihnen das Gefühl einer Wiedergutmachung gibt: zum Beispiel eine Woche Ferien, ein klärendes Gespräch mit den Eltern, das Übernehmen konkreter Arbeiten im gemeinsamen Haushalt usw. Damit es die beabsichtigte Wirkung hat, überlegen Sie sich Folgendes:

- Beschenkter: Versuchen Sie zu spüren, ob Sie den Vorwurf und die Schuldzuweisung wirklich loslassen können, wenn Sie dieses Geschenk erhalten.
- Schenkende: Überlegen Sie sich sorgfältig, ob Sie dieses Geschenk vorbehaltlos geben können oder ob Sie im Hinterkopf nicht doch eine Gegenleistung erwarten.

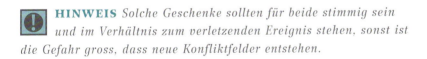

HINWEIS *Solche Geschenke sollten für beide stimmig sein und im Verhältnis zum verletzenden Ereignis stehen, sonst ist die Gefahr gross, dass neue Konfliktfelder entstehen.*

Zum Schluss noch ein Wort der Warnung: Vielleicht können Sie sich nicht eingestehen, dass Sie die Beziehung beenden wollen, und halten den Partner (unbewusst) hin mit der Aussicht darauf, dass Sie die Verletzungen irgendwann verzeihen können. Prüfen Sie für sich, ob dies bei Ihnen der Fall sein könnte, denn es ist auf die Dauer sehr verletzend für den Partner, wenn Verzeihen letztlich dann doch nicht möglich ist.

Von der Verliebtheit zur reifen Liebe

6

Das Gefühl der Verliebtheit ist etwas vom Schönsten im Leben. Doch für ein langjähriges Paar ist der Wunsch, zu diesem Gefühl zurückzukehren, eher hinderlich. Dieses Kapitel soll Lust machen, sich stattdessen auf den Weg zu einer reifen Liebe zu begeben. Denn die reife Liebe kann ebenso glücklich machen wie die Verliebtheit.

Verliebtsein ist ein wunderbares Geschenk – mit Verfalldatum

Der Zustand der Verliebtheit ist ein Geschenk der Natur. Der Nutzen für die Natur besteht darin, dass wir uns in diesem Überschwang der Gefühle fortpflanzen. Im Hinterkopf wissen wir aber, dass dieser Zustand nicht ewig anhalten wird. Dieses Kapitel dreht sich ums Thema der Verliebtheit als positive Projektion und darum, was das bedeutet. Doch weniger schön ist Verliebtsein deswegen nicht!

Hier beginnt das wichtigste Kapitel in diesem Buch. Alle bisherigen Erläuterungen waren sozusagen eine Vorbereitung auf dieses Thema. Sie haben geduldig auf dieses Ziel hingearbeitet. Jetzt können Sie ernten!

Ich hoffe, Sie kennen das Gefühl der Verliebtheit. Es ist wunderschön, lässt uns auf Wolken schweben, alle Probleme sind plötzlich nur noch halb so schlimm oder gar ganz verschwunden, wir spüren enorm viel Energie und, und, und.

HINWEIS *Im Zustand der Verliebtheit brauchen wir uns nicht um einen sorgfältigen Umgang mit dem Partner zu bemühen. Der andere macht von selbst alles richtig, Sie himmeln ihn an, der blosse Anblick macht Sie schon glücklich – Fehler werden ganz schnell verziehen, wenn sie überhaupt gesehen werden. Behalten Sie dieses Bild in Ihrer Erinnerung und geniessen Sie es – auch wenn ich Sie jetzt einlade, ein wenig hinter die Kulissen zu schauen.*

Aus der Beratungspraxis
DIE KÜRZESTE VERLIEBTHEITSGESCHICHTE
Roman (39) schildert seine kürzeste Verliebtheitsgeschichte: «Es war im Zug von Zürich nach Basel. Wir redeten kein Wort, schauten einander nur immer wieder wohlwollend an. In Sissach stieg sie aus,

mit einem vielsagenden ‹Tschou›. Ich weiss nicht, ob etwas daraus geworden wäre, wenn ich mit ihr ausgestiegen wäre oder wenn wir uns zufällig in der nächsten Zeit getroffen hätten. Ich weiss einfach, dass ihr Anblick, ihr ganzes Wesen mich mitten ins Herz getroffen hatte. Tagelang träumte ich von diesen Blicken und fühlte mich richtig glücklich dabei.»

Verliebtheit ist eine Projektion

Wie kommt es zu dieser Projektion? Wir fühlen uns alleine, wir halten dieses Gefühl nicht gut aus, wir möchten etwas dagegen tun, wir öffnen unser Herz und unsere Augen und schauen in die Welt hinaus. Da begegnen wir einem Augenpaar, hinter dem auch ein geöffnetes Herz steht – und wenn die äusseren Faktoren auch einigermassen stimmen, schwups verlieben wir uns (siehe auch Kapitel 3, Seite 91).

> **HINWEIS** *Habe ich Ihnen mit der Einladung, Verliebtheit als Projektion zu sehen, die Romantik gestohlen? Das wäre schade. Geniessen Sie die Erinnerung auch weiterhin! Aber stehen Sie dazu – es ist ein Geschenk! Es ist Ihnen zugefallen. Schön, dass Sie offen waren und es annehmen konnten.*

Vielleicht gelingt es Ihnen gleichwohl, mit etwas Distanz auch die Projektion zu erkennen: Der andere Mensch soll Ihnen etwas geben, was Sie gerade vermissen, er soll Sie glücklich machen. Im Grunde genommen ist es ein wunderbarer Trick der Natur. Man stelle sich nur vor, man würde schon bei der ersten Begegnung sämtliche Macken voneinander kennen – da gäbe es wohl

«‹Ich liebe dich› heisst normalerweise ‹Ich brauche dich›.»
<small>Robert Betz (* 1953), deutscher Coach und Buchautor</small>

viel weniger langjährige Beziehungen. Und dieses Grundvertrauen, mit dem uns die Verliebtheit ausstattet, ist wichtig als Basis für eine gemeinsame Familiengründung oder den Wunsch nach einer langjährigen Beziehung.

Schwierig wird es dann, wenn Sie davon ausgehen, dass dieser Zustand ein Leben lang anhält. Das wird er nämlich nicht. Wenn Sie an eine lebenslange Verliebtheit glauben, werden Sie früher oder später enttäuscht sein. Sie denken dann möglicherweise, dass Sie die Beziehung wieder beenden sollten. Sie sehnen sich zurück nach dem anfänglichen Glücksgefühl und wollen dieses mit einem anderen Menschen neu herstellen. Aber auch in dieser neuen Beziehung wird die Verliebtheit ein Ende haben.

HINWEIS *Wer glaubt, dass er nur im verliebten Zustand glücklich sein kann, der wird diesem Glück hinterherrennen und häufig die Partner wechseln müssen. Doch damit verkennt man die Realität, denn das Gefühl der Verliebtheit ist endlich.*

Der Zustand des Verliebtseins hat immer ein Ende

Manchmal endet das wundervolle Gefühl der Verliebtheit nach Monaten, manchmal auch erst nach Jahren. Spätestens dann rutschen Sie in die Realität des Alltags. Weil dies normal ist und allen Menschen so geht, brauchen Sie sich keine Sorgen zu machen. Schauen Sie sich zur Erklärung die Abbildung unten an.

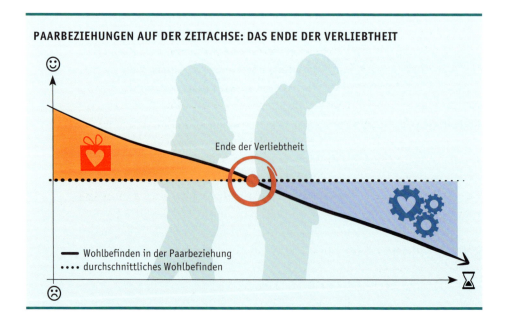

Zur Erinnerung: Der untere waagrechte Pfeil entspricht der Zeitachse. Der senkrechte Pfeil links bildet das persönliche Wohlbefinden ab – je höher, desto glücklicher sind wir. Die mittlere waagrechte Linie zeigt das durchschnittliche Wohlbefinden. Die Diagonale von oben links nach unten rechts entspricht dem Verlauf jeder Paarbeziehung. Die Zeit der Verliebtheit entspricht dem orangen Bereich.

Wenn Sie nun in den blauen Bereich hinunterrutschen, bekommt der Zustand des Verliebtseins Risse. Sie schenken einander nicht mehr automatisch Verständnis und verzeihen einander nicht mehr selbstverständlich. Vielleicht geraten Sie in einen Konflikt. Vielleicht werden Sie einander nach und nach gleichgültig, und Sie leben sich auseinander. Da gibt es viele Formen, die eines gemeinsam haben: Der blosse Anblick des andern reicht nicht mehr aus, um Sie einfach so glücklich zu machen. Sie nerven einander. Sie sehen jetzt die Schwächen des andern. Das Zusammenleben ist harziger. Egal, welche Form Ihre Beziehung im blauen Bereich annimmt: Das Glück wird Ihnen nicht mehr so einfach geschenkt.

Nicht zu schnell aufgeben

Wenn Sie zu denjenigen Menschen gehören, die die Paarbeziehung an diesem Punkt nicht einfach beenden wollen, dann gratuliere ich Ihnen. Oft lohnt es sich, hier in die Beziehung zu investieren und nicht zu schnell aufzugeben.

Aus der Zeit der Verliebtheit ist meistens eine Nähe und eine Verbundenheit entstanden. Beide haben einander die Herzen geöffnet, haben einander kennen und schätzen gelernt. Wenn die gleichen Menschen sich jetzt auf die Nerven gehen, dann hat dies meistens einen Grund, den zu erforschen sich lohnt. Oft sind hier Wachstumschancen verborgen. Weil die Partnerin Sie so gut kennt, sagt sie vielleicht etwas, was Sie sehr ungern hören. Dann machen Sie Ihr Herz wieder zu. Verständlich – aber schade. Genau hier und mit diesem Menschen, mit dem Sie viel Vertrauen aufgebaut haben, könnte es gelingen, eine positive Persönlichkeitsentwicklung anzugehen.

Aus der Beratungspraxis
LEBENSENERGIE DURCH VERLIEBTHEIT

Luca (54) und Bernadette (53) möchten sich trennen. Er hat sich in eine andere Frau verliebt. Nach 20 Ehejahren erträgt er das tägliche

«Genörgel» von Bernadette nicht mehr. Sie meint, er solle doch den Job wechseln, wenn er seine Arbeit langweilig finde. Aber Luca hat keine Idee, was er sonst machen könnte, und findet es bequemer, den Job zu behalten und dafür keine Geldsorgen zu haben. Als er sich neu verliebt, erwachen alle Lebensgeister in ihm wieder. Er spürt Lebensenergie, und auf einmal kann er auch über neue Berufsideen nachdenken.

Im ersten Moment ist es verständlich, dass Luca denkt, es sei das «Genörgel» von Bernadette gewesen, das ihn gelähmt habe, und dass jetzt, mit dieser neu erwachten Lebensenergie, alles anders werde. Aber wenn es Luca hier nicht gelingt, die erwachte Lust nach neuen Berufsideen zu seinem eigenen Wunsch zu machen, wird er auch in der neuen Beziehung bald wieder eine nörgelnde Frau an der Seite haben. Die Verliebtheit hat ihn geweckt. Doch weil er in einer Projektion steckt, wird irgendwann klar werden, dass auch diese neue Frau keine Veränderung für Luca übernimmt. Wenn er sich dessen nicht bewusst wird, wird die neue Beziehung möglicherweise an einem ähnlichen Punkt stolpern.

Ich möchte hier nicht als Spielverderber vom Feld gehen. Deshalb möchte ich nochmals klar sagen: Verliebt zu sein ist ein wunderbarer und energiespendender Zustand. Wenn die langjährige Beziehung in ruhigere Gewässer geraten ist oder sogar in einer Krise steckt, dann ist es wirklich schwierig, einer solchen Versuchung zu widerstehen. Vielleicht ist es auch gar nicht nötig, das Kind mit dem Bade auszuschütten. Vielleicht gelingt es ja, die neue Verliebtheit als Projektion wohlwollend zu schätzen, sich aber auf das Öffnen des eigenen Herzens zu konzentrieren. Dann könnte man die eigene Entwicklungsenergie fliessen lassen, ohne die langjährige Beziehung über Bord werfen zu müssen.

> **HINWEIS** *Die Suche nach der Verliebtheit in der Aussenbeziehung kann eine Täuschung sein – sie überdeckt möglicherweise mit der Projektion den Druck einer anstehenden Persönlichkeitsentwicklung.*

Sich von Neuem in den langjährigen Partner zu verlieben ist nicht möglich

Verliebtheit macht blind und lässt Schmetterlinge fliegen. Weil sie auf Projektion beruht, können Sie alle möglichen Gedanken über die Liebe Ihres Herzens spinnen und alle möglichen Träume träumen. Ihre langjährige Partnerin kennen Sie viel zu gut; eine Täuschung in diesem Ausmass funktioniert hier nicht mehr. Deshalb lässt sich auch das Gefühl der Verliebtheit in einer langjährigen Partnerschaft nicht wieder wecken. Wenn Sie nach einer Paarkrise den Wunsch hegen, sich neu in Ihren Partner zu verlieben, dann stehen Sie damit einer Entwicklung der Partnerschaft im Weg. Und genau deshalb ist es wichtig, dass Sie sich endgültig von der Vorstellung verabschieden, Sie könnten nur in verliebtem Zustand echt glücklich sein.

Aber es gibt einen neuen Weg. Und wenn er gelingt, kann er Sie mindestens so glücklich machen – eher noch glücklicher. Mehr dazu im nächsten Kapitel.

Die reife Liebe ist eine prima Alternative

Verliebtheit ist ein Geschenk der Natur – die reife Liebe muss erarbeitet werden. Wenn sich zwei Menschen voll und ganz auf diesen Prozess einlassen, dann kann die reife Liebe eine wunderbare Alternative zur Verliebtheit sein. Wie das gelingen könnte, lesen Sie in diesem Kapitel.

Verliebtheit und Liebe sind zwei verschiedene Dinge. Verliebtheit fällt uns zu, Liebe müssen wir uns verdienen. Die erarbeitete Liebe bringt uns jedoch weiter, sie führt uns näher an unser eigenes Herz heran, sie macht uns nachhaltig glücklicher. In der Projektion der Verliebtheit soll die Partnerin uns glücklich machen. In der erarbeiteten Liebe spüren beide ihre eigenen Herzen besser, können sich darüber austauschen und gegenseitig zuhören. Und das Schönste an dieser Form der Liebe: Sie ist nicht vergänglich wie die Verliebtheit, sondern hat das Potenzial, immer weiter zu wachsen. Zwei Menschen, die diesen Weg gehen, regen sich nicht mehr über die Andersartigkeit des andern auf. Sie lernen, sich gegenseitig zu respektieren und zu wertschätzen. Im idealen Fall erkennen sie, dass Unterschiedlichkeit das Zusammensein belebt und ihnen viele Diskussionsthemen schenkt.

Es passiert nicht von selbst

Die reife Liebe wird uns nicht geschenkt. Manchen Menschen fällt es leichter, an dieses Ziel zu gelangen, anderen schwerer. Sehr oft führt der Weg über Enttäuschung, Kränkung und vielleicht auch über einen langjährigen Konflikt. Auch kann nicht jede Verliebtheit zu einer schönen und reifen Liebe werden. Es lohnt sich, im ersten Teil des blauen Bereiches (siehe die Abbildung auf der gegenüberliegenden Seite) nicht vorschnell aufzugeben. Vielleicht sind Sie genau mit dem Menschen zusammen, der Ihnen zu Ihrem Glück verhelfen kann. Manchmal sind Krisen eben wirklich Chancen.

Zugegeben, der Weg zur reifen Liebe ist nicht einfach und braucht viel Kraft. Sie haben vielleicht Ihr Herz fest geöffnet, und die Partnerin hat Ihnen bei geöffnetem Herzen viele Verletzungen zugefügt. Mindestens haben Sie es so empfunden. Vielleicht war es auch die Dynamik des gegenseitigen Konflikts, der zu diesen Kränkungen geführt hat. Wenn Sie aus der Verhärtung des Konflikts aussteigen und wieder etwas weicher werden können, dann können Sie vielleicht mit genau diesem Menschen Ihr Glück finden. Vielleicht gelingt es Ihnen mit diesem Menschen, statt Ihr Herz zu verschliessen, es wieder zu öffnen, zu verzeihen und dann mit diesem Menschen zusammen zu wachsen. Das würde Sie möglicherweise sehr glücklich machen. Und wenn sich der andere Mensch auch auf diesen Prozess einlässt, dann stehen die Chancen gut für eine reife Liebe!

Sehen Sie sich die erweiterte Abbildung gegenüber an. Sie erinnern sich: Dies ist der Verlauf jeder Beziehung. Verliebtheit wird uns geschenkt, doch dort, wo das blaue Dreieck beginnt, nimmt diese geschenkte Phase ein Ende. Wenn Ihr persönliches Wohlbefinden also wieder über die waagrechte Linie kommen soll, dann muss dies erarbeitet werden.

6 ■■■ VON DER VERLIEBTHEIT ZUR REIFEN LIEBE

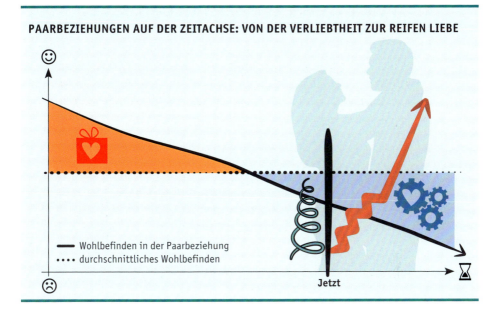

Klar: Das hören die meisten Menschen nicht gern. Aber seien Sie ehrlich mit sich selber: Wenn Sie eine Sprache lernen wollen, wenn Sie ein Diplom erlangen wollen, wenn Sie eine neue Firma aufbauen wollen – dann ist Ihnen doch auch bewusst, dass Sie investieren und einen Einsatz leisten müssen. Und das Gleiche gilt eben für die langjährige Beziehung. Sie müssen in die Partnerschaft investieren, damit sie zu Ihrem Lebensglück beiträgt.

Das gegenseitige Vertrauen wieder aufbauen

Wenn es am Ende der Verliebtheitsphase zu «kriseln» beginnt und es zu Auseinandersetzungen kommt, dann wird in der Konfliktzeit viel Vertrauen zerstört. Um es wieder aufzubauen, braucht es viel Geduld. Geben Sie sich deshalb gegenseitig Zeit, und seien Sie grosszügig mit sich selber und mit Ihrem Partner.
Betrachten Sie die Abbildung oben. Sie haben sich entschieden, gemeinsam an Ihrer Beziehung zu arbeiten, um wieder ein besseres Wohlbefinden zu erreichen. Dazu ist es hilfreich, wenn Sie sich auf der Zeitachse einen

dicken Balken vorstellen, der das «Jetzt» symbolisiert. Links des Balkens – in der Vergangenheit – sehen Sie die Konfliktspirale. Um den Weg in die Zukunft frei zu machen, gehen Sie bewusst vor diesen Balken und lassen Sie die Konfliktgeschichte hinter sich. Der rote Pfeil rechts vor dem Balken zeigt den Weg in die Zukunft. Wie Sie sehen, führt er nicht geradlinig in die glücklichere Zone. Es wird Rückschläge geben, die zum Weg aus einer Krise einfach dazugehören.

Am Anfang braucht es viel Geduld
Menschen, die in einen langen Konflikt geraten sind und sich viele Verletzungen zugefügt haben, sind meist nicht sofort fähig, über ihren Emotionen zu stehen und die Zeit der Konflikte hinter sich zu lassen. Wenn ähnliche Situationen eintreffen wie die, die zu Auseinandersetzungen geführt haben, kann es manchmal sehr schwierig sein, auf den Weg des roten Pfeils zu gehen oder darauf zu bleiben. Die Partner fallen zurück in die gegenseitigen Kränkungsmuster und können es fast nicht glauben, dass bessere Zeiten kommen. In der Beratung frage ich dann oft: «Wie lange, denken Sie, leben Sie schon in einem Konfliktmuster?» Als Faustregel kann man sagen, dass man mindestens einen Zehntel dieser Zeit benötigt, um sich wieder aus diesem Muster herauszuarbeiten. Auf diesem Weg braucht es am Anfang also viel, sehr viel Geduld. Je länger der Konflikt schon andauerte, desto schwieriger ist es.

Bildlich gesprochen können Sie sich das folgendermassen vorstellen: Wenn es zwei Schritte vor und einen zurück geht, ist dies ein gutes Resultat am Anfang des roten Pfeils. Bei diesem Schritt zurück nicht aufzugeben braucht Kraft und viel Geduld – mit der Partnerin und mit sich selber! Es ist auch möglich, dass es zu Beginn des Prozesses nur einen Schritt vor und einen zurück geht. Dies empfindet man wie ein Treten an Ort oder ein Drehen im Kreis. Bei sehr starken Verletzungen kann es sogar sein, dass man es aushalten muss, wenn es einen Schritt vor und zwei Schritte zurück geht. Hier braucht es möglicherweise die wohlwollende Unterstützung einer Begleitperson, die an die Kraft Ihrer Liebe glaubt. Manchmal zeigt sich in dieser Situation des Zurückfallens, dass etwas noch nicht ehrlich ausgesprochen oder noch nicht verziehen wurde. Dann gilt es herauszufinden, was das sein könnte.

«Ich werfe mein Herz über das Hindernis, der Rest folgt von selbst.»
Spruch eines Springreiters

Wenn es einem von Ihnen oder beiden gelingt, nicht blind in die alten Eskalationsmuster zurückzufallen, dann sind Sie auf einem guten Weg. Versuchen Sie in solchen Momenten andere, neue Reaktionsmuster einzubauen, zum Beispiel:

- «Ups, jetzt bin ich wieder reingefallen. Ich beginne nochmals vor fünf Minuten, vergiss die letzten fünf Minuten.»
- Oder, wenn es die Situation zulässt, nehmen Sie einander in den Arm und sagen Sie liebevoll: «Jetzt habe ich gerade das Gefühl, dass sich nichts verändert hat ... Komm, wir machen schnell eine Pause und überlegen uns, wie wir es anders sagen könnten.»
- Oder einfach: «Wir haben doch gesehen, dass uns das nicht weiterbringt, lass es uns anders probieren.»

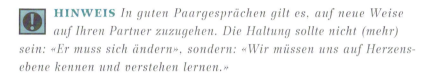

HINWEIS *In guten Paargesprächen gilt es, auf neue Weise auf Ihren Partner zuzugehen. Die Haltung sollte nicht (mehr) sein: «Er muss sich ändern», sondern: «Wir müssen uns auf Herzensebene kennen und verstehen lernen.»*

Und nochmals: der Zugang zu Ihren Gefühlen

Ich mache hier nochmals eine Verbindung zum Thema der Gefühle (siehe Seite 104). Je besser es beiden Partnern gelingt, ihr Herz zu spüren; je besser es beiden gelingt, ihre Gefühle und Bedürfnisse ehrlich auszusprechen; je besser es beiden gelingt, einander zuzuhören und einander zu verstehen – desto eher können Sie auf einen guten gemeinsamen Weg gehen. Die eigenen Gefühle sind der Schlüssel, um glücklich zu werden. Wenn Sie zudem das Glück haben, mit einem Menschen unterwegs zu sein, der dies auch so sieht, dann sind die Voraussetzungen für eine reife Liebe gegeben. Selbstverständlich gilt es dann noch herauszufinden, ob die Bedürfnisse beider in dieser Partnerschaft gut erfüllbar sind. Aber glauben Sie mir: Da ist viel mehr möglich, als Sie im ersten Moment denken.

Es ist mehr möglich, als Sie denken

In der Paarberatung ermuntere ich Menschen in einem starken Konflikt gerne, sich möglichst realistisch vorzustellen, wie ihre Situation nach einer Scheidung aussehen könnte. Das Resultat sind meist Bilder von Situationen, in denen mehr Distanz herrscht, sie weniger Rücksicht nehmen müssen und wieder mehr von dem machen können, was er oder sie gerne tut. Wenn beide ihre Vorstellungen geäussert haben, frage ich: «Und was davon könnten Sie jetzt schon mal ausprobieren?» Dann kommt zuerst oft ein Staunen. In einem zweiten Schritt realisieren meistens beide, dass sie sich im Konfliktverhalten unnötig eingeengt haben. Viele ihrer Ideen wären nämlich auch jetzt, in der bestehenden Partnerschaft, bereits umsetzbar.

Wir Menschen werden in einem Konflikt eng und stur. Wir sehen nur noch das Negative und fühlen uns vom andern eingeengt. Da ist es klar, dass man die andere Person loswerden muss, um glücklich zu werden. Das müsste aber nicht sein. Wenn es Ihnen in solchen Momenten gelingt, etwas mehr Distanz zu schaffen, einander ein bisschen loszulassen, dann merken Sie vermutlich, dass nicht der andere für Ihr Glück verantwortlich ist, sondern Sie selber.

Aus der Beratungspraxis
DAS LEBEN BIETET VIELE MÖGLICHKEITEN

Antonio (64) und Francesca (59) sind verheiratet und kinderlos. Sie haben beide eine eigene Wohnung, lieben ihren Beruf und sind finanziell unabhängig. Ihre Wohnorte liegen 200 km auseinander. Sie besuchen sich jeweils für verlängerte Wochenenden und verbringen die meisten Ferien gemeinsam. Sie bezeichnen sich als glückliches Paar. Warum nicht – das Leben bietet viele Möglichkeiten!

HINWEIS *Überlegen Sie sich, ob Sie sich durch Konflikte unnötig eingeengt haben. Fragen Sie sich, wie Sie grosszügig sein und sich gegenseitig wieder mehr Freiheiten zugestehen könnten.*

So packen Sie es konkret an

Blättern Sie nun zurück zur Abbildung auf Seite 179. Versuchen Sie beide, gedanklich nochmals an den Punkt zu gehen, wo das blaue Dreieck begonnen hat – an den Punkt also, an dem destruktive Konfliktmuster einsetzten. Gehen Sie nicht einfach an den Punkt des heftigen Konflikts zurück, sondern dorthin, wo sich in der Verliebtheit Risse abzuzeichnen begannen. Dort, wo Sie anfingen, sich ein bisschen über einander aufzuregen … also ganz an den Anfang des Konflikts.

Kreieren Sie Ihre Partnerschaft nun ganz neu. Sie tragen keine Kränkungen mehr mit sich herum und gehen mit dem erlernten Wissen neu an die Gestaltung der Partnerschaft heran. Sie tun dies mit einer anderen Grundhaltung: Sie versuchen nicht, Ihren Partner zu ändern, sondern Sie versuchen, ihn zu verstehen. Sie kennen sich selber besser und verhalten sich deshalb selbstkritischer. Dadurch entwickelt sich ein neuer Umgang, der etwa so umschrieben werden könnte:

- Sie denken nicht: «Der wird sich dann schon noch ändern.»
- Sie denken nicht: «Sie wird immer so bleiben wie damals, als ich sie geheiratet habe.»
- Sie respektieren einander in Ihrer Unterschiedlichkeit und unterstützen einander gegenseitig in dem Bestreben, dass der andere glücklich wird.
- Sie übernehmen die volle Verantwortung für Ihr eigenes Glück.
- Sie denken nicht: «Dann passe ich mich halt an, sonst bekomme ich keinen Sex mehr.»
- Sie lassen keine versteckten Konten «Musste übermässig nachgeben» entstehen.
- Sie kennen Ihre Gefühle und tauschen sich darüber aus.
- Sie reden viel über äussere Störfaktoren und Ihre Beziehungsdynamik.
- Sie sind sensibler und übernehmen die Verantwortung für Ihre Gefühle, statt sie auf die Partnerin zu projizieren.
- Sie gehen immer wieder neu auf die Suche nach Ihren ehrlichen Gefühlen und Bedürfnissen und tauschen diese regelmässig mit Ihrer Partnerin aus.
- Sie gehen Meinungsverschiedenheiten nicht aus dem Weg, sondern versuchen, diese ohne Kränkungen und Abwertungen gegenseitig anzuhören und sich darüber auszutauschen.
- Sie erarbeiten sorgfältig gemeinsame Lösungen, die für beide stimmig sind.

Super! So geht es. Jetzt stehen Sie am Anfang einer wunderbaren, reifen Liebesbeziehung. Es wird nicht immer einfach sein. Aber je besser es Ihnen gelingt, einander in Ihrer Unterschiedlichkeit zu respektieren und zu lieben, desto geborgener fühlen Sie sich in dieser Beziehung. Sie kennen einander und vertrauen einander. Sie versuchen sich nicht gegenseitig zu ändern, sondern lieben sich in Ihrer Unterschiedlichkeit.

Zu romantisch? Tatsächlich – es ist vielleicht nicht ganz so einfach. Und doch geht es in diese Richtung. Menschen in einer langjährigen, reifen Liebe versuchen nicht mehr, das Gegenüber zu ändern. Sie entwickeln vielleicht Umgangsformen, damit sie sich nicht über Unterschiede nerven müssen, aber sie werten sich nicht mehr gegenseitig ab, sondern gönnen einander die Freuden, auch wenn sie sie selber nicht verstehen. Das ist möglich – und es lohnt sich, dies anzustreben.

> **HINWEIS** *Die reife Liebe blendet die Andersartigkeit des Partners nicht aus, sondern lernt sie zu respektieren. Vielleicht gelingt es Ihnen, dies als Ansporn gegen die eigene Trägheit oder als Flexibilitätstraining zu sehen. Im besten Fall gelingt es Ihnen sogar, einander dafür zu lieben.*

Aus der Beratungspraxis
MIT UNTERSCHIEDLICHEN WOHNBEDÜRFNISSEN ZURECHTKOMMEN

Ida (30) und Hanspeter (33) ziehen das erste Mal in eine gemeinsame Wohnung. Für Ida ist es wichtig, dass alles liebevoll und stilvoll eingerichtet ist. Hanspeter ist glücklich, wenn alles praktisch arrangiert ist und die Wohnung einfach gereinigt werden kann. Es war absehbar, dass die unterschiedlichen Bedürfnisse der beiden zu Konflikten führen werden. Sie kamen damit denn auch in die Paarberatung.

In den ersten Sitzungen stritten sie heftig. Beinahe hätten sie die Beratung abgebrochen, mit der Begründung, dass es ihnen jeweils nach den Sitzungen schlechter gehe als vorher. Zum Glück taten sie es nicht. Ihr Problem war nämlich nur, dass sie nie über diese Unterschiedlichkeit geredet hatten. In der Paarberatung taten sie dies zum ersten Mal. Das war bereits ein Lernprozess, denn sie mussten sich darin üben, einander zuzuhören und die unterschiedlichen Ansichten auszuhalten. Nachdem dies jedoch geklappt hatte, brauchten sie sich gegenseitig nicht mehr zu bekämpfen, sondern konnten die Andersartigkeit des Partners schätzen lernen. So konnte Ida zugeben, dass Hanspeters praktische Denkweise zu vielen guten Einrichtungsideen beigetragen hatte. Und Hanspeter konnte Ida für die schöne Wohnungsdekoration danken. Selbstverständlich waren damit noch nicht alle Schwierigkeiten bereinigt. Aber mit dieser wertschätzenden und respektvollen Grundhaltung war es danach viel einfacher, gute Abmachungen zu treffen.

Das Fitnessstudio in der Beziehung

Gehen Sie regelmässig ins Fitnessstudio? Joggen Sie, machen Sie Yoga oder Pilates? Egal was, wenn Sie regelmässig etwas für Ihren Körper tun, was Ihnen echt guttut, dann können Sie es mit der Arbeit für eine reife Liebe vergleichen.

Betrachten Sie all die Dinge, über die Sie sich vor der Paarkrise aufgeregt haben, als Trainingsprogramm. Immer wenn dieses alte Gefühl auftaucht – «Ach, schon wieder», «Genau das regt mich auf», «Wieder versteht sie mich nicht», «Wieder hinterlässt er das Badezimmer dreckig» –, versuchen Sie es als Training anzusehen. Fragen Sie sich:

- Wie könnten wir unsere Kommunikation diesmal anders gestalten, damit das Gespräch zu einem guten Ergebnis führt?
- Wie gelingt es mir, das lockerer zu nehmen?
- Wie könnte ich das betrachten, damit ich daran wachsen kann?
- Weshalb regt mich das auf? Könnte es sein, dass ich da selber Entwicklungspotenzial habe?

Oder versuchen Sie sich in den Partner hineinzudenken:
- Weshalb könnte das für meine Partnerin wichtig sein?
- Wie könnte ich meinen Partner unterstützen, dass er das, was ihm wichtig ist, gut leben kann, und ich mich dabei nicht aufrege?

HINWEIS *Das Jahresziel in diesem Fitnessstudio: Einander nicht ändern wollen, sondern einander so lieben, wie wir sind.*

Das Endziel in der reifen Liebe

Die reife Liebe ist die Liebe zwischen zwei Menschen mit einem guten Selbstvertrauen. Beide spüren ihr Herz und kennen ihre eigenen Gefühle und Bedürfnisse. Sie können diese Gefühle in der Partnerschaft aussprechen und hören, und sie können sie gegenseitig voneinander annehmen. Sie empfinden ihre Unterschiede nicht als Bedrohung, sondern als Bereicherung. Sie finden es spannend, einander immer besser und neu kennen und verstehen zu lernen. Sie freuen sich über die Glücksmomente des andern. Sie unterstützen einander immer wieder auf der Suche nach den eigenen Bedürfnissen. Sie motivieren einander gegenseitig, diesen Herzenswünschen Raum zu geben und ihnen nachzugehen.

Ich nehme noch einmal die Darstellung mit den unterschiedlichen Wahrnehmungen des Kegels zuhilfe, die Sie mittlerweile bestens kennen (siehe gegenüber). Sie können sie unterdessen bestimmt mit wohlwollenden Gedanken und einem offenen Herzen betrachten – sie illustriert ja, wie Sie sicher bemerkt haben, die grundlegende Haltung des ganzen Buches.

In der reifen Liebe sind Sie mit keiner Faser daran interessiert, den Partner von seiner Sichtweise abzubringen. Im Gegenteil, als Frau möchten Sie Ihren Partner immer besser verstehen und nachvollziehen können, warum er bei diesem Kegel den Schatten als Dreieck sieht. Sie möchten, dass er sein Herz öffnet und Ihnen alle Details seiner Sichtweise erklärt, sodass Sie ihn verstehen und lieben lernen – so, wie er ist. Sie sind sich zwar dessen bewusst, dass dies nie zu 100 % gelingen kann. Aber Sie freuen sich darüber, dass Ihre unterschiedliche Sichtweise für Ihr restliches Leben eine Bereicherung sein wird.

Umgekehrt freuen Sie sich als Mann darüber, dass Ihre Partnerin Sie mit Ihrer Sichtweise respektiert und wertschätzt. Dass sie Sie nicht abwertet und nicht verändern möchte. Sie fühlen sich tief geliebt, genau so, wie Sie sind. Sie spüren, dass Ihre Partnerin an Ihrer Sichtweise interessiert ist und sich wünscht, dass Sie Ihr Herz voll und ganz öffnen. Dass Sie alles ehrlich offenlegen. Und sie versucht stets, Sie von A bis Z zu verstehen. Sie ist bereit, ohne Abwertung Lebensformen zu suchen, in denen auch Sie mit Ihrer Sichtweise glücklich werden können.

> «Eine grosse Liebe ist ein Kunstwerk zweier Menschen.»
> Elmar Kupke (1942–2018) und Hans-Christoph Neuert (1958–2011), deutsche Aphoristiker und Lyriker

6 ■■■ VON DER VERLIEBTHEIT ZUR REIFEN LIEBE

EINANDER SO LIEBEN, WIE WIR SIND

Im Idealfall lernen Sie, einander in dieser Unterschiedlichkeit echt zu lieben. Sie regen sich also nicht darüber auf, sondern entwickeln eine Haltung, mit der Sie das andere Denken nicht als mühsam oder bedrohlich empfinden, sondern mit Neugier darauf reagieren können. Sie entwickeln Lebensformen, wo Sie einander den benötigten Freiraum lassen und sich darüber freuen können, wenn der Partner glücklich ist.

Das oberste Gebot bleibt: Versuchen Sie einander nicht zu ändern! Sie dürfen aber beide davon ausgehen, dass Sie im Laufe der Jahre Ihren Partner mit Ihrer Leidenschaft für Ihre Überzeugung leicht beeinflussen werden. Wenn Sie auf den Weg der reifen Liebe gehen, dann wird er sich nicht mehr bedroht fühlen und kann Ihre Andersartigkeit mit offenerem Herzen anschauen. Das könnte dazu führen, dass er dies und jenes von Ihnen übernehmen wird. Im Idealfall passiert dies natürlich gegenseitig ...

HINWEIS *Halten Sie diese Schilderung der reifen Liebe für zu idealistisch? Tatsächlich stellt sie ein Endziel dar. Gehen Sie nicht davon aus, dass sich der Neuanfang sofort so präsentiert. Doch wenn Sie gerne mit Ihrem Partner eine langjährige Beziehung*

möchten, haben Sie noch viele Jahre Zeit. Schauen Sie den Weg als
Ziel an und erfreuen Sie sich immer wieder am wachsenden Vertrauen,
wenn es Ihnen gelingt, mit geöffneten Herzen mehr Nähe zuzulassen
und die Nähe zu geniessen!

Aus der Beratungspraxis
EIN KLASSISCHES ERGÄNZUNGSPAAR

Lukas (42) und Doris (44) sind ein klassisches Ergänzungspaar. Er ist in einer Familie aufgewachsen, in der nur die Arbeit zählte («Du bist ein guter Mensch, wenn du arbeitest»). Lukas wurde ein guter und geschickter Handwerker. Doris ist in einer Lehrerfamilie mit viel Ferien aufgewachsen. Sie hatten viel Zeit für Musisches. In ihrer Familie wurde viel philosophiert und gemeinsam musiziert. Die beiden schätzten in der Verliebtheit die Fähigkeiten des andern: Lukas genoss die musische Seite von Doris, Doris bewunderte das handwerkliche Geschick von Lukas. Zehn Jahre später regt sich Lukas in der Paarberatung über die faule Doris auf, die lieber musiziert als bei der Arbeit anzupacken. Und Doris beklagt sich, dass Lukas immer nur arbeite und weder Zeit noch Lust habe, über Ideen für die Freizeit nachzudenken.

In der Verliebtheit hatten beide erkannt, dass ihnen etwas fehlte, und beide suchten in der Partnerschaft die Ergänzung. Statt diese Seite bei sich selber zu entwickeln, wählten sie einen Partner, der diesen Teil abdeckt. Das geht auf die Länge selten gut. Wenn Lukas die musische Seite wichtig ist, dann gilt es herauszufinden, wie er selber etwas für dieses Bedürfnis tun kann; er kann es nicht einfach an seine Partnerin übergeben. Doris kann sich ebenfalls nicht damit begnügen, ihren Lukas bei der Arbeit zu bewundern. Auch sie findet idealerweise für sich selbst heraus, wie sie diesen Teil besser leben möchte.

«*Der Weg ist das Ziel.*»
Konfuzius (551–479 v. Chr.), chinesischer Philosoph

Wir alle haben Seiten, die wir ungenügend ausleben oder verdrängen. Sehr oft werden sie in der Partnerschaft auf unangenehme Art und Weise sichtbar. Statt einander zu bekämpfen und in einen Konflikt zu geraten, wäre es besser, wenn Sie einander wohlwollend darauf hinweisen könnten und wenn Sie solche Hinweise als unterstützend annehmen könnten. Dann sind Sie gemeinsam auf einem guten Weg. Das ist der Weg zur reifen Liebe.

Lohnt sich so viel Aufwand für die reife Liebe?
Diese Frage können nur Sie selbst beantworten. Zur Unterstützung finden Sie hier einige Gedanken:
- Sie haben mit diesem Menschen viele schöne Momente erlebt und Vertrauen aufgebaut.
- Sie kennen diesen Menschen sehr gut.
- Dieser Mensch hat Ihnen aufgezeigt, wo persönliches Entwicklungspotenzial wäre – der nahe Kontakt motiviert Sie, dieses Entwicklungspotenzial weiter zu verfolgen.
- Vielleicht haben Sie gemeinsame Kinder – dann ist die Beziehungspflege für alle Beteiligten wesentlich einfacher, wenn Sie sich nicht trennen.
- …

Instrumente auf dem Weg zur reifen Liebe

Sie haben sich entschieden, den Weg zur reifen Liebe anzupacken. Sie sind bereit, Zeit und Energie in Ihre Beziehung zu investieren. In diesem Kapitel geht es darum, wie Sie die Partnerschaft lebendig erhalten können und wie Sie sich immer wieder neuen Situationen stellen. Das A und O dafür ist eine gute Gesprächsführung.

Wenn es Ihnen gelungen ist, alte Verhaltensmuster zu erkennen und sich als Paar so weiterzuentwickeln, dass Sie sich auf dem Weg in eine glückliche, reife Liebe befinden, dann dürfen Sie stolz sein. Gleichzeitig gilt es zu verhindern, dass der normale Alltag Sie wieder einholt – zusammen mit unguten alten Gewohnheiten.

Verhindern, dass die Vergangenheit Sie einholt

Nehmen Sie das Ruder in die Hand und probieren Sie Neues aus. Hier einige Anregungen:

- Tragen Sie in regelmässigen Abständen Paartermine in die Agenda ein, an denen Sie sich gegenseitig überraschen und verwöhnen.
- Erlauben Sie sich, einander liebevoll zu unterbrechen, wenn einer von beiden in alte Muster zurückfällt.
- Planen Sie Eigenzeiten für beide ein, in denen jeder etwas für sich alleine oder mit Freunden unternehmen kann.
- Definieren Sie gemeinsame «Feinde und Schwierigkeiten», gegen die Sie mal so richtig loswettern können.
- Überraschen Sie sich gegenseitig einmal im Monat mit einem kleinen Geschenk.
- Gründen Sie ein Paarteam, bestehend aus Ihnen beiden, das den alltäglichen Belastungen den Kampf ansagt. Dann entwerfen Sie gemeinsam einen Massnahmenkatalog.
- Betrachten Sie Ihren Partner spielerisch eine Woche lang mit den Augen einer Verliebten.
- Bieten Sie sich gegenseitig einmal im Monat eine halbe Stunde lang als «Abfalleimer» an. Der andere darf sich dann nach Herzenslust alles Leid von der Seele reden (aber natürlich nicht über seinen «Abfalleimer» schimpfen). Und Sie hören einfach nur zu, Sie geben keinerlei Kommentar ab.
- Legen Sie jeder für sich ein Thema fest, das der andere nicht mehr kritisieren darf.
- Riskieren Sie auch einmal, «Liebe machen» in die Agenda einzutragen.

Das Hauptinstrument auf dem Weg zur reifen Liebe, ohne das auch Ihre ehrlichsten Anstrengungen mit grosser Wahrscheinlichkeit nicht fruchten werden: das gute Paargespräch. Davon war in diesem Buch bereits die Rede. Die folgenden Kapitel gehen nun detaillierter darauf ein.

Die hohe Schule der Paarkommunikation

Die meisten Menschen meiden heikle Streitgespräche. Daher wird häufig zu wenig über die unterschiedlichen Wahrnehmungen und Bedürfnisse geredet und gestritten (mehr dazu Seite 21). Doch am ehrlichen und regelmässigen Austausch über persönliche Wünsche führt kein Weg vorbei.

Aus der Beratungspraxis
HEIKLE STREITGESPRÄCHE

Kevin (40) kam zu mir in die Männerberatung. Sarah (42) wollte sich von ihm trennen und mit den Kindern ausziehen. Er habe ja sowieso keine Zeit für die Familie. Kevin verstand die Welt nicht mehr. Eigentlich hätte er gerne vor Jahren schon auf 80% reduziert. Sein Chef wäre einverstanden gewesen. Seine Frau war damals dagegen, weil er mit seinen 20% viel mehr verdiente als sie mit dem gleichen Teilzeitpensum. Er fügte sich, weil er der Auseinandersetzung ausweichen wollte. Dadurch rutschten sie aus Bequemlichkeit in die klassische Rollenteilung. Ein sorgfältiges und ehrliches Streitgespräch hätte sie vor der Krise heute bewahren können.

Ein gutes Paargespräch kann nur stattfinden, wenn beide ihre Bedürfnisse kennen und einander mitteilen. Und wenn beide am Ende das Gefühl haben, gehört und verstanden zu sein, ist ein Thema gut besprochen.

Vergleichen Sie die folgende Abbildung mit derjenigen in Kapitel 1 (Seite 26). Sehen Sie den Unterschied? Um es kurz zu wiederholen: Die Messkriterien der Partner für den eigenen Beitrag zur Beziehung brauchen

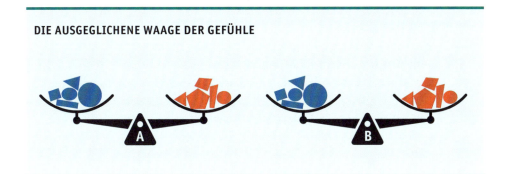

DIE AUSGEGLICHENE WAAGE DER GEFÜHLE

nicht gleich zu sein. Beide müssen jedoch die Messkriterien des andern verstehen, und beide müssen sich mit ihren eigenen Messkriterien verstanden fühlen. Erst wenn beide die Messkriterien voneinander verstehen und die Waage so als ausgeglichen empfinden, ist ihre Beziehung gut unterwegs.

Bei Gefühlsthemen geht es darum, dass Sie sich gehört und verstanden fühlen. Solche Gespräche schaffen Nähe und nähren die Partnerschaft. Jeder Mensch möchte im Innersten so geliebt werden, wie er ist. Wenn Sie es schaffen, einander gegenseitig dieses Gefühl zu geben, dann stärkt dies den Selbstwert bei beiden Partnern. Und wenn es Ihnen gelingt, einander in der Partnerschaft gegenseitig damit zu beschenken, dann ist es eine gute Basis für eine reife Liebe!

Aus der Beratungspraxis
DIE GEFÜHLE DES ANDERN VERSTEHEN

Ralf (46) meldete sich für eine Paarberatung an, weil zwischen ihm und Barbara (44) im Bett nichts mehr lief. Er wollte dieses Thema mit Barbara zusammen anschauen. In der ersten Sitzung beschrieb Barbara die Situation so: «Ralf meidet jegliches Gespräch mit mir, und deshalb kann ich mich körperlich nicht mehr öffnen.» Ralfs Beschreibung könnte so zusammengefasst werden: «Sie verweigert mir die Sexualität, dann habe ich auch keine Lust, über Gefühle zu reden.» Die gelebte Konfliktspirale also: Wenn du dich so verhältst, dann reagiere ich so – und umgekehrt.

Barbara und Ralf haben sich darauf eingelassen, bei mir in der Praxis das Zwiegespräch über diese Frage zu üben. In diesem sorgfältigen Austausch konnte er verstehen, dass für Barbara die Sexualität viel schöner ist, wenn sich das Herz zuerst in einem guten Gespräch öffnet. Und Barbara konnte verstehen, dass es für Ralf viel einfacher ist, sein Herz zu öffnen, wenn vorher gute Sexualität möglich war. Im Konflikt verweigerten es beide, sich zu öffnen. Durch den Austausch über ihre Gefühle erkannten sie, dass sie einander unnötig verletzten. Beiden wurde klar, dass sie eigentlich eine liebevolle Beziehung sowohl in der Sexualität wie im Gespräch wollten. Nur die Reihenfolge stellte ein Problem dar: zuerst Sex oder zuerst Reden? Barbara und Ralf bemühten sich von da an, abzuwechseln. So fühlten sich beide gehört und geliebt. Wenn die Beziehung sich positiv weiterentwickelt, wird die

Reihenfolge im Laufe der Jahre auch keine Rolle mehr spielen, denn es wird beides «fliessen», der Austausch auf Herzensebene und die körperliche Begegnung.

 HINWEIS *Gute Paargespräche bezwecken, dass wir gegenseitig die Bedürfnisse des andern besser verstehen können. Es geht in erster Linie um das Zuhören und um das Verstehen der Gefühle des andern.*

Wann ist ein Thema gut ausdiskutiert?

Wenn ein Thema, bei dem eine Entscheidung getroffen werden muss, sorgfältig hin und her ausgetauscht wird, dann ist der letzte Schritt besonders wichtig: Ein Thema ist erst dann wirklich ausdiskutiert, wenn beide am Schluss sagen können: «Wir haben fair und auf Augenhöhe diskutiert, wir konnten beide unsere Ansichten einbringen, wir haben einander verstanden und gehört, und die Lösung empfinden wir beide als guten Konsens.» Wenn beide Partner dies so bestätigen, dann übernehmen auch beide die Verantwortung für den Konsens und für den guten Prozess. Keiner darf später dem anderen vorwerfen, die Lösung sei ein fauler Kompromiss gewesen.

> «Wir haben zwei Ohren und nur einen Mund, weshalb wir mehr hören und weniger sprechen sollten.»
>
> *Salvatore Quasimodo (1901–1968), italienischer Lyriker und Kritiker*

Im Idealfall können Sie am Schluss sagen: «Ich konnte meine Gefühle ehrlich ausdrücken. Ich fühle mich gehört und mit meinen Gefühlen verstanden. Ich habe eine Wertschätzung gespürt. Ich fühle mich geliebt – so, wie ich bin.»

 HINWEIS *Unterscheiden Sie den faulen Kompromiss vom Konsens. Der Konsens ist das Resultat aus einem fairen und sorgfältigen Paargespräch. Bei einem faulen Kompromiss hingegen haben Sie gegen Ihren Willen nachgegeben und bereuen es später möglicherweise.*

Meinungsverschiedenheiten: Das Zwiegespräch als verständnisförderndes Modell

Kennen Sie die Fernsehsendung «Arena»? Dort werden in einem Schlagabtausch die vorgefertigten Argumente ausgetauscht. Diese Art der Diskussion mag sinnvoll sein zur Publikumsunterhaltung, taugt aber nicht für ein gutes Paargespräch. Leider laufen auch Streit- und Konfliktgespräche in der Paarbeziehung oft nach diesem Muster ab. Beide Seiten haben ein riesiges Munitionslager an Argumenten für ihre Sichtweise angelegt. Im Konflikt schmettern beide einander ihre Argumente hemmungslos an den Kopf. Für jedes Argument der Gegenseite haben sie ein passendes Gegenargument, mit dem sie sofort das Gegenteil «beweisen» wollen.

Fühlen Sie sich in solchen Situationen verstanden? Fühlen Sie sich mit Ihrem Anliegen gehört? Fühlen Sie sich geliebt? Wohl kaum. Sie ziehen sich zurück und überlegen, wie Sie das Munitionslager weiter auffüllen könnten, damit Sie beim nächsten Aufeinandertreffen mit noch besseren Waffen gewinnen können.

Das ist die gelebte Konfliktspirale! Sie hat nichts mit Wertschätzung zu tun, sondern sie schafft Distanz. Und sie hat Sie in Ihre Paarkrise geführt. Das Zwiegespräch bietet Ihnen eine wertvolle Alternative dazu. Es lohnt sich, diese Methode von Grund auf zu verstehen und umzusetzen. Sie eignet sich für fast alle Gesprächsthemen: Sei es, dass Sie über Ihre Ge-

---

ECKPUNKTE EINES GUTEN ZWIEGESPRÄCHS

Gehen Sie die Punkte durch und prüfen Sie, inwiefern Sie sie in bisherigen Konfliktgesprächen bereits berücksichtigt haben:

1. Beide erzählen von ihren Bedürfnissen, Wünschen und Gefühlen – keine Vorwürfe und Abwertungen usw.
2. Beide übernehmen die Verantwortung dafür, dass sie ehrlich kommunizieren.
3. Beide hören einander aufmerksam zu und versuchen, die Gefühle und Bedürfnisse des andern zu verstehen.
4. Beide bestätigen sich gegenseitig, dass sie sich mit ihrer Ansicht verstanden fühlen.
5. Beide bestätigen am Schluss, dass das Gespräch auf Augenhöhe stattgefunden hat und dass sie den Konsens als fair empfinden. ■

fühle reden möchten oder dass Sie Meinungsverschiedenheiten haben und diese klären wollen.

Aus der Beratungspraxis
GELINGENDES ZWIEGESPRÄCH

Irene (60) und Armin (65) sind seit 30 Jahren verheiratet. Armin ist frisch pensioniert, und die drei Kinder haben das Haus verlassen. Die beiden kommen in die Beratung, weil sie sich gegenseitig unheimlich nerven. Kaum eine Handlung des einen wird vom andern nicht negativ kommentiert.

In der ersten Phase geht es vor allem darum, dass beide anerkennen können, dass sie unter dem Wegzug der Kinder leiden und dass durch die Pensionierung von Armin ein neuer Lebensabschnitt beginnt. Ihr grosses gemeinsames Projekt – die Kinder – ist abgeschlossen und nimmt nun kaum mehr Zeit in Anspruch. Die beiden hatten die klassische Rollenteilung gelebt. Jetzt, wo sie mehr Zeit gemeinsam zu Hause verbringen, realisieren sie, dass sie im Haushalt ganz unterschiedliche Prioritäten setzen. Ihm ist wichtig, dass alles praktisch eingerichtet ist und effizient erledigt werden kann. Ihr ist wichtig, dass alles schön aussieht.

Im sorgfältigen Zwiegespräch lernen die beiden zu verstehen, dass dieses gegenseitige Abwerten ihre Liebe vergiftet hat. Sie versuchen, den Haushalt und andere gemeinsame Bereiche so aufzuteilen, dass sowohl seine Leidenschaft für Effizienz als auch ihre Leidenschaft für Schönheit Platz findet. Das hat nicht nur ihre Ehe gerettet, sondern die Wertschätzung der Unterschiedlichkeit schenkte Irene und Armin eine neue, reife Liebe. Und so kann Irene heute sagen: «Ich weiss, dass für Armin das Praktische und die Effizienz sehr wichtig sind. Und ich liebe ihn, wenn ich ihn in seiner Werkstatt sehe, wie er mit Leidenschaft alles praktisch einrichtet.» Und Armin kann sich echt an ihrer schönen Wohnzimmereinrichtung freuen, weil er ihre Freude beim Anzünden der vielen Kerzen wieder wahrnimmt.

Die allgemeine Vorlage für ein Zwiegespräch

Die Grundlagen für die anschliessend geschilderten Varianten basieren auf dem Zwiegespräch nach Moeller («Die Wahrheit beginnt zu zweit», siehe Anhang).

> **HINWEIS** *Das entscheidende Instrument im Zwiegespräch ist die Verlangsamung des Austauschs. Es wird immer wieder der Zwischenschritt «Hast du mich verstanden?» eingebaut. Erst wenn Sie sich gehört und verstanden fühlen, öffnen Sie Ihr Herz für eine gute Auseinandersetzung. Und erst dann sind Sie bereit, auch die andere Sichtweise anzuhören.*

Vielleicht entspricht die folgende allgemeine Vorlage nicht genau Ihren persönlichen Vorstellungen. Dann legen Sie die Anleitung nicht gleich weg, sondern ändern Sie sie nach Ihren Wünschen ab, sodass sie für Sie hilfreich ist. Probieren Sie aus und suchen Sie immer wieder diejenige Form, die Ihnen am besten entspricht. Es lohnt sich, das Vorgehen auf Ihre Bedürfnisse anzupassen und das Zwiegespräch regelmässig anzuwenden. Wenn es Ihnen gelingt, haben Sie ein zuverlässiges Instrument, das Sie in schwierigen Situationen einsetzen können!

1. Die Darstellung mit dem Kegel (siehe Seite 123) bildet auch hier die Grundlage.
2. Die Regeln des Zwiegesprächs bezwecken eine Verlangsamung. Statt in einem Schlagabtausch die gegenseitigen Argumente auszutauschen, hört man sich abwechslungsweise die Sichtweise des andern an und versucht diese zu verstehen und nachzuvollziehen.
3. Vereinbaren Sie einen Haupt- und einen Ersatztermin von 30 Minuten, damit das Gespräch auch sicher stattfindet. Wenn die Lösung für Ihre Meinungsverschiedenheit in dieser Zeit nicht erarbeitet werden kann, vereinbaren Sie gleich den nächsten Termin.
4. Vereinbaren Sie, wer beginnen darf. Die ersten 5 Minuten gehören voll und ganz dieser Person. Der zuhörende Partner darf hier nur Verständnisfragen stellen – aber besser ist zuhören und schweigen. In den zweiten 5 Minuten wechseln Sie die Rollen. Wiederholen Sie die wechselseitige Redezeit höchstens dreimal.
5. Schaffen Sie eine angenehme Atmosphäre (bei einem Glas Wein, bei einem Spaziergang, am Tisch, auf dem Sofa …).
6. Führen Sie eine Liste über Ihre Zwiegespräche, und übernehmen Sie abwechslungsweise die Verantwortung für den Rahmen und den Beginn des Gespräches.

7. Das Thema kann eine anstehende Entscheidung sein, eine Konfliktsituation oder auch einfach ein Thema, wo Sie unterschiedlicher Ansicht sind.
8. Bleiben Sie pro Erzählrunde möglichst bei einem Thema.
9. Erzählen Sie nur von sich, sprechen Sie darüber, wie Sie sich fühlen. Verwenden Sie Ich-Botschaften, und verzichten Sie auf Vorwürfe.
10. Schweigen und schweigen lassen, wenn es sich ergibt – Zwiegespräche sind kein Offenbarungszwang.
11. Beginnen Sie pünktlich und hören Sie pünktlich auf; Zwiegespräche nicht verkürzen oder verlängern.
12. Versuchen Sie, den Partner bei seiner Schilderung von A bis Z zu verstehen, und sagen Sie ihm, dass Sie mit ihm mitfühlen.

Und hier einige Ideen für Verständnisfragen und Reaktionen des zuhörenden Partners:
1. Wie meinst du das genau?
2. Hast du das so gemeint? (Und dann mit eigenen Worten das Verstandene wiederholen.)
3. Aha, du hast dich so gefühlt – ja, so betrachtet würde es mich auch kränken.
4. Oder zeigen Sie ohne Worte, zum Beispiel mit einem Nicken, dass Sie die Schilderung Ihrer Partnerin verstanden haben.

«Wer fragt, ist ein Narr für fünf Minuten. Wer nicht fragt, ein Leben lang.»
Chinesisches Sprichwort

Das Zwiegespräch bei heiklen Konfliktthemen

Die Methode des Zwiegespräches eignet sich auch bei heiklen Konfliktthemen; es braucht dann allerdings einen Schutz vor Eskalationen, indem Sie vorgängig abmachen, wie Sie einander unterbrechen dürfen bzw. können, bevor es zum Eklat kommt. Solche «Stoppregeln» können beispielsweise sein:
1. Beide dürfen das Gespräch unterbrechen, wenn sie es als destruktiv empfinden.
2. Die unterbrechende Person macht einen Vorschlag, wann das Gespräch weitergeführt wird (z. B. innerhalb von 48 Stunden).
3. An diesem «Ersatztermin» beginnt die Person, die das Gespräch unterbrochen hat. Sie tut dies mit einer Ich-Botschaft und nicht mit einem Vorwurf.

Möglicherweise fürchten Sie sich vor einem solchen Zwiegespräch. Dann kann es helfen, wenn Sie sich gezielt darauf vorbereiten. Nachfolgend einige Ideen für unterschiedliche Problemfelder – überlegen Sie sich, welches auf Ihre Situation zutrifft, und bereiten Sie sich entsprechend vor.

Vorbereitungsgedanken, wenn man sich nicht gehört fühlt:
- Ich bin überzeugt von meiner Ansicht, aber selbstverständlich darfst du anders denken.
- Ich höre, dass du anders denkst, trotzdem tut es mir gut, wenn du dir meine Ansicht unwidersprochen anhörst.
- Es tut mir gut, wenn du mir sagst, dass du mich gernhast, auch wenn ich anders denke.

Vorbereitungsgedanken, wenn man sich schnell unter Druck fühlt und Gefahr läuft, überredet zu werden:
- Er hat mich trotzdem gern, auch wenn er anderer Meinung ist.
- Ich darf bei meiner Meinung bleiben, auch wenn sie anders denkt.
- Ich glaube dir, dass du mich trotzdem gernhast, auch wenn du anders denkst.

Vorbereitungsgedanken für beide:
- Wenn Sie von sich und Ihren Gefühlen reden, ist es für Ihr Gegenüber einfacher, dies anzunehmen, als wenn Sie Vorwürfe machen.
- Wenn es Ihnen gelingt, Ihrem Partner, Ihrer Partnerin echt zuzuhören, ihn/sie wirklich zu verstehen versuchen, dann bekommt das Gegenüber die Wertschätzung, die er oder sie so dringend braucht.

Je länger wir im Gefühl leben, nicht verstanden zu werden, desto schwieriger ist es für uns, in einem Zwiegespräch die zuhörende Rolle geduldig anzubieten. Die Gedanken «Jetzt bin ich dran», «Jetzt will ich zuerst einmal verstanden werden», «Jetzt musst du erst mal mir zuhören und mich verstehen» sind immer ganz weit vorne. Aber Achtung! Beide haben vielleicht dieses Gefühl von Ungleichgewicht, beide finden möglicherweise, sie hätten in der Beziehung mehr gegeben als bekommen. Gefühle sind subjektiv. Und Gefühle sind stärker als Gegenargumente. Sie kommen nur aus diesem Schlamassel heraus, wenn Sie einander im Sinne des Zwiegesprächs auf der Gefühlsebene zu verstehen versuchen.

Bei heiklen Konfliktthemen gelten die gleichen Regeln wie auf den Seiten 194 bis 197 – mit folgenden Ausnahmen:
- Setzen Sie sich im Zwiegespräch einander gegenüber – bei sehr starken Konflikten voneinander abgewendet.
- Die Redezeit beträgt genau 5 Minuten – stellen Sie einen Timer. Auch hier gilt: Wiederholen Sie die wechselseitige Redezeit höchstens dreimal.
- Es ist hilfreich, sich auf konkret erlebte Szenen zu beziehen und sich anhand deren zu erklären. Und vor allem bei nur einem Thema zu bleiben!
- Beide haben das Recht, bei Kränkungen «Stopp!» zu sagen – dann gelten die Stoppregeln von Seite 197.

Aus der Beratungspraxis: Das begleitete Zwiegespräch

Bei sehr starken Konflikten kann es sein, dass Ihnen ein solches Gespräch zu zweit nicht gelingt. Dann zögern Sie nicht und suchen Sie jemanden, der Sie dabei unterstützt. In der Paarberatung lasse ich in solchen Situationen das Paar abgewendet voneinander sitzen. Die beiden schauen einander also nicht an. Dies ist ein zusätzlicher Schutz vor Eskalationen, denn schon eine kleine Gesichtsregung des Gegenübers kann einen in die alten Verhaltensmuster zurückwerfen.

Ich setze mich dazwischen und übernehme die Rolle des Übersetzers. Wenn die Menschen sehr aufgebracht sind, bitte ich beide, sich vorgängig auf eine Übung einzulassen. Ich leite die Übung folgendermassen ein: «Schliessen Sie bitte die Augen und stellen Sie sich die Partnerin/den Partner liegend und entspannt vor.» Dann lese ich ganz ruhig folgende Sätze je dreimal vor:
1. Genau wie ich strebt diese Person nach Glück in ihrem Leben.
2. Genau wie ich versucht dieser Mensch, in seinem Leben Leid zu vermeiden.
3. Genau wie ich hat dieser Mensch schon Trauer, Einsamkeit und Verzweiflung erfahren.
4. Genau wie ich versucht dieser Mensch, seine eigenen Bedürfnisse zu erfüllen.
5. Genau wie ich lernt dieser Mensch über Erfahrungen im Leben.
6. Genau wie ich möchte dieser Mensch geliebt werden.

Anschliessend lasse ich Person A ihre Sichtweise schildern; Person B darf nur zuhören. Danach übersetze ich, was ich als Aussenperson gehört habe, in meine Worte, und frage Person B, ob sie es auch so verstanden hat. Anschliessend muss Person A sich äussern, ob sie sich verstanden fühlt. Erst dann folgt das Ganze umgekehrt.

Mit diesem Vorgehen wird der Austausch noch stärker verlangsamt. Wenn sich ein Paar darauf einlässt, lernt es sehr gründlich, worauf es bei Zwiegesprächen ankommt.

Ausbauvarianten für regelmässige Zwiegespräche
Falls Ihnen das Zwiegespräch entspricht, hier zwei Ideen für einen Ausbau:
1. Führen Sie den Begriff «Anpassungsleistungen» ein. Jeder Mensch hat eigene Vorstellungen, wie stark man sich in einer Beziehung anpassen sollte (siehe Abbildung Seite 191). Tauschen Sie sich darüber aus. Äussern Sie sich am Schluss des Gesprächs, ob Sie trotz Konsens das Gefühl haben, Sie hätten sich mehr angepasst. Es handelt sich um ein subjektives Empfinden! Versuchen Sie, die Anpassungsleistungen beider Partner einigermassen im Gleichgewicht zu halten. Sie können dies auch über mehrere Themen hinweg betrachten.
2. Machen Sie am Ende des Jahres eine Abschlusssitzung mit dem Thema: «Ist unsere Beziehung ungefähr ausgeglichen?» Bringen Sie zur Sprache, was nicht ausgesprochen wurde oder noch geklärt werden müsste. Wenn diese Fragen erledigt sind, versprechen Sie einander, dass Sie nach dem Neujahr keine alten Benachteiligungen mehr hervorholen. So starten Sie ohne Altlasten ins neue Jahr.

Das regelmässige Paar-Update

Es muss nicht immer ein Konflikt anstehen oder etwas ausdiskutiert werden. Sich auszutauschen ist auch in «Friedenszeiten» wertvoll. Bringen Sie einander regelmässig auf den aktuellen Stand, was Ihr Innenleben anbelangt. Denn dann rücken Ihre Herzen näher zusammen, und das tut der reifen Liebe gut.

Bei den folgenden zehn Grundregeln werden Sie erkennen, dass viel Ähnlichkeit mit dem Zwiegespräch besteht, denn es geht auch hier um ehrliche Botschaften, ums Zuhören und ums Verstehen.

Es kann hilfreich sein, wenn Sie den Einstieg mit unten stehenden Ideen starten. Bleiben Sie dran, auch wenn es manchmal etwas Überwindung braucht!

> **BUCHTIPP**
> Caroline Fux, Joseph Bendel:
> **Das Paar-Date.** Miteinander über alles reden. Beobachter-Edition, Zürich 2018.
> www.beobachter.ch/buchshop

 HINWEIS *Wenn Sie merken, dass eine abgeänderte Form für Sie einfacher wäre, dann kreieren Sie Ihre eigene Version – Hauptsache, Sie tauschen sich regelmässig aus.*

1. Das Update findet regelmässig statt, im Idealfall wöchentlich. Termin und Ersatztermin in die Agenda eintragen.
2. Drei Teile (je 10 Minuten):
   - 1: Person A erzählt – Person B hört zu und stellt nur Verständnisfragen.
   - 2: Person B erzählt – Person A hört zu und stellt nur Verständnisfragen.
   - 3: Abschliessende Selbstaussagen – keine Diskussion, keine Problemlösung.
3. Für den Sprecher gilt: Ich erzähle dir von mir – Blick auf das Innenleben.
4. Für den Zuhörer gilt: Keine Rückmeldungen – nur versuchen zu verstehen.
5. Die Zeiteinheiten werden genau eingehalten – mit Timer!
6. Die Zeiteinheiten werden nicht verkürzt – Schweigen ist erlaubt.
7. Das Paar-Update ist eine ungestörte Paarzeit – keine Kinder, kein Handy, nicht während des Essens usw.
8. Suchen Sie einen ruhigen Ort – im Wald, in der Wohnung (z.B. am Tisch, aber nie im Schlafzimmer).
9. Übernehmen Sie abwechslungsweise die Verantwortung für die Durchführung.
10. Beenden Sie pünktlich und strukturiert (z.B. mit dem Agendaeintrag für das nächste Paar-Update).

Fällt es Ihnen schwer, einfach so von sich zu erzählen? Vielleicht helfen Ihnen folgende Beispiele, herauszufinden, worauf es ankommt. Sie stammen aus dem Buch «Das Paar-Date» (siehe Buchtipp oben). Nehmen Sie sich ruhig die Freiheit, die Fragen so anzupassen, dass Sie Lust auf den Austausch bekommen. Wichtig ist, dass Sie häufig und ehrlich darüber berichten, was in Ihnen vorgeht. Viel Spass!

- Was hat mich diese Woche glücklich gemacht?
- Was hat mich geärgert, verletzt oder traurig gemacht?
- Was hat mich viel Energie gekostet?
- Wie konnte ich Kraft tanken?
- Wann habe ich mich dir nahe gefühlt?
- Womit habe ich mich alleine gelassen gefühlt?
- Was konnte ich diese Woche mit niemandem teilen?
- Was hat mich stolz gemacht?
- Was macht mir Sorgen, wenn ich nach vorne blicke?
- Worauf freue ich mich?

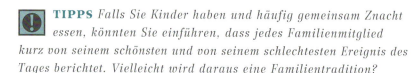

TIPPS *Falls Sie Kinder haben und häufig gemeinsam Znacht essen, könnten Sie einführen, dass jedes Familienmitglied kurz von seinem schönsten und von seinem schlechtesten Ereignis des Tages berichtet. Vielleicht wird daraus eine Familientradition?*

Bestimmt haben Sie bei der Lektüre dieses Kapitels gemerkt, dass viele Probleme erst entstehen, weil Sie sich zu wenig und zu spät darüber austauschen. Auch wenn Sie vielleicht im ersten Moment vom regelmässigen Update überzeugt sind, kann es sein, dass es im Alltagsleben wieder zu versanden droht. Für diese Situation haben Frédéric Hirschi und Werner Troxler zwei wunderbare Kartensammlungen erstellt, «Beziehungskiste» und «Schatzkiste der Liebe». Sie enthalten viele gute Fragen, die Sie anregen sollen, von Ihrer Beziehung und Ihrer Liebe zu erzählen und einander zu befragen (siehe Anhang).

Reden Sie viel und häufig miteinander. Üben Sie den regelmässigen Austausch ein, sodass er zur Routine wird. Nur die Form natürlich, nicht der Inhalt! Und vor allem: Warten Sie nicht auf die Probleme, sondern reden Sie vorher, sodass die Probleme gar nicht erst entstehen.

*Die Perle kann ohne Reibung nicht glänzen,
der Mensch nicht ohne Anstrengung vollkommen werden.»*

Konfuzius (551–479 v.Chr.), chinesischer Philosoph

Trennung – trotz allem

7

Nach einer sorgfältigen Konfliktanalyse kommen manche Menschen zum Schluss, dass die Trennung der richtige Weg ist. In diesem Kapitel geht es um Coaching als Möglichkeit für denjenigen Partner, der in Wut und Trauer zurückbleibt. Und um Mediation für eine gute Elternschaft nach der Trennung.

Jeder Mensch hat das Recht, glücklich zu sein

Wer sich die Frage nach dem eigenen Glück im Leben stellt und merkt, dass er davon weit entfernt ist, der überlegt sich vermutlich, welche Veränderungen notwendig sein könnten. Kommt er zum Schluss, dass Glück trotz sorgfältiger Bemühungen in der gegenwärtigen Beziehung nicht mehr möglich ist, dann rückt eine Trennung ins Blickfeld.

Dieses Kapitel steht bewusst am Ende des Buches. Sie haben Ihren Paarkonflikt und sich selber anhand dieses Ratgebers sorgfältig reflektiert und sind zum Schluss gekommen, dass Sie glücklicher werden, wenn Sie sich trennen. Dann ist es richtig, wenn Sie es tun.

Es wäre schön und für die Zukunft von Ihnen beiden hilfreich, wenn Sie nicht in Wut auseinandergehen. Sie waren vermutlich einmal verliebt in

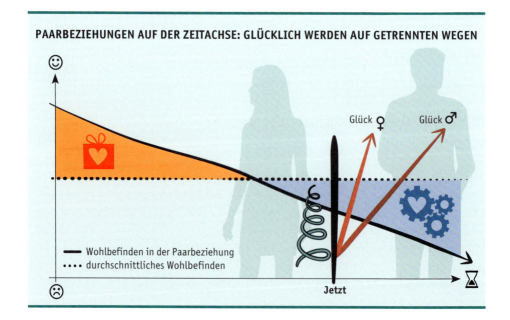

diesen Menschen. Sie hatten hoffentlich auch viele schöne gemeinsame Momente. Es wäre schade, diese nicht entsprechend zu würdigen. Tun Sie das gemeinsam. Danken Sie einander für die schöne Zeit. Sagen Sie einander, dass Sie traurig sind und dass es schade ist, dass diese Zeit jetzt zu Ende ist. Wünschen Sie einander, dass beide den Zugang zu ihrem Herzen wieder besser finden und dadurch glücklicher werden.

Ich nehme hier nochmals die Abbildung zuhilfe, die Sie mittlerweile gut kennen (siehe gegenüber). Auch wenn Sie sich trennen, gilt es, sich darüber im Klaren zu sein, dass Sie in Bezug auf Ihr «persönliches Wohlbefinden» tief hinuntergerutscht sind. Wenn Sie beide gemäss den beiden roten Pfeile möglichst schnell wieder glücklicher sein möchten, können Sie sich auf diesem Weg positiv unterstützen.

ÜBUNG: TRENNUNGSRITUAL

Vielleicht hilft es Ihnen, gemeinsam ein Trennungsritual durchzuführen. Hier eine Idee als Anregung:
- *Schreiben Sie beide auf ein Blatt Papier, was gut war.*
- *Machen Sie gemeinsam ein Feuer.*
- *Lesen Sie sich die Sätze abwechslungsweise vor und verbrennen Sie die Zettel («Wir nähren dieses Feuer des Loslassens gemeinsam»).*
- *Verabschieden Sie sich voneinander.*
- *Beide gehen alleine an einen neuen Ort und entfachen dort ein Feuer.*
- *Jeder schreibt für sich dort auf ein Blatt Papier, was er unternimmt, um loslassen zu können und eine glückliche Zukunft zu haben.*

Für diejenige Person, die die Beziehung beenden möchte

Wenn Sie nach sorgfältiger Analyse zum Schluss kommen, dass Sie die Beziehung beenden möchten, dann seien Sie ehrlich zu Ihrem Partner. Machen Sie ihm nichts vor, sondern beenden Sie die Beziehung mit einem oder mehreren Gesprächen.

Versuchen Sie dabei, nicht seine vielen Schwächen als Begründung in den Vordergrund zu stellen, sondern erzählen Sie ihm, dass Ihnen das Zusammenleben nicht mehr gelingt und dass Sie versuchen wollen, auf einem neuen Weg glücklicher zu werden.

Würdigen Sie wenn möglich die schönen Zeiten der Beziehung. Fragen Sie Ihren Partner, was er braucht, damit er Sie wohlwollend und ohne Wut loslassen kann.

Wenn Sie Eltern sind, schauen Sie gemeinsam, wie Sie die Elternschaft zum Wohl der Kinder möglichst gut organisieren können.

HINWEIS *Bieten Sie Ihre Unterstützung zum wohlwollenden Beenden der Beziehung an. Machen Sie Ihrem Partner jedoch keine falschen Hoffnungen, und bleiben Sie klar bei Ihrem Wunsch zur Trennung.*

Für diejenige Person, die gegen ihren Willen verlassen wird

Verlassen werden tut weh! Spielen Sie nicht den starken Kerl oder die Heldin. Gestehen Sie sich ein, dass Sie traurig sind, dass Sie das, was jetzt passiert, eigentlich nicht wollen.

Versuchen Sie nicht, Ihre Partnerin mit Druck zurückzuhalten. Selbst wenn sie diesem Druck nachgeben würde, würden Sie beide nicht glücklich. Versuchen Sie Ihrem Partner das Scheitern der Beziehung nicht vorzuwerfen. Denn dann bleiben Sie als Opfer zurück, und das Loslassen gelingt aus dieser Position heraus schlecht. Auch können Sie aus der Opferrolle keine Lebensenergie schöpfen für einen Neuanfang. Diese Lebenshaltung lähmt Sie (siehe Seite 134).

HINWEIS *Versuchen Sie nicht, mit Druck die Beziehung zu retten. Beziehungen sind freiwillig. Jeder Mensch hat das Recht, selber zu entscheiden, auf welchem Weg er glücklich werden möchte.*

Wenn beide das Gefühl haben, verlassen worden zu sein

Vielleicht haben Sie sich beide gegenseitig viele Kränkungen zugefügt. Da kann es durchaus sein, dass beide das Gefühl haben, vom andern verlassen worden zu sein. Beide wollten möglicherweise der Beziehung nochmals eine Chance geben, jedoch nicht zum gleichen Zeitpunkt. Dadurch haben sich beide zu einem unterschiedlichen Zeitpunkt um die Beziehung bemüht – und beide wurden zu einem unterschiedlichen Zeitpunkt wieder sehr verletzt. In einer solchen Situation kann es durchaus sein, dass sich ein Paar trennt und beide im Gefühl leben, verlassen worden zu sein.

Aus der Beratungspraxis
VERLASSEN WERDEN

Christian (50) und Monika (48) waren ein solches Paar. Christian hatte während einer Paarkrise eine geheime Affäre. Er erklärte, dass diese Affäre nur ein sexuelles Erlebnis sei. Monika sei für ihn die Nummer eins, und daran werde sich auch nichts ändern. Während der Paarberatung beendete Christian diese Affäre. Im weiteren Prozess verliebte sich jedoch Monika in einen anderen Mann. Sie begründete es später Christian gegenüber so: «Eigentlich hat mich deine Affäre viel mehr gekränkt, als ich zugeben konnte. Ich habe innerlich damals die Beziehung aufgegeben.»

Die neue Verliebtheit von Monika führte schliesslich zur Trennung. Im letzten Gespräch der Paarberatung sagten beide, dass sie vom Partner verlassen wurden.

Monika und Christian haben eigentlich beide recht: Sie wurden beide emotional vom Partner verlassen. Als sie während seiner Affäre in eine Paarberatung gehen wollte, fand er es unnötig. Er holte sich in der geheimen Affäre Energie und war deshalb nicht bereit für einen sorgfältigen Paarprozess. Als er seine Affäre beendete und dem Zusammenbleiben nochmals eine Chance geben wollte, hatte sie ihrerseits die Beziehung innerlich bereits verlassen.

Das Wohl der Kinder

Wenn Sie gemeinsame Kinder haben, ist es noch viel wichtiger, dass Sie sich gegenseitig nicht vorrechnen, wer mehr Schuld trägt am Scheitern der Beziehung. Kinder wollen beide Eltern lieben und wertschätzen können. Dies ist enorm wichtig für ihre Entwicklung und ihr Selbstwertgefühl. Wenn Sie den andern Elternteil abwerten, dann schaden Sie also Ihren Kindern. Wenn Sie den Kontakt zum andern Elternteil erschweren oder verunmöglichen, dann bringen Sie die Kinder sogar in eine Notlage; sie kommen dann in einen Loyalitätskonflikt. Um diese Spannung auszuhalten, entscheiden sich Kinder manchmal für einen Elternteil, was niemandem guttut.

Wenn Sie Ihre Kinder gernhaben, dann bemühen Sie sich um eine sorgfältige Trennung. Werten Sie einander vor den Kindern nicht ab. Vereinbaren Sie eine neutrale Sprachregelung. Ein guter Satz in dieser Situation ist zum Beispiel: «Wir beide haben es als Paar nicht mehr geschafft. Das tut uns leid. Wir bemühen uns beide, auch in Zukunft für euch gute Eltern zu bleiben.»

Trennung kann auch eine Form von Liebe sein

Es gibt tatsächlich Menschen, die sich aus Liebe trennen. Nicht selten steht in solchen Fällen aber eine lange Konfliktgeschichte dahinter. Um das zu verstehen, schauen Sie sich nochmals die Konfliktspirale in Kapitel 1 an (siehe Seite 20). In Phase 3 (Stufen 7–9) geraten Menschen derart tief in den Konflikt hinein und die gegenseitigen Kränkungen sind so stark, dass ihnen das gemeinsame Beenden des Konflikts und ein guter Neuanfang nicht mehr gelingen. Stattdessen verletzen sie einander mit Klärungsversuchen nur immer wieder von Neuem. Manchmal liegt der Grund dafür, dass ein Paar so tief in den Konflikt rutscht, darin, dass beide eigentlich die Beziehung retten wollen. Doch ihr gekränktes Verhalten in dieser Konfliktphase führt bei beiden zu immer neuen Missverständnissen und zu neuen Verletzungen.

Irgendwann erkennt einer der Partner (oder beide), dass die Verletzungen so gross sind, dass ein Neuanfang nicht mehr möglich ist, dass ein weiterer Kampf möglicherweise zu einem «Rosenkrieg» führen würde.

In einer solchen Situation kommt möglicherweise einer oder gar beide zum Schluss, dass es sinnvoller ist, sich zu trennen, statt noch mehr kaputt zu machen. Im besten Fall erkennen beide, dass sie einander mit der entstandenen Dynamik vor dem Glück stehen. Sie merken, dass der Konflikt ihre Beziehung zerstört hat. Und sie lassen einander los – man kann darin einen letzten Akt der Liebe sehen.

> **HINWEIS** *Wenn Sie erkennen, dass Sie es nicht mehr schaffen, aus der Konfliktdynamik auszusteigen, kann es sinnvoll sein, sich aus Liebe zu trennen.*

Neu anfangen nach einer schwierigen Trennung

Viele, wenn nicht gar alle Trennungen sind schwierig, und einer oder beide Partner wollen sie eigentlich nicht. Im ersten Moment kann man sich vielleicht kaum vorstellen, dass man je wieder glücklich sein könnte. Wie es gelingt, die Phase nach einer schwierigen Trennung gut zu durchleben, steht in diesem Kapitel.

Wenn es zu einer Trennung kommt, schmerzt dies in der Regel einen oder beide Partner. Vielleicht wollten Sie die Trennung nicht und fühlen sich als verlassene Person. Vielleicht blicken Sie auf einen jahrelangen Konflikt zurück und haben sich gegenseitig tief verletzt. Vielleicht leiden Sie auch darunter, dass Ihr grosses Lebensideal einer intakten Familie gescheitert ist. Egal, welche Beschreibung zutrifft, Sie dürfen traurig und auch wütend sein. Geben Sie dieser Trauer Raum. Sie zu durchleben ist eine Voraussetzung dafür, dass Sie wieder glücklich werden können.

Zurechtkommen in der Trauer

Im Kapitel 3 («Ihr persönlicher Einfluss auf die Beziehung», siehe Seite 79) wurde das Zusammenspiel von Kopf und Herz beschrieben. Diese Erkenntnisse sind hier ebenfalls wichtig. Vielleicht haben Sie mit dem Verstand ja längst eingesehen, dass es keinen Sinn mehr ergibt, über das Scheitern der Beziehung nachzudenken. Aber Sie sind immer noch bitter enttäuscht, resigniert und wütend.

Wenn Sie noch wütend sind, dann anerkennen Sie diese Wut! Erdrücken Sie sie nicht mit Argumenten wie «Es ist vorbei, hat ja keinen Sinn mehr». Ja, diese Paarbeziehung ist beendet. Das heisst aber nicht, dass Sie nicht auf einem anderen Weg wieder glücklicher werden dürfen. Als Erstes gilt es zu verhindern, dass die Wut sich nur in Schuldzuweisungen an Ihren Partner äussert. Versuchen Sie, sie als Teil eines heilsamen Trauerprozesses zu sehen.

DIE VIER SCHRITTE EINER GUTEN TRAUERARBEIT
Die folgende Beschreibung lehnt sich an das Modell der vier Schritte von Verena Kast
(* 1943, Psychotherapeutin und Buchautorin) an. Gleich vorneweg: Lassen Sie sich nicht
unter Druck setzen. Sie allein entscheiden, wie viel Zeit Sie für diese Schritte benötigen.
Es ist jedoch hilfreich zu erkennen, bei welchem Schritt Sie sich befinden, und zu merken,
wann ein Schritt beendet ist und Sie zum nächsten übergehen können.

1. Nicht-wahrhaben-Wollen
Akzeptieren Sie, dass Sie überrumpelt sind. Sie wollten nicht, dass es zur Trennung kommt.
Es ist normal, dass Sie am Anfang in einer Art Schockzustand sind und möglicherweise einfach
in den «Funktioniermodus» gehen. Lassen Sie sich Zeit für diesen Schritt, hören Sie aber
sorgfältig hin, wenn Emotionen aufbrechen. Denn dann kündigt sich der zweite Schritt an.

2. Aufbrechende Emotionen
Auch wenn Sie auf Verstandesebene einsehen, dass es keinen Sinn ergibt, sich gegen die
Trennung zu wehren, so werden Sie vermutlich doch darunter leiden. Sie dürfen sich
eingestehen, dass Sie es nicht so gewollt haben, dass Ihre Ideale dadurch zerstört sind.
Sie dürfen tieftraurig und wütend sein. Gehen Sie in einen menschenleeren Wald und
schreien Sie Ihre Wut heraus. Bewegen Sie Ihren Körper, und verbinden Sie die Anstrengung
mit dem Gedanken, dass Sie so Ihre Wut herausarbeiten.

Gönnen Sie sich ein Coaching

Vielleicht gelingt Ihnen der gute Umgang mit der Wut nicht auf Anhieb. Vielleicht sind Sie so traurig, dass Sie in ein Loch fallen und die Energie fehlt, sich da wieder herauszuarbeiten. Vielleicht lässt Ihr Kummer auch nach längerer Zeit nicht nach. Warten Sie in diesem Fall nicht zu lange damit, Hilfe zu holen, z. B. in Form eines Coachings. Nutzen Sie die Krise als Chance und machen Sie sich auf den Weg, Ihr Glück zu finden.

Viele Menschen haben einen Widerstand gegen ein Coaching. Einerseits ist es in unserer Gesellschaft ein hoher Wert, Dinge selbst und ohne Hilfe zu meistern. Und andererseits bestehen in Sachen Coaching möglicherweise falsche Vorstellungen. Es geht in einem Coachingprozess beispielsweise nicht darum, dass Sie sich Ratschläge holen, sondern dass Ihnen eine Person, die emotional nicht betroffen ist, gute Fragen stellt. Das Ziel

Achten Sie in dieser Phase gut darauf, dass Sie sich nicht dauerhaft in der Opferrolle einrichten. Wut gut bearbeiten bedeutet auch, nicht immer die gleichen Vorwürfe an den Partner zu wiederholen. Wut ist ein starker Veränderungsimpuls (siehe Seite 114) – vielleicht können Sie sich diesen zunutze machen.

3. Neues suchen und Altes loslassen
Sie werden von selbst merken, wann es Zeit ist für den nächsten Schritt. Suchen Sie nach neuen möglichen Sichtweisen für ein sinnvolles Leben. Erinnern Sie sich an die guten Momente in der zu Ende gegangenen Partnerschaft, und entwickeln Sie eine Dankbarkeit, dass Ihnen diese Erfahrungen geschenkt wurden. Vielleicht können Sie die positiven Erinnerungen bildlich an der Hand nehmen und sie bitten, Sie in Ihrem zukünftigen Leben zu begleiten. Versuchen Sie, die Sehnsucht nach dem Ex-Partner bewusst loszulassen, und öffnen Sie sich für ähnliche Erlebnisse mit neuen Menschen.

4. Neuer Selbst- und Weltbezug
Wenn Ihnen die ersten drei Schritte gut gelungen sind, werden Sie sich selber wieder besser spüren, und auch Ihr Selbstwertgefühl wird wieder stärker. Sie werden sich für neue Freuden im Leben öffnen und sich wieder lockerer auf neue Begegnungen einlassen können.

ist, Sie mit solchen Fragen zu differenziertem Denken anzuregen. Denn wenn wir immer nur alleine über unsere Probleme nachdenken, haben wir alle die Tendenz, dies in einem engen Rahmen zu tun. Wir denken immer die gleichen Abläufe und gelangen immer wieder zu den mehr oder weniger gleichen Ergebnissen. Sehen Sie also ein Coaching eher als eine Erweiterung des Horizonts, als das Erschliessen neuer gedanklicher und emotionaler Freiräume – und nicht als ein Zeichen von Schwäche, weil Sie selbst nicht weiterkommen. Das Gleiche gilt übrigens für die Psychotherapie.

HINWEIS *Wichtig für einen fruchtbaren Prozess ist die Beziehung zwischen Ihnen und Ihrem Coach. Fragen Sie nach einem Erstgespräch. Schon nach einer Sitzung können Sie recht gut einschätzen, ob Sie mit diesem Menschen einen vertieften Prozess* *starten möchten oder ob Sie weitersuchen müssen. Nehmen Sie sich die Zeit, die es braucht, bis Sie die passende Person gefunden haben.*

Um Ihnen einen Eindruck von der Art Fragen zu geben, die in einem Coaching gestellt werden, schauen Sie sich die folgende Tabelle an:

COACHING-FRAGEN

Ihre Aussage	Mögliche Fragen des Coachs
Sie wissen schon, was ich meine.	Was meinen Sie genau? Ich verstehe es noch nicht richtig.
Mein Partner ist so stur.	Was genau empfinden Sie als stur? Können Sie mir Beispiele nennen?
Das halte ich einfach nicht mehr aus.	Was genau halten Sie nicht mehr aus? Wie müsste es ablaufen, dass Sie es besser aushalten würden?
Das kann ich einfach nicht.	Was müsste sich ändern, damit Sie es können? Kommen Ihnen Situationen in den Sinn, wo Ihnen Ähnliches gelungen ist?

Wenn Sie sich auf derartige Fragen einlassen, dann können Sie mithilfe der Begleitperson neue Denkansätze entwickeln. Im weiteren Austausch kommen dann vielleicht Fragen wie:
- Haben Sie dies oder jenes schon ausprobiert?
- Wie könnte man das Thema auch anders angehen?
- Kennen Sie jemanden, der etwas Ähnliches anders anpackt? Und wie, mit welchen Ergebnissen?
- Was bräuchten Sie, dass es Ihnen in dieser Situation besser gehen würde?

«Fragen sind wie Flügel: Sie tragen weit über das hinaus, was in Frage kommt.»
Müller und Hoffmann (2002)

Mediation für eine stimmige Elternschaft nach der Trennung

Wenn Sie gemeinsam Kinder haben, dann bleiben Sie Ihr Leben lang Eltern dieser Kinder – auch wenn Sie sich als Paar trennen. Sie sollten sich mit allen Mitteln dafür einsetzen, dass die Kinder zu beiden Elternteilen eine gute Beziehung pflegen können.

> **BUCHTIPP**
> Esther Haas, Toni Wirz:
> **Mediation – Konflikte besser lösen.** Beobachter-Edition, Zürich 2016.
> www.beobachter.ch/buchshop

Starke Konflikte, bei denen sich einer oder beide Partner eigentlich nicht trennen wollen, aber auch starke Kränkungen erschweren das Loslassen und machen es noch schmerzhafter. Es besteht die Gefahr, dass die Menschen sich an alle Streitthemen klammern, die übrig bleiben. Eines davon können die Kinder sein. Den Kindern schadet es unglaublich, wenn Konflikte auf ihrem Rücken ausgetragen werden.

Falls Sie also in der Trennung aus irgendwelchen Gründen finden, der andere Elternteil betreue die Kinder schlecht, dann versuchen Sie nicht, das Problem in der Wut und Kränkung selber zu lösen. Denn dann werden Sie vermutlich keine guten Ergebnisse erzielen. Melden Sie sich stattdessen für eine Mediation an, und erarbeiten Sie mit der Mediatorin eine Trennungs- oder Scheidungskonvention, in der der Umgang mit den Kindern schriftlich festgehalten wird. In einer Mediation hört sich eine neutrale Begleitperson – die Mediatorin – zunächst die Anliegen beider Elternteile an. In den weiteren Schritten unterstützt diese Person Sie, einen schriftlichen Konsens zu erarbeiten, den Sie beide als fair empfinden und dann unterschreiben können.

Als Vorbereitung auf die Mediation möchte ich Ihnen folgende Gedanken mitgeben: Die Kinder haben je hälftig die Erbanlagen der Eltern. Und sie werden so oder so die Werthaltungen beider Eltern mitbekommen. Versuchen Sie also nicht, die Werthaltung des anderen Partners über die Trennung hinaus zu beeinflussen oder gar Macht auszuüben. Gehen Sie davon aus, dass beide an den entsprechenden Betreuungstagen voll und ganz die Verantwortung für die Kinder übernehmen können. Und Sie beide werden es gut machen, weil Sie beide die Kinder gernhaben.

Die Mediation kann Ihnen helfen, die echten Bedürfnisse Ihrer Herzen sichtbar zu machen. Wenn Sie sich in diesem Prozess öffnen, werden Sie weicher werden. Wenn die Verhärtung nachlässt, wird es Ihnen besser gelingen, gemeinsam Ideen zu entwickeln, die den Bedürfnissen beider Partner gerecht werden. Trauen Sie sich dies zu! Und wenn es Ihnen gelingt, dann haben Sie den Kindern als Vorbilder eine riesige Ressource fürs Leben mitgegeben.

 HINWEIS *Setzen Sie alles daran, dass die Kinder zu Ihnen beiden einen guten Kontakt pflegen können.*

Schlusswort

Sie haben bei der Lektüre dieses Ratgebers hoffentlich einige Anregungen erhalten, wie Sie mit Ihrem Partner trotz Ohnmachtsgefühlen das Gespräch wieder aufnehmen könnten. Ich hoffe, Sie gehen hin und üben sorgfältig und geduldig die Umsetzung der Zwiegespräche. Ich wünsche Ihnen die nötige Geduld, Rückschläge auszuhalten und sich immer wieder an den kleinen Verbesserungen zu freuen. Und ich wünsche Ihnen, dass Sie dies einander immer wieder wohlwollend sagen können.

Wenn Sie dies alles tun und sich Ihr Herz wieder öffnet und weicher wird, dann schaffen Sie es. Es alleine zu schaffen ist ein guter Weg, weil Sie dann die volle Verantwortung für Ihr Handeln tragen und stolz sein dürfen auf die Veränderungen. Wenn es Ihnen jedoch nicht gelingt, die destruktiven Konfliktgespräche selber zu beenden, dann zögern Sie nicht und holen Sie sich rechtzeitig Unterstützung.

Es würde mich freuen, wenn Sie erkennen konnten, dass viele negative Gefühle Ihrem Partner, Ihrer Partnerin gegenüber eigentlich Projektionen sind. Und vielleicht haben Sie so auch Entwicklungsthemen bei sich entdeckt.

Ich hoffe, dass Ihnen das Buch einige Aha-Erlebnisse vermittelt hat, die Ihnen helfen, Ihren Konflikt besser zu verstehen und auf gute Weise zu beenden. Am meisten wünsche ich mir, dass Sie Ihrem Partner die nervigen Erlebnisse verzeihen können. Und selbstverständlich hoffe ich auch ein bisschen, dass Sie Lust bekommen haben, mit Ihrer Partnerin zusammen den Weg zur reifen Liebe anzupacken.

Viel Freude, Liebe und Glück wünsche ich Ihnen auf jeden Fall – unabhängig davon, ob Sie sich trennen oder gemeinsam weitergehen!

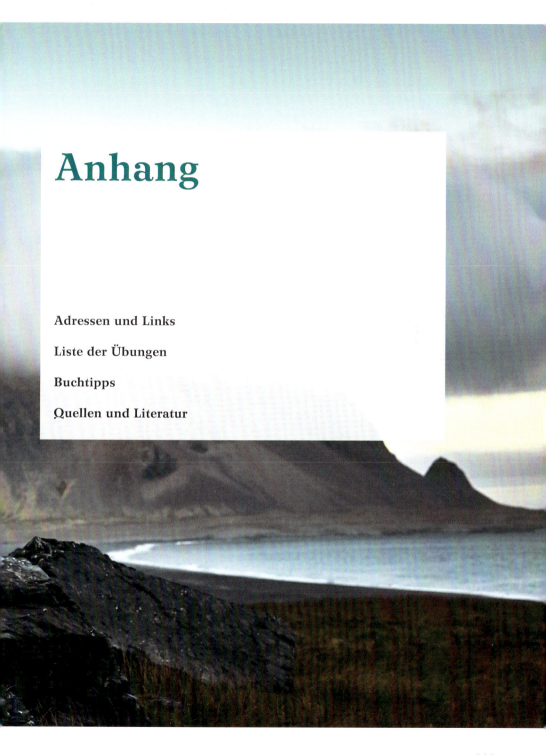

Anhang

Adressen und Links

Liste der Übungen

Buchtipps

Quellen und Literatur

Adressen und Links

Beobachter-Beratungszentrum
Das Wissen und der Rat der Expertinnen und Experten in acht Fachbereichen steht den Mitgliedern des Beobachters im Internet und am Telefon zur Verfügung. Wer kein Abonnement der Zeitschrift oder von Guider hat, kann online oder am Telefon eines bestellen und erhält sofort Zugang zu den Dienstleistungen.

- www.guider.ch: Guider ist der digitale Berater des Beobachters mit vielen hilfreichen Antworten bei Rechtsfragen.
- Beratung am Telefon: Montag bis Freitag von 9 bis 13 Uhr. Direktnummern der Fachbereiche unter www.beobachter.ch/beratung (→ Telefonische Beratung)
- Kurzberatung per E-Mail:
Link unter www.beobachter.ch/beratung
(→ E-Mail-Beratung)

Liste der Übungen

Erkennen, wo der Konflikt beginnt 24
Ein eskalierendes Gespräch unterbrechen 37
Paaraustausch mit Übersetzung 42
Zuerst die eigenen Gedanken sammeln 53
Rollenteilung in der Partnerschaft 55
Mein Zeitkuchen 58
Nähe und Distanz 66
Umdeuten von Schwächen 86
Das Positive suchen 89
Selbstwertgefühl 90
Gefühlstagebuch 115
Rollenwechsel 124
Gesprächsvorbereitung 139
So tun, als ob 154
Trennungsritual 207

Buchtipps

Ratgeber der Beobachter-Edition

Bodenmann, Guy; Fux, Caroline: **Was Paare stark macht. Das Geheimnis glücklicher Beziehungen.** 6. Auflage, Beobachter-Edition, Zürich 2017

Bodenmann, Guy; Klingler Lüthi, Christine: **Stark gegen Stress. Mehr Lebensqualität im Alltag.** Beobachter-Edition, Zürich 2013

Bräunlich Keller, Irmtraud: **Mutter werden – berufstätig bleiben. Möglichkeiten – Rechte – Lösungen.** Beobachter-Edition, Zürich 2019

Broder, Sven: **Papa steht seinen Mann. Von der Kunst, Vater zu sein und Mannsbild zu bleiben.** 2. Auflage, Beobachter-Edition, Zürich 2013

Döbeli, Cornelia: **Wie Patchworkfamilien funktionieren. Das müssen Eltern und ihre neuen Partner über ihre Rechte und Pflichten wissen.** Beobachter-Edition, Zürich 2013

Fux, Caroline; Bendel, Joseph: **Das Paar-Date. Miteinander über alles reden.** 3. Auflage, Beobachter-Edition, Zürich 2018

Fux, Caroline; Schweizer, Ines: **Guter Sex. Ein Ratgeber, der Lust macht.** Beobachter-Edition, Zürich 2017

Haas, Esther; Wirz, Toni: **Mediation – Konflikte besser lösen.** 5. Auflage, Beobachter-Edition, Zürich 2016

Ihde-Scholl, Thomas: **Ganz normal anders. Alles über psychische Krankheiten, Behandlungsmöglichkeiten und Hilfsangebote.** 3. Auflage, Beobachter-Edition, Zürich 2019

Trachsel, Daniel: **Scheidung. Faire Regelungen für Kinder – gute Lösungen für Wohnen und Finanzen.** 18. Auflage, Beobachter-Edition, Zürich 2017

Trachsel, Daniel: **Trennung. Was Paare in der Krise regeln müssen.** 5. Auflage, Beobachter-Edition, Zürich 2018

Schreiber, Delia: **Bewusst freier atmen. Alte Atemmuster heilsam verändern.** Beobachter-Edition, Zürich 2019

Schreiber, Delia: **Die Selbstheilung aktivieren. Die Kraft des inneren Arztes.** 3. Auflage, Beobachter-Edition, Zürich 2017

Schmidt, Volker: **Gute Eltern trotz Trennung. Rechte und Pflichten – zum Wohl des Kindes.** 2. Auflage, Beobachter-Edition, Zürich 2019

Von Flüe, Karin: **Paare ohne Trauschein. Was sie beim Zusammenleben regeln müssen.** 9. Auflage, Beobachter-Edition, Zürich 2019

Quellen und Literatur

Angst, Peter: **Ehen zerbrechen leise. Ein Frühwarnsystem für Paare.** dtv, München 2007

Bordt, Michael SJ: **Die Kunst, sich selber auszuhalten. Ein Weg zur inneren Freiheit.** Zabert Sandmann, München 2013

Byron, Katie; Mitchell, Stephen: **Lieben was ist. Wie vier Fragen Ihr Leben verändern können.** Arkana, München 2002

Chapman, Gary: **Die fünf Sprachen der Liebe. Wie Kommunikation in der Ehe gelingt.** Francke, Marburg 2012

Dittmar, Vivian: **Gefühle & Emotionen. Eine Gebrauchsanweisung.** Verlag VCS Dittmar, edition est, München 2014

Ende, Michael: **Momo.** Thienemann, Stuttgart 2014

Hirschi, Frédéric; Troxler, Werner: **BeziehungsKiste. Die wichtigsten Fragen in der Beziehung. Eine Anleitung für eine bessere Kommunikation in der Partnerschaft.** Hirschi + Troxler, Zumikon 2006

Hirschi, Frédéric; Troxler, Werner: **Schatz-Kiste der Liebe. Was eine Paarbeziehung bereichert und stark macht. Eine Anleitung zur Entdeckung der verborgenen Schätze in der Partnerschaft.** Hirschi + Troxler, Zumikon 2005

Jellouschek, Hans: **Wie Partnerschaft gelingt – Spielregeln der Liebe. Beziehungskrisen sind Entwicklungschancen.** Herder spektrum, Freiburg i. Br. 2014

Jellouschek, Hans: **Vom Fischer und seiner Frau. Wie man besser mit den Wünschen seiner Frau umgeht.** Reihe «Mit Märchen leben». Kreuz-Verlag, Freiburg i. Br. 1996

Jellouschek, Hans: **Warum hast du mir das angetan? Untreue als Chance.** Piper, München 2003

Juul, Jesper: **Aus Stiefeltern werden Bonuseltern. Chancen und Herausforderungen für Patchwork-Familien.** Beltz, Weinheim 2019

Krishnananda: **Liebeskummer lohnt sich doch. Co-Abhängigkeit in Beziehungen und die Ängste des Inneren Kindes.** Friedhelm Schrodt, Herrsching am Ammersee 2002

Moeller, Michael Lukas: **Die Wahrheit beginnt zu zweit. Das Paar im Gespräch.** Rowohlt Taschenbuch, Reinbek 1996

Richardson, Diana: **Slow Sex. Zeit finden für die Liebe.** Integral, München 2011

Rohr, Richard: **Vom wilden Mann zum weisen Mann.** Claudius, München 2018

Satir, Virginia: **Selbstwert und Kommunikation. Familientherapie für Berater und zur Selbsthilfe.** Reihe Leben lernen. Klett-Cotta, Stuttgart 2018

Schlumpf, Elisabeth; Werder, Heidi: **Immer für andere da? So lernen Sie, freundlich Nein zu sagen.** Mosaik, München 2009

Süfke, Björn. **Männer. Erfindet. Euch. Neu. Was es heute heisst, ein Mann zu sein.** Mosaik, München 2016

Zurhorst, Eva-Maria: **Liebe dich selbst und es ist egal, wen du heiratest.** Goldmann, München 2009

Ratgeber, auf die Sie sich verlassen können

Das Paar-Date

Mit den Jahren kennen sich die Partner. Der gemeinsame Gesprächsbedarf nimmt ab, gleichzeitig steigt das Risiko, sich auseinanderzuleben. Das Paar-Update ist eine bestens bewährte Gesprächsmethode, die sicherstellt, dass Paare langfristig miteinander im Gespräch bleiben und sich immer wieder neu entdecken.

112 Seiten, gebunden
ISBN 978-3-03875-123-6

Was Paare stark macht

Einfühlsam und konkret beschreiben der Psychologieprofessor Guy Bodenmann und die Psychologin und Sex-Beraterin Caroline Fux, was es für ein glückliches Miteinander braucht: die kleinen Gesten, die gegenseitige Unterstützung, das offene Gespräch und das Bekenntnis zueinander. Alle Tipps und Aussagen sind wissenschaftlich fundiert.

224 Seiten, Klappenbroschur
ISBN 978-3-85569-913-1

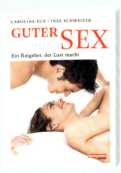

Guter Sex

Zufriedenheit in der Sexualität ist keine Selbstverständlichkeit. Eine Überzeichnung der Sexualität in der Öffentlichkeit, Unsicherheiten, überhöhte Erwartungen oder auch Routine können wahre Lustkiller sein. Dieser Ratgeber macht Mut, offen über Sex zu sprechen und mit Lust Neues auszuprobieren.

216 Seiten, Klappenbroschur
ISBN 978-3-85569-823-3

Die E-Books des Beobachters: einfach, schnell, online. **www.beobachter.ch/ebooks**

Ratgeber, auf die Sie sich verlassen können

Paare ohne Trauschein

Für das Zusammenleben von unverheirateten Paaren gibt es kaum gesetzliche Regelungen. Deshalb empfiehlt es sich, gut überlegt gemeinsame Vereinbarungen für alle Fälle zu treffen. Wenn Sie Ihre Lebensgemeinschaft also rechtlich auf eine solide Basis stellen wollen, zeigt Ihnen dieser Ratgeber, was Sie im Konkubinat vertraglich miteinander regeln sollten.

222 Seiten, Klappenbroschur
ISBN 978-3-03875-205-9

Trennung

Dieser Ratgeber erklärt, worauf Paare achten müssen, wenn sie sich – allenfalls auch nur vorübergehend – trennen. Anschauliche Beispiele und Lösungsvorschläge beantworten die wichtigsten Fragen zu Kindern, Finanzen, Arbeits- und Wohnsituation. Mit einem Muster für eine ausführliche Trennungsvereinbarung.

232 Seiten, broschiert
ISBN 978-3-03875-162-5

Scheidung

Der wichtigste Schweizer Scheidungsratgeber weist den Weg zu einer tragfähigen Lösung für alle Beteiligten. Er hilft Paaren, faire Regelungen für die Betreuung der Kinder und den Unterhalt zu entwickeln. Besonders praktisch sind die Formulierungshilfen und Muster für die Scheidungskonvention.

288 Seiten, Klappenbroschur
ISBN 978-3-03875-036-9

Die E-Books des Beobachters: einfach, schnell, online. **www.beobachter.ch/ebooks**